A COURSE IN BEHAVIORAL ECONOMICS

SECOND EDITION

行为经济学通识

第二版

埃里克·安格内尔（Erik Angner）/ 著
贺京同　徐璐 / 译

中国人民大学出版社
·北京·

上帝造人自有其目的，伟大的哲学的杰作应该揭示上帝用来实现这些目的的方法，并且标示出一些行为的界限，使得这些不幸的人知道如何穿越布满荆棘的人生之路，使他们能够抵御各种关于命运的怪诞想象。这些想象可能具有二十个不同的名称，但却无从理解和定义。

——萨德侯爵，《贾斯汀》

译者序

《行为经济学通识》是一部关于行为经济学的不可多得的基础教材。它不仅适用于经济学类本科的教学，而且可作为经济学的通识课教材，为未系统学习过经济学课程的非经管类专业学生的通识类经济学课程选用。这本书亦为译者2002年以来译介的系列行为经济学著作之一，填补了欠缺基础或初级教材之憾。

行为经济学是经济学的前沿领域，这已是不争的事实，并已写入新近主流经济学教科书中（例如，格里高利·曼昆：《经济学原理（微观经济学分册）》（第七版）、《宏观经济学》（第十版）；哈尔·R. 范里安：《微观经济学》；迪恩·卡尔兰等：《经济学（微观部分）》；R. 格伦·哈伯德等：《经济学（微观）》；等等）。但是，有关行为经济学在经济学中的地位和它的体系结构等，一直以来都是开放的议题，其中，行为经济学与新古典经济学的关系最具代表性，这也是少有系统介绍行为经济学理论体系的基础或初级版的行为经济学教科书的原因所在。

本书作者对上述议题秉持行为经济学与新古典经济学一脉相承的观点[译者亦认为，"行为经济学是主流经济学的继承和发展"，见贺京同等，《学术月刊》，2009（6）；《中国社会科学》，2019（5）]。首先，由于行为经济学的发展是以新古典经济学为基础，只有在新古典经济学的背景下才能深刻理解大部分行为经济学的内容。其次，行为经济学家反对将标准理论视作描述性理论，而是通常都将其视作一种规范性理论。再次，许多行为经济学理论是对新古典理论的修正或扩展。最后，为了恰当地评价新古典主义和行为经济学，有必要对二者均有所了解，并进行对比，使得在学习行为经济学的同时也加深读者对标准经济学的理解。也正是因为如此，与经济学教科书中加入行为经济学章节不同，本书构成了一部体系完整的微观行为经济学教材，可用于微观经济学课程。

与标准的初级教科书一样，本书并未试图回顾支撑书中理论的经验案例。因此，本书并未涉及对于数据、证据标准、经验（包括实验）方法和统计技术的广泛讨论。相反，本书通过涵盖经济学、管理学、市场营销学、医学、哲学、公共卫生、政治学、公共政策和许多其他领域的案例来阐释理论，意在引出理论背后的直觉，并证明其并非完全不可信。从这个角度来看，本书与流行的微观经济学原理教材并无二致。

本书结构新颖，正文分为五个部分：（1）确定性下的选择，（2）风险和不确定性下的判断，（3）风险和不确定性下的选择，（4）跨期选择，以及（5）策略互动。每一部分都包含两章：偶数章节概括了标准的新古典理论，奇数章节则是相应的行为经济学内容。最后一部分是（6）总结与评述。这种独特的结构使得本书成为一本对读者友好的、自成体系的独立教科书，适合针对高年级本科生的一学期课程，教师可以直接指定偶数章节作为背景阅读材料，并辅以更深入的材料作为奇数章节的补充；也可以在不同的高级课程中与其他教材或论文结合使用。对于非经管类学生并不了解传统经济学的情形，本书亦兼顾了这一现实，书中并不包含高等数学，也不要求读者具有标准经济学理论的知识基础，以适合社会和行为科学、人文科学、商学、公共卫生等领域的本科生，故本书同时又是一部新颖的经济学通识教程。

本书由我和南开大学滨海学院副教授徐璐博士共同翻译，虽然我们付出了艰辛的努力，但因才识有限，翻译过程中难免存在一些不当甚至错误之处，还请读者谅解并指正。

在翻译和出版过程中，我们得到了中国人民大学出版社的大力支持与帮助，在此要特别由衷地感谢王晗霞和朱含蓄编辑的信任、理解和襄助。

本书还得到了国家社科基金重大项目（批准号：21ZDA037）、教育部人文社会科学研究规划基金项目（批准号：19YJA790025）的大力支持，在此致以谢忱。

贺京同

前　言

当我还是一名经济学博士生时，行为经济学是最令我兴奋的研究领域。然而，尽管得到了几位杰出教师的指导，我仍然觉得现有的文献未能充分展现这一领域的本质和意义，也未能说明被冠以“行为”这一名号的诸多概念和理论是如何相互联系的。在成为一名助理教授时，我得以开设相关课程，我发现目前的书籍要么偏向科普读物，包含的内容不足以作为大学课程教材，要么是原创的学术论文集，无法做到通俗易懂，并且往往没有提供足够的背景知识以助于初学者理解，居于这二者之间的著作难以寻觅。

我想要将这本关于行为经济学的教程写成这样一本书：自己作为学生时希望能够读到的书，自己作为教师时愿意采用的书。这本书试图从历史背景出发介绍行为经济学，将行为经济学视作一套连贯一致的思想体系的结晶。本书相比科普读物包含更多的内容，相比原创论文集提供了更多的背景知识。此外，由于行为经济学是一系列研究课题，而非一套统一的理论，这本书不仅介绍了独立的概念和理论，而且试图展现它们是如何有机结合的。这本书被设计为一本对读者友好的、自成体系的独立教科书，适合针对高年级本科生的一学期课程，同时，也可以在不同的高级课程中与其他教材或论文结合使用。

许多学习行为经济学的学生并不了解传统经济学，本书写作时考虑了这一现实，以适合社会和行为科学、人文科学、商学院、公共卫生等领域的高年级本科生。这本书并不包含高等数学，也并不要求读者具有标准经济学理论的基础知识。只要你带着浓厚的兴趣翻开这本书进行阅读，你就能看懂书中所言。多年来在美国两个中等规模州立大学的充分实践，验证了这种方式对于经济学和非经济学专业都是可行的。

严谨的经济学并不需要令人望而生畏，本书也在致力于证明这一点。

本书以由浅入深的方式展开抽象的、正式的内容，为前期缺乏相关知识的学生树立信心。丰富的案例和练习将有助于将学生潜在的直觉清晰化。为了激发不同知识背景的读者的兴趣，本书的案例涵盖了经济学、管理学、市场学、医学、哲学、公共卫生、政治学、公共政策和许多其他领域，这也说明了经济学分析的普适性。许多开放式问题鼓励学生用本书中的思想和理论解决他们在课堂之外可能遇到的问题。

本书正文分为五个部分：（1）确定性下的选择，（2）风险和不确定性下的判断，（3）风险和不确定性下的选择，（4）跨期选择，以及（5）策略互动。每一部分都包含两章：偶数章节概括了标准的新古典理论，奇数章节则是相应的行为经济学内容。最后一部分是（6）总结与评述。本书这种独特的结构让教师更容易进行高年级的教学，他们可以直接指定偶数章节作为背景阅读材料，并辅以更深入的材料作为奇数章节的补充。一般读者、学生和教师都可以通过网站 http://www.palgrave.com/angner2 获取更多的资料。

本书包含了大量新古典主义理论，在此有必要对此加以解释。第一，由于行为经济学的发展是以新古典经济学为基础，只有在新古典经济学的背景下才能深刻理解大部分行为经济学的内容。第二，行为经济学家反对将标准理论视作描述性理论，然而他们通常都将其视作一种规范性理论。第三，许多行为经济学理论是对新古典理论的修正或扩展。第四，为了恰当地评价新古典主义和行为经济学，有必要对二者均有所了解。正如学习外语会对学生的母语大有裨益，学习行为经济学也会加深他们对标准经济学的理解。

这本书作为一本教科书，而非一本百科全书，并不想做到面面俱到，而是只探讨行为经济学中最重要的思想，以及它们之间的关联。许多有趣的观点、研究进展和研究方向都被有意舍弃了。毫无疑问，每一位行为经济学家都对我所舍弃的内容有所非议，但我认为大多数人都会认可书中所留下的内容。总体来看，这本书中所展示的是毫无争议的经典部分，对于想要初步了解行为经济学的人而言，这些内容是必须熟知的。

与标准的入门级教科书一样，这本书并未试图回顾支撑书中理论的经验案例。因此，本书并未涉及对于数据、证据标准、经验（包括实验）方法和统计技术的广泛讨论。相反，本书通过故事来阐释理论，意在引出理论背后的直觉，并证明它并非完全不可信。从这个角度来看，本书与流行的微观经济学原理教材并无二致。

为了本书第二版的出版，帕尔格雷夫出版社向全世界现有和潜在的读者，包括学生和教师广泛地征求反馈意见。因此，这本书现在纳入了几个新的章节，包括关于行为福利经济学和助推的整个章节。由于习题（以及答案要点）是最受欢迎的部分之一，我增加了更多的习题，并且扩大了难度范围。与此同时，我竭尽所能保证这本书通俗易读、简明扼要并且价格实惠。

对于希望继续学习行为经济学的读者，或者想了解更多关于行为经济学的研究方法、历史演变和思想体系的读者，每一章末尾都有扩展阅读部分，它提供了一系列经典文献、综述文章和高级教科书。虽然本书可能是许多读者初识行为经济学的第一本书，但我希望它不会是最后一本。

埃里克·安格内尔

致　谢

本书的灵感汲取自诸多来源。我特别感谢那些引导我走上这条道路的老师，无论他们是否认同这条路所指向的目的地，包括克里斯蒂娜·比基叶丽（Cristina Bicchieri）、罗宾·道斯（Robyn Dawes）、巴鲁克·菲斯霍夫（Baruch Fischhoff）、乔治·罗文斯坦（George Loewenstein）、菲利普·雷尼（Philip Reny）以及阿尔文·罗斯（Alvin Roth）。我还要感谢学生们（因人数众多，不一一列出），他们不断纠正书中的错误，敦促我更好地解释书中的材料，让我得以坚守初心。

帕尔格雷夫出版社的阿列塔·伯泽伊登霍特（Aléta Bezuidenhout）、科斯蒂·里德（Kirsty Reade）和吉米·马歇尔（Jaime Marshall）的鼓励和批评，以及伊丽莎白·斯通（Elizabeth Stone）对出版过程的细心把控让书稿质量得到巨大的提升。在此，我想感谢各位朋友、同事以及匿名审稿人对早期书稿的中肯反馈，以及莉莉·弗劳尔斯（Lillie Flowers）和贾里德·萨顿（Jared Sutton）出色的编辑工作。我也十分感谢乔治·麦卡隆（George MacKerron）、诺里斯·彼得森（Norris Peterson）、马克·雷法（Mark Raiffa）、丹尼尔·伍德（Daniel Wood）以及其他指出本书第一版中的错误，并且分享对第一版看法的所有人。我还要感谢乔治亚·沃尔特斯（Georgia Walters）和梅兰妮·波索尔（Melanie Birdsall），没有他们，第二版远达不到当前的水平。

尤利西斯和海妖的图片使用已获得摄影师丹尼斯·贾维斯（Dennis Jarvis）的授权。瑞典交通运输部门也慷慨地授权本书使用它们的交通标志。古蒂·泰勒（Cody Taylor）的原创插图也得到了他的善意授权。本书文前的引言摘自萨德侯爵的著作（de Sade，1889 [1791]，p. 7）。我已尽最大努力找寻每一位版权所有者，如果有所遗漏，我十分乐意在第一时间进行弥补。衷心感谢亚拉巴马大学伯明翰分校质量提升计划发展基金的支持。

最重要的是，伊丽莎白·布鲁姆（Elizabeth Blum）一路以来的爱和支持，对本书的完成而言是不可或缺的。

欢迎读者通过出版社网站 http://www.palgrave.com/angner2 提出对本书的建议。一如既往地，所有的错误均由本人负责。

目　录

导　论

第1章　概　述 …… 3
经济学：新古典经济学与行为经济学 …… 3
行为经济学的起源 …… 5
方法 …… 7
展望 …… 9

第1部分　确定性下的选择

第2章　确定性下的理性选择 …… 15
引言 …… 15
偏好 …… 15
理性偏好 …… 18
无差异与严格偏好 …… 22
偏好排序 …… 27
确定性下的选择 …… 29
效用 …… 32
讨论 …… 36
第3章　确定性下的决策 …… 39
引言 …… 39
机会成本 …… 39
沉没成本 …… 47
菜单依赖和诱饵效应 …… 53
损失厌恶和禀赋效应 …… 60

锁定与调整 …… 76
讨论 …… 79

第 2 部分　风险和不确定性下的判断

第 4 章　概率判断 …… 89
引言 …… 89
概率论基础 …… 89
无条件概率 …… 94
条件概率 …… 100
全概率与贝叶斯法则 …… 104
贝叶斯更新 …… 107
讨论 …… 110
第 5 章　风险和不确定性下的判断 …… 116
引言 …… 116
赌徒谬误 …… 116
联合谬误与分离谬误 …… 120
基率忽略 …… 125
证实偏向 …… 130
易得性 …… 134
过度自信 …… 137
讨论 …… 142

第 3 部分　风险和不确定性下的选择

第 6 章　风险和不确定性下的理性选择 …… 151
引言 …… 151
不确定性 …… 151
期望值 …… 155
期望效用 …… 164
对于风险的态度 …… 169
讨论 …… 174
第 7 章　风险和不确定性下的决策 …… 178
引言 …… 178

风险下决策中的框定效应 …… 178
捆绑与心理核算 …… 185
阿莱问题和确定事件原则 …… 192
埃尔斯伯格问题与模糊厌恶 …… 196
概率加权 …… 200
讨论 …… 204

第 4 部分　跨期选择

第 8 章　贴现效用模型 …… 211
引言 …… 211
利率 …… 211
指数贴现 …… 215
理性贴现因子 δ 的定义 …… 223
讨论 …… 224
第 9 章　跨期选择 …… 227
引言 …… 227
双曲线贴现 …… 227
选择不做选择 …… 235
对效用流走势的偏好 …… 240
错误预测和错误想法 …… 244
讨论 …… 250

第 5 部分　策略互动

第 10 章　解析博弈论 …… 257
引言 …… 257
纯策略纳什均衡 …… 257
混合策略纳什均衡 …… 266
精炼均衡 …… 271
讨论 …… 276
第 11 章　行为博弈论 …… 279
引言 …… 279
社会偏好：利他主义、嫉妒、公平和正义 …… 279

意图、互惠与信任 …… 286
有限策略思维 …… 290
讨论 …… 292

第 6 部分 总结与评述

第 12 章 行为福利经济学、自由家长主义政策和助推 …… 297
引言 …… 297
行为福利经济学 …… 298
自由家长主义政策和助推 …… 299
批评 …… 303
讨论 …… 306
第 13 章 综合评论 …… 309

参考文献 …… 312

导　论

第1章 概 述

经济学：新古典经济学与行为经济学

这是一本关于**决策理论**（theory of decision）的书。用碑文式的语言来描述的话，这些理论所讨论的是“布满荆棘的人生之路”上存在的各种权衡：它们探讨了我们是怎样以及应该怎样进行决策。这倒不是要说萨德侯爵在他所生活的18世纪说过这样的话，而是说当他在脑海中构思什么是“哲学的杰作”时，这些决策理论仿佛再恰当不过了。

构建一套被广为接受的决策理论是一项了不起的成就。大多数人类活动——金融、科技、医学、艺术和一般生活——均可以理解为人们就某一问题所做出的特定类型的决策。因此，准确的决策理论应该覆盖诸多领域。也许在我们即将讨论的理论中，无一能达到萨德所设想的杰作这一高度，每一套理论都能够并且应该从不同方面被质疑。无论如何，决策理论这一研究领域在最近几十年里逐渐活跃起来，并且取得了实质性的进展。

现代决策理论［或称**选择理论**（theory of choice）——本书将交替使用这些术语］极少涉及人们将要或者应该追求什么目标。这些目标可能是好的抑或坏的、心胸狭窄的抑或宽宏大量的、利他的抑或利己的、短视的抑或远虑的；它们可能是特蕾莎修女式的抑或萨德侯爵式的。诸多决策理论简单地接受了既定的一系列目标。然而，在限定了一系列目标之后，这些理论对于人们将要如何追求这些目标就一直争论不休。

决策理论的表现方式多种多样，可能是描述性的，也可能是规范性的。**描述性**（descriptive）理论描述了人们实际上是如何做出决策的。而**规范性**（normative）理论提炼出了人们应该如何做出决策。人们会做出他们应该做出的决策，这一点至少在理论上是可能的。果真如此的话，同一套理论将兼具充分的描述性和正确的规范性。然而，人们可能并没有按照他们应该怎么做而采取行动。这样一来，没有任何一套理论能够兼具充分的描述性和正确的规范性。

练习 1.1 描述性与规范性

下列哪些说法是描述性的，哪些是规范性的？（所有练习的答案均可通过扫描每章末的二维码获得。）

(a) 平均而言，人们为了退休会储蓄收入中不到 10%的部分。

(b) 人们为退休而进行的储蓄少于他们应该储蓄的水平。

(c) 人们常常后悔没有为退休储蓄更多。

一种说法到底是描述性的还是规范性的可能并不明朗。“人们储蓄得太少”就是例子之一。这是否意味着人们没有尽可能多地储蓄？如果是的话，这一说法就是规范性的。这是否意味着人们的储蓄并不像他们希望的那样多呢？如果是的话，这一说法就是描述性的。

例子 1.2 扑克

假设你在玩扑克，并且你想要赢。你将会从哪种理论中受益？一套充分的描述性理论，还是正确的规范性理论，还是二者？

描述性理论会告诉你关于其他玩家的行为信息。规范性理论会告诉你如何根据你对游戏规则的理解、对其他玩家行为的预期以及你的野心来表现。所有这些信息在玩扑克时显然都很有用。两种理论都会使你受益。

一些决策理论被描述为**理性选择理论**（theory of rational choice）。在日常用语中，“理性”这个词经常被滥用；它通常被简单地当作赞成的同义词。在我看来，理性决策理论顶多可被视为理性的**定义**（definition），也就是说，它详细地解释了到底什么是理性。每一套理性决策理论都将决策分成两类：理性的和非理性的。理性决策就是那些与理论相一致的决策；否则就是非理性决策。一套理性决策理论可能是描述性的，或者规范性的（或者二者兼具）。我们称一套决策理论为描述性的，也就是说，人们在实际生活中按照理性行事。而称其为规范性的，则意味着人们正在并且应该按照理性行事。一般而言，**理性选择理论**（rational-choice theory）这一术语特指那些规范性正确的理论，或者说那些被认为规范性正确的理论，无论它们是否同时兼具充分的描述性。

几十年来，**新古典经济学**（neoclassical economics）这一传统理论一直主宰着经济学。如果你一直在学习经济学，但是并不知道自己所学是不是新古典的传统理论，那么几乎可以肯定，你所学的就是新古典经济学。新古典经济学的特征是，它创造出了一套兼具充分的描述性和正确的规范性的理性决策理论。它假设人们基本上会按照应该的方式行事。新古典经济学并未假设所有人总是按照理性行事，但是它坚信人们对于完全理性的偏离非常小，或者说是非系统性的，因此可以忽略不计。由于新古典经济学在历史上的主导地位，我将它称为标准经济学，并且将新古典经济学理论称为标准理论。

我们可以这样介绍**行为经济学**（behavioral economics）：通过引入更多心理学上可信的基础理论来增加经济理论的解释力和预测力，其中“心理学上可信的”意味着源于当前最可靠的心理学。行为经济学家沿袭了新古典经济学家对于**经济学**（economics）的概念，研究人们在稀缺条件下的决策，以及这些决策对社会的影响。但是，行为经济学家并不接受人们基本上会按照应该的方式行事这一假设。虽然行为经济学家并不否认某些人确实会在某些时候理性行事，但是，他们也确信人们对于完全理性的偏离程度足够大、足够系统，并且具有充分的可预测性，因此，可以发展出新的关于决策的描述性理论。果真如此的话，一种具有充分描述性的理论就无法兼具正确的规范性，并且正确的规范性理论也无法兼具充分的描述性。

行为经济学的起源

行为经济学可以说有一段很长的发展史，但只有一段很短的学说史。直至过去的几十年间，它才兴起为经济学的一个独立的分支。到目前为止，顶尖经济学机构的麾下都不乏行为经济学家。主流期刊上刊登了大量行为经济学成果。传统经济学家也在研究中纳入了行为经济学的见解。2002年，丹尼尔·卡尼曼（最著名的行为经济学家之一）凭借“将心理学研究的成果融入经济学之中，尤其是人们在不确定情况下的判断和决策之中”获得了诺贝尔经济学奖。尽管行为经济学的历史很短，但人们为经济学探寻坚实的心理学基础的努力则由来已久。

1776年亚当·斯密《国富论》（*Wealth of Nations*）的出版标志着现代经济学的创立。以斯密为代表的古典经济学家经常被指责对于人性的假设过于简单（或者说是错误的），他们假设人们总是理性行事，并且追求自身利益的最大化。然而，这种指责并无依据，斯密并不认为人们总是理性的：

> 多少人因为沉溺于那些没什么实际用处的小玩意儿而倾家荡产？其实，他们喜欢的不是这些小玩意儿的效用，而是能增进效用的机器情结。他们所有的口袋里都塞满了各色小小的便利物件……它们的全部效用加起来都抵不过整天挂着它们所带来的麻烦。

早在微型计算器、有摄像功能的手机、平板电脑和智能手表出现的200年前，斯密就写下了这段话。斯密也并不认为人们是自私的："人，不管被认为是多么的自私，在他的人性中显然还有一些原则，促使他关心他人的命运，将别人的幸福当作自己的利益所在，尽管除了看到他人幸福他自己也觉得快乐之外，他从他人的幸福中得不到任何其他好处。"斯密和其他古典经济学家都认为人性显然具有多面性；的确，他们并未对人们的行事方式进行严格的心理学和经济学区分。

早期的新古典经济学是建立在**享乐心理学**（hedonic psychology）的基础上的：根据个人寻求愉悦最大化和痛苦最小化来解释个人行为。斯坦利·杰文斯曾说过："愉悦与痛苦无疑是经济学微积分计算的终极目标。经济学的核心问题是，如何用最小的付出满足我们的需要，换句话说，也就是最大化愉悦。"哲学家杰里米·边沁对早期新古典经济学家的影响颇深，他曾写道："自然将人类置于两位君主的统治之下，一个是痛苦，另一个是愉悦……它们支配着我们所做出的行为、我们所说的言语，以及我们所进行的思考。"因为假定人们会直接获得他们的意识体验，一些经济学家仅仅因为享乐心理学的原理具有自省的自明性而对它们大加推崇。

然而二战之后，早期新古典经济学在提出具有预测能力的理论方面成果匮乏，许多经济学家对此感到失望，并且开始质疑其自省的能力。相似的情况也发生在其他领域：心理学的行为主义、哲学的实证主义以及物理学的操作主义，它们都可以被视为具有类似的学术趋势。战后新古典经济学家致力于提高理论的预测能力，这一能力的提高是通过关注那些能够公开观测到的信息，而非一定会发生的个人体验。他们摒弃了将愉悦和痛苦作为基础的理论，转而采取了偏好理论。这两种理论的主要区别在于：人们愉悦和痛苦的感受是不可观测的，而他们的选择却能够直接观察到。如果假定选择反映了个人偏好，我们就能够得到关于人们偏好的直接可观测的证据。因此，战后新古典经济学家希望彻底斩断经济学与心理学在享乐主义和其他方面的关联。

尽管新古典经济学在20世纪后期占据了主流地位，但许多经济学家认为，经济学原理将会获益于与心理学及其他相近学科的紧密联系。然而，真正带来改变的是认知革命。20世纪50—60年代，心理学、计算机科学、语言学、人类学以及其他领域的研究人员批驳了科学应当关注可公开观测的现象这一观点，转而提倡**“认知科学”**（cognitive science）。认知科学家对单纯地依赖自省持怀疑态度，但仍然认为科学的心理学必须涉及“头脑中的东西”，包括信念、欲望、符号、规则和想象。行为经济学是认知革命的产物。与认知科学家一样，行为经济学家虽然对早期新古典主义时期的理论和方法持怀疑态度，但他们乐于谈论信念、欲望、经验法则和“头脑”中的其他事物。

一些人认为，行为经济学家采取了完全不同的研究方式，这意味着他们变成了名义上的经济学家。但是请注意，行为经济学探讨的仍然是人们在稀缺条件下的选择方式，以及这些选择对整个社会的影响——这正是经济学的定义。**行为科学**（behavioral science）是针对行为的科学研究，行为经济学也因此成为一种行为科学。**心理学**（psychology）和**经济学**（economics）则涵盖了更广泛的范畴，包括整合了两个学科的所有内容，因此，这些内容不必仅限于探讨人们的选择。

方　法

在对过去几十年中行为经济学家所提出的概念和理论进行探讨之前，我想讨论一下行为经济学家用来检验自身理论的数据，以及他们得到这些数据的方法。

一些早期同时也是最有影响力的行为经济学论文依赖于参与者对假想选择的反应。在这些研究中，要求参与者想象自己处于一种给定的选择情形中，参与者要说明他们在这些情形中会做出什么决定。举个例子，参与者需要回答此类问题：“你更喜欢下面哪一种情况？A：50%的概率赢得1 000美元，50%的概率什么也得不到；B：肯定能得到450美元。”还有一些早期的论文依赖于读者对于人们在特定条件下可能做出的行为的直觉。因此，他们描绘了这样的场景：“S先生在百货商店里看上了一件标价125美元的羊绒衫，但他觉得太贵了而没有买。月末的时候，他的太太送给他这件羊绒衫作为生日礼物，他感到非常高兴。然而，S先生和太太共用同一个银行账户。”这些思想实验显然部分源于作者对某些经济学家行为的观察，这些经济学家认为人总是理性的，虽然他们在自己的生活中时常表现出非理性。

最近，假想选择的研究几乎完全被**实验室实验**（laboratory experiments）所取代，在这些实验中，实验参与者需要做出涉及金钱的真正意义上的选择。这样的实验已经开展了几十年。例如，20 世纪 70 年代早期，心理学家莎拉·利希藤斯坦（Sarah Lichtenstein）和保罗·斯洛维克（Paul Slovic）模拟了一个在拉斯维加斯赌场的实验，由赌台主持人担任实验者，职业赌者作为参与者，输赢都支付真实的金钱。更多时候，行为经济学家会利用大学本科生或其他容易招募的参与者开展实验。当行为经济学家进行实验研究时，他们与新古典主义实验经济学家就别无二致了，后者是通过实验探求人们如何进行决策的新古典经济学家。实验设计者认为，在实验室中进行的决策必须是真实的，奖金必须兑现。

在过去的大约十年间，行为经济学家愈发依赖通过“实地”收集的数据。在一个著名的**实地研究**（field study）中，科林·凯莫勒（Colin Camerer）和他的同事们利用“行程表”研究了纽约出租车司机的行为，司机利用这些行程表记录乘客上车和下车的时间，并且记下出租车计价器自动记录的车费。这项研究的研究人员简单地观察了参与者在不同条件下的行为。在**实地实验**（field experiment）中，研究人员随机地将参与者分配成测试组和对照组，然后，观察两组之间的行为有何不同（以及是否完全不同）。在一次著名的实地实验中，珍·尚（Jen Shang）和瑞秋·克洛森（Rachel Croson）观察到，在为公共电台募捐时，工作人员会告诉潜在的捐赠者其他人的捐赠金额，当告知他们不同的金额时，人们自愿捐赠的金额会因为这一社会信息而有所不同。

在某种程度上，行为经济学家采用了心理学家称为**过程测度**（process measure）的方法，这些方法所探讨的是决策背后的认知和情绪过程的细节。有些人利用**过程跟踪**（process-tracing）软件了解人们在博弈中进行决策时采用什么信息。另一些人则采用脑部扫描的方法，即通常的功能性磁共振成像（fMRI），尽管这一方法较为原始，但研究人员可据此观察人们在应对某项任务或做出某项决策时，大脑的哪一部分会被激活。成像方法已经广泛应用于各项经济决策中，包括在风险和不确定性下进行的决策、跨期选择、买卖行为和博弈中的策略行为。有时行为经济学家甚至采用更为奇特的神经科学方法。最近一项研究试图探索使用经颅磁刺激工具阻断实验参与者大脑的某个区域时会发生什么。神经科学方法的大量引入并非巧合，这源于将经济学与神经科学相结合的**神经经济学**（neuro-economics）的兴起。

利用多种方法得出证据会引出有趣的方法论问题。当不同来源的证据指向的方向略有不同时，问题就更为突出了。然而，有时候不同来源的证据所指向的是同一个方向。此时，行为经济学家就会对他们的结论更有信心。或许可以这样认为，行为经济学之所以会成为这样一个充满活力的领域，部分原因在于它成功地整合了各种方法得出的多种证据。

展　望

如前言所述，本书正文分为五个部分：（1）确定性下的选择，（2）风险和不确定性下的判断，（3）风险和不确定性下的选择，（4）跨期选择，以及（5）策略互动。每一部分都包含两章：偶数章节概括了标准的新古典理论，奇数章节则是对应的行为经济学讨论。最后一部分是（6）总结与评述。正如前面所指出的那样，行为经济学的最终目标是对人们在稀缺条件下的决策，以及这些决策对整个社会的影响得出全新的认识。为了实现这一目标，行为经济学家和新古典经济学家都在努力构建抽象的正式理论。在这本书中，我们将探讨日益丰富的一般性理论，无论它是属于新古典经济学范畴还是行为经济学范畴。

学习行为经济学是一段不平凡的经历。一方面，对事物的抽象是读者最先面临的挑战。但是，正如我们将看到的，事实确实如此：经济学正是因为抽象才十分有用，理论越抽象，它潜在的应用范围就越广泛。有些读者可能一看到某本书中涉及数学公式就立马打退堂鼓。请不要这样。这本书并不涉及高深的数学知识，只涉及最基本的算术，也就是处理数字的能力或者对数字的理解，这十分重要，即使对那些自认为十分务实的人而言也是如此。

练习 1.3　计算能力

在最近的一项对财务决策的研究中，根据人们对于三个快问快答的数学问题的答案能够很好地推测他们的财富：夫妻双方答对三个问题的家庭所拥有的财富，是那些一个问题也没答对的家庭所拥有的财富的八倍之多。所以，如果你曾经努力地学习数学，为自己感到庆幸吧。你可以试试回答这三个问题：

（a）如果患上某种疾病的概率是10%，那么1 000人中会有多少人会患这种病？

（b）如果五个人持有的彩票都中奖了，奖金是200万美元，他们每人能得到多少钱？

（c）假设你的储蓄账户上有200美元。这个账户的年利率是10%。两年后你的账户上会有多少钱？

为了突出行为经济学的实用性，本书讨论了行为经济学在多个领域的应用。在生活方面，你会学到如何去选择一个男伴或女伴，如何设计有效的市场营销方案，如何避免落入此类营销方案的圈套，如何计算你爱慕的对象与他人约会的概率，如何售卖轮胎，以及如何在剪刀石头布游戏中击败别人。总而言之，行为经济学揭示了人们真实的面目，以及人们所处境况的本质，而非以往那些伟大的思想家所认为的人们应该是何面目。

扩展阅读

丹尼尔·卡尼曼（Daniel Kahneman）的《思考、快与慢》（*Thinking, Fast and Slow*, 2011）和理查德·塞勒（Richard H. Thaler）的《错误的行为：行为经济学的发展》（*Misbehaving: The Making of Behavioral Economics*）代表了行为经济学的发展历程，是每个对行为经济学感兴趣的人的必读经典，如此评价不仅因为两位作者对于理论的深刻理解，也因为他们富有启发性的个人联想。安格内尔和罗文斯坦（Angner and Loewenstein, 2012）与赫克洛姆（Heukelom, 2014）探讨了行为经济学的本质、历史起源和方法；安格内尔进一步探讨了行为经济学和新古典经济学的关系。亚当·斯密的《国富论》的引文参见斯密（Smith, 1976 [1776]）；历史部分的引文出自斯密（Smith, 2002 [1759], p. 211），斯密（Smith, 2002 [1759], p. 11），杰文斯（Jevons, 1965 [1871], p. 37）以及边沁（Bentham, 1996 [1789], p. 11）。方法部分的样本问题引自卡尼曼、特沃斯基（Kahneman and Tversky, 1979, p. 264）和塞勒（Thaler, 1985, p. 199）。在拉斯维加斯做实验的心理学家是利希滕斯坦和斯洛维克（Lichtenstein and Slovic，1973)。对纽约出租车司机进行研究的是凯莫勒等人(Camerer et al.，1997)，关于社会信息的研究是由尚和克洛森进行的(Shang and Croson，2009)，使参与者的大脑部分失效的研究者是诺奇等人（Knoch et al.，2006)。凯莫勒等人（Camerer et al.，2005）对神经经济学进行的综述被广泛地引用。对财务决策进行研究的是史密斯等人(Smith et al.，2010)；三个算术问题源自密歇根大学对于健康和退休的研究。

您答对了吗？

请扫描二维码获取本章练习答案。

1 第 1 部分

确定性下的选择

第 2 章　确定性下的理性选择

引　言

如前文所提到的，我们首先讨论理性选择理论。这套理论构成了几乎所有现代经济学的基础，因此，它是你在研究生微观经济学课程中将首先学到的理论。作为探讨理性选择的理论（参见第 1 章），这套理论关注的是做出理性决策意味着什么——简而言之，就是什么是理性。

在这一章中，我们将探讨**确定性下的选择**（choice under certainty）。“确定性下”这个短语简单地意味着既定的行为必然会带来特定的结果。举例来说，如果你们当地冰激凌店的员工是称职的，那么你每次点香草口味的冰激凌时，就会得到一个香草口味的，每次点巧克力脆皮的冰激凌时，就会得到一个巧克力脆皮的，此时你就是在确定性下做出选择。（我们将在后续章节中探讨其他类型的选择。）然而，在探讨在确定性条件下做出理性选择意味着什么之前，我们有必要探讨什么是偏好，以及具有理性的偏好意味着什么。

关于确定性下理性选择的理论是一套**公理性的**（axiomatic）理论。这意味着这一理论包含了一系列**公理**（axiom），也就是这些基本命题不能被理论自身提供的材料所证明，仅仅是理所当然成立的。在学习这套理论时，我们首先要做的事情就是检验这些公理。随后会通过定义引入新的术语。我们应该牢记这些公理和定义。通过引入这些公理和定义，可以证明许多有趣的命题，因此，我们接下来的主要工作是基于公理和定义证明新的命题。

偏　好

偏好（preference）是现代经济学、新古典经济学和行为经济学中的一个基本概念。正式地来说，偏好反映了一种**关系**（relation）。比如：“阿尔夫比贝奇年长”，“法国比挪威大”，“比尔担心考试成绩不如詹妮弗优秀”。注意这里每一个句子都表达了两个主体（事物或者人）之间的关系。因此，“阿尔夫比贝奇年长”表达了阿尔夫和贝奇之间的关系，即前者比后者年龄大。因为这些例子表达了两个主体之间的关系，它们被称为**二元**（binary）关系。下面的关系并非二元的：“妈妈站在比尔和鲍勃之间”，这种关系是**三元**（ternary）关系，因为它涉及三个不同的主体；在这个例子里，主体是人。

为了方便起见，我们经常用小写字母来表示主体或个人。我们可以用 a 表示阿尔夫，b 表示贝奇。类似地，我们通常用大写字母来表示二者之间的关系。我们可以用 R 表示“比对方年长”这一关系。如此，我们可以用 aRb 表示“阿尔夫比贝奇年长”。有时我们也可以写成 Rab。需要注意的是，字母的顺序很重要：aRb 与 bRa 不一样。前一个表示阿尔夫比贝奇年长，后一个表示贝奇比阿尔夫年长。同样，Rab 与 Rba 也不一样。

练习 2.1　关系

假设 f 表示法国，n 表示挪威，B 表示“比对方大”。

（a）你怎么表示法国比挪威大？

（b）你怎么表示挪威比法国大？

（c）你怎么表示挪威比挪威大？

为了清楚地表达主体之间的关系，我们需要明确哪些主体可能彼此相关。当谈论谁比谁年长时，我们可能是在谈论人。当谈论谁比谁大时，我们可能是在谈论国家、房子、人、狗或其他许多东西。有时我们所探讨的主体是哪种类别很重要。大多数时候，为了更加严谨，我们可以定义一个**全域**（universe）U。全域中包含一系列彼此相关的事物。假设我们正在探讨唐老鸭的侄子休伊、杜威和路易。这就是我们的全域。在大括号内列出所有主体，并且用逗号将他们分开，比如｛休伊，杜威，路易｝。在这里，顺序并不重要。因此，相同的全域也可以写成｛路易，杜威，休伊｝，故 U=｛休伊，杜威，路易｝=｛路易，杜威，休伊｝。

练习 2.2　全域

假设我们探讨的是联合国所有的成员，应该怎么表示这个全域？

一个全域可能包含非常多的主体，此时，简单地罗列太过烦琐。比如，你要表达阅读这段文字的时间，就会面临这种情况。从上午 11：59 到 12：01 之间有无穷多个时间点，从上午 11：59：59 到下午 12：00：01 之间也是如此。因此，我们必须找到另一种描述全域的方式。

两种事物之间可能存在这样一种关系："至少跟对方一样好"。例如，我们可能会说"咖啡至少跟茶一样好"。"至少跟对方一样好"这种关系通常用$\geqslant$这个符号表示。如果 c 表示咖啡，t 表示茶，就可以写成 $c \geqslant t$。这是一种（弱）偏好关系。每个人的偏好关系通常十分独特。如果想要明确所讨论的是谁的偏好，可以利用下标来表示某个人。如果想表达对于阿尔夫来说，咖啡至少跟茶一样好，而对贝奇来说，茶至少跟咖啡一样好，就可以写成 $c \geqslant_{阿尔夫} t$ 以及 $t \geqslant_{贝奇} c$，或者简写为 $c \geqslant_a t$ 和 $t \geqslant_b c$。

练习 2.3　偏好

假设 d 表示"在炎热的天气里来杯冷饮"，r 表示"在太阳底下暴晒"。

(a) 你会如何表示自己对于这两种选择的偏好？

(b) 你会如何表示一个受虐狂对这两种选择的偏好？

在经济学中，我们通常感兴趣的是人们对**消费束**（consumption bundle）的偏好，消费束是一系列商品的集合。当你身处一家汉堡餐厅时，你就会面临着商品束的选择，是选择 1 号巨无霸套餐还是 2 号鸡肉汉堡套餐？为了描述这些商品束，我们将它们视作个人面临的商品集合：三个苹果和两根香蕉，或者两杆枪和五块黄油。在讨论偏好关系时，全域可以被视作**选择集合**（set of alternatives）。如果消费束中包含的商品不超过两种，可以很容易地通过平面图表示这些选择，如图 2.1 所示。当消费束包含超过两种商品时，下面的表述就会更方便：用〈3，2〉表示三个苹果和两根香蕉；用〈6，3，9〉表示六个苹果、三根香蕉和九个椰子；等等。

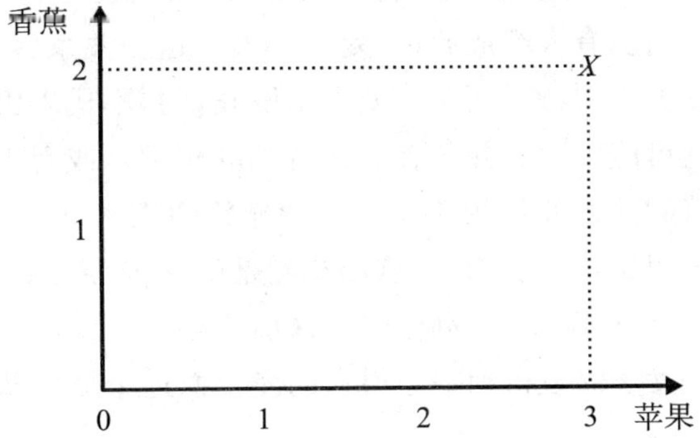

图 2.1　选择集合

理性偏好

为了构建理性选择理论，我们将首先明确某个偏好是理性的意味着什么。一个**理性的**（rational）偏好关系应该具有传递性和完备性。

只有下列条件成立时，某一偏好关系 R 才具有**传递性**（transitive）：对于全域中的所有 x，y 和 z，如果 x 与 y 存在关系 R，同时 y 与 z 也存在关系 R，那么 x 与 z 也必然存在 R 这一关系。假设一个全域包含了马克斯三兄弟。* 如果“比某人高”是一个具有传递性的关系：那么，如果奇科比格劳乔高，格劳乔比哈勃高，那么奇科一定比哈勃高（如图 2.2 所示）。

例子 2.4　《我为喜剧狂》

思考电视综艺节目《我为喜剧狂》（*30 Rock*）中的争论。崔西、格瑞和道特正在玩电脑游戏。崔西总是会打败格瑞和道特。肯尼斯击败了崔西，却输给了格瑞。崔西对此感到疑惑不解。

崔西：“你是怎么打败肯尼斯的，格瑞?”

格瑞：“我不知道。”

崔西：“如果肯尼斯能打败我，你可以打败肯尼斯，那么根据传递性，你肯定能打败我！你是故意让着我的吗?”

道特：“只有几次而已啦。”

崔西：“几次？不止这一次?”

现在，你是第一个真正看懂了《我为喜剧狂》的人。你也会由此得知这个节目里有一个曾学过经济学或者哲学的工作人员。

如果全域是由所有人组成的，“爱上某人”这一关系就不具有传递性。仅仅因为山姆爱上了派特，而派特爱上了罗宾，并不代表山姆一定会对罗宾有好感。山姆可能对罗宾并没有什么特别的感觉，或者山姆可能会因为罗宾吸引了派特的注意而愤愤不平。这种**非传递性**（intransitive）是戏剧《无路可逃》（*No Exit*）的主线，这部戏剧是由法国存在主义哲学家让-保罗·萨特（Jean-Paul Sartre）创作的。这出戏剧所描绘的故事发生在监狱之中，一个年轻女子渴望得到一个男人的爱，而这个男人却希望得到一位

---

* 马克斯三兄弟是与卓别林同时代的喜剧三人组合。——译者注

图 2.2　马克斯三兄弟

插图由古蒂·泰勒绘制。

年长女性的青睐，而这位年长女性偏偏又对那个年轻女子颇有好感。这部戏剧中最有名的台词是："他人即地狱"。想要证明一种关系不具有传递性，只需确定全域中的三个成员，第一个与第二个有关，第二个与第三个有关，但第一个与第三个无关。

正式地来说，只有在下列情况成立时，偏好关系$\succcurlyeq$才具有传递性：

公理 2.5　$\succcurlyeq$的传递性

如果 $x \succcurlyeq y$，并且 $y \succcurlyeq z$，那么 $x \succcurlyeq z$（对所有的 x，y，z 而言）。

我们也可以用其他方式来表达这一公理，可以写成：如果 $x \succcurlyeq y \succcurlyeq z$，那么$x \succcurlyeq z$（对所有的 x，y，z 而言）。使用标准的逻辑符号，我们可以写成 $x \succcurlyeq y$ & $y \succcurlyeq z \rightarrow x \succcurlyeq z$（对所有的 x，y，z 而言）。下面的文本框中列出了一些有用的逻辑符号。无论采用哪种表达方式，传递性意味着如果与茶相比你更喜欢咖啡，与根汁汽水相比你更喜欢茶，那么与根汁汽水相比你一定更喜欢咖啡；也就是说，此时与根汁汽水相比你不得不更喜欢咖啡。

逻辑符号

下面是一些最为常见的逻辑符号：

$x \& y$	x 和 y
$x \vee y$	x 或者 y
$x \rightarrow y$	如果 x 成立，那么会发生 y；或者说只要 x 成立，就会发生 y（即 x 是 y 的充分条件）
$x \leftrightarrow y$	当且仅当 y 成立时才会发生 x；或者说只要 y 成立，就会发生 x（即 x 是 y 的充要条件）
$\neg p$	非 p

只有当下面的条件成立时，某一关系 R 才具有**完备性**（complete）：对于全域中的任何 x 和 y 而言，要么 x 相对于 y 具有 R 这一关系，要么 y 相对于 x 具有 R 这一关系（或者二者同时成立）。如果全域中包含所有过去、现在和未来的人，那么“一定不矮于对方”就是具有完备性的关系。你也许并不知道凯撒和布鲁图两个人的准确身高，但是你一定知道：要么凯撒一定不矮于布鲁图，要么布鲁图一定不矮于凯撒（或者二者同时成立，也就是两个人一样高）。

对于包含所有人的全域，“爱上对方”并不具有完备性。对于任何两个随机选中的人而言，例如你的房东和现任美国总统，并不会出现要么房东仰慕总统，要么总统爱慕房东的情况。也许你的房东对总统颇有好感，或者总统觉得你的邻居不错，但情况并不必然如此，而且往往也并非如此。如此一来，为了证明某一关系并不具有完备性，只需在全域中找出两个主体无论哪一个与对方都不具有这种关系即可。

正式地来说，只有在下列情况成立时，偏好关系 $\succcurlyeq$ 才具有完备性：

公理 2.6　$\succcurlyeq$ 的完备性

要么 $x \succcurlyeq y$，要么 $y \succcurlyeq x$（或者二者同时成立）（对所有的 x，y 而言）。

完备性意味着要么与咖啡相比你更喜欢喝茶，要么与喝茶相比你更喜欢咖啡（或者对二者同样喜爱）；你可能具有独特的偏好，但是你不能在二者之间没有偏好。严格来讲，上述公式中的短语“（或者二者同时成立）”是冗余的，我们可以用日常用语中的“并且/或者”表示。利用标准的逻辑符号，我们可以写成：$x \succcurlyeq y \vee y \succcurlyeq x$（对所有的 x，y 而言）。如果 $x \succcurlyeq y$ 与 $y \succcurlyeq x$ 同时成立，我们可以称 x 和 y 等价。

我们可以通过下面的练习深入理解传递性和完备性的概念。

练习 2.7

假设某一全域包含过去、现在和未来的所有人，下面的关系具有传递性吗？具有完备性吗？

(a)“是对方的母亲”。

(b)“是对方的祖先”。

(c)“是对方的姐妹”。

(d)“讨厌对方”。

(e)“比对方重”。

(f)“跟对方有相同的姓”。

(g)“比对方高”。

在回答这些问题时，一词多义可能会成为问题。像“姐妹”这样的词语有多重含义，词语的含义会影响最终的答案。然而，只要词语的含义确定了，这些问题就有了确定的答案。

练习 2.8　敌人的敌人

假设事实如俗语所说：“敌人的敌人就是朋友。”那么“是对方的敌人”这一关系的传递性如何呢？（假设没有所谓的亦敌亦友，也就是既是朋友又是敌人的关系。）

练习 2.9

假设某个全域包含了所有的自然数，也就是 U＝｛1，2，3，4，…｝，下面的关系具有传递性吗？它们具有完备性吗？

(a)“至少跟对方一样大”（$\geqslant$）。

(b)“等于对方”（$=$）。

(c)“大于对方”（$>$）。

(d)“能够被对方整除”（$|$）。

练习 2.10　偏好和全域

利用你对传递性和完备性的理解回答下列问题：

(a) 如果全域是｛苹果，香蕉，饥饿｝，偏好关系具有传递性的条件是什么？

(b) 如果全域是｛苹果，香蕉｝，偏好关系具有完备性的条件是什么？

正如上一个练习所表明的，偏好关系的完备性意味着它具有**自反性**

(reflexive)，也就是说，$x \succcurlyeq x$（对所有的 x 而言）。这个结果可能会有点出乎你的意料。但是请记住，完备性意味着每次你从全域中挑选出两个主体，这一关系要么成立，要么反之成立。公理并未要求这两个主体必须不同。如果你两次都挑选了同一个主体，这也是可以的，完备性要求这个主体与自己之间也满足这一关系。

我们对于全域的选择可能会决定一种关系是否具有传递性和完备性。如果全域是 U={罗密欧，朱丽叶}，“爱上对方”这个关系就具有完备性，因为对于这一全域中的两个主体而言，要么是一个人爱着另一个，要么是另一个爱着这一个人。（假设罗密欧和朱丽叶都爱自己，虽然也许事实并非如此。）也许更出人意料的是，这一关系也具有传递性，当 $x \succcurlyeq y$ 并且 $y \succcurlyeq z$ 时，那么 $x \succcurlyeq z$。

弱偏好关系是理性的（即兼具传递性和完备性）这一假设似乎相当温和。然而，确定性下的选择理论正是建立在这一假设和一系列定义的基础之上。这是如何开展科学研究的一个精彩例证：基于少量的假设，我们能够建立一套应用广泛的理论，这一理论所进行的预测将接受现实证据的验证。本章的其余部分将详细说明弱偏好关系是理性的这一假设的含义。

无差异与严格偏好

正如前一节所提到的，（弱）偏好关系中也会存在等价关系。当两个选择相同时，我们可以称第一个选择与第二个选择**一样好**（as good as），或者称人们对于两个选择感到**无差异**（indifferent）。也就是说，一个人对这两个选择感到无差异意味着，对她而言，第一个选择不比第二个差，同时第二个选择也不比第一个差。我们用～这个符号来表示无差异。正式的表述为：

定义 2.11　无差异的定义

当且仅当 $x \succcurlyeq y$ 且 $y \succcurlyeq x$ 时，$x \sim y$。

利用逻辑符号，我们可以这样表达：$x \sim y \Leftrightarrow x \succcurlyeq y \,\&\, y \succcurlyeq x$。

假设“至少与对方一样好”这一关系是理性的，无差异这一关系既具有自反性，又具有传递性。它也是**对称的**（symmetric）：如果 x 和 y 一样好，那么 y 就和 x 一样好。这些结果不只在直觉上是可信的，我们也可以证明它们是正确的。（想要了解更多的证明过程，请参阅下面“证明”的文本框。）无差异的特征可以表示为以下几个命题：

命题 2.12　无差异的特征

包括以下几个方面：

(i) $x\sim x$（对所有 x 而言）。

(ii) $x\sim y\rightarrow y\sim x$（对所有 x，y 而言）。

(iii) $x\sim y$ & $y\sim z\rightarrow x\sim z$（对所有 x，y，z 而言）。

证明　命题的每个部分都需要单独证明：

(i)	1. $x\succcurlyeq x$	根据公理 2.6
	2. $x\succcurlyeq x$ & $x\succcurlyeq x$	由 1 可得
	$\therefore x\sim x$	根据定义 2.11，由 2 可得
(ii)	1. $x\sim y$	根据假设
	2. $x\succcurlyeq y$ & $y\succcurlyeq x$	根据定义 2.11，由 1 可得
	3. $y\succcurlyeq x$ & $x\succcurlyeq y$	由 2 可得
	4. $y\sim x$	根据定义 2.11，由 3 可得
	$\therefore x\sim y\rightarrow y\sim x$	由 1～4 可得
(iii)	1. $x\sim y$ & $y\sim z$	根据假设
	2. $x\succcurlyeq y$ & $y\succcurlyeq x$	根据定义 2.11，由 1 可得
	3. $y\succcurlyeq z$ & $z\succcurlyeq y$	根据定义 2.11，由 1 可得
	4. $x\succcurlyeq z$	根据公理 2.5，由 2、3 可得
	5. $z\succcurlyeq x$	根据公理 2.5，由 2、3 可得
	6. $x\sim z$	根据定义 2.11，由 4、5 可得
	$\therefore x\sim y$ & $y\sim z\rightarrow x\sim z$	由 1～6 可得 □

这是完整的证明过程。在接下来的内容里，只会列出证明的基本步骤，不会列出完整的过程。

无差异关系并不具有完备性。为了证明这一点，只需要举出一个反例即可。比如某个理性的偏好关系，决策者对于所有选项感到无差异就不具有完备性。（参见图 2.3 的例子。）

练习 2.13

证明下面的定理：$x\succcurlyeq y$ & $y\sim z\rightarrow x\succcurlyeq z$。

无论采用什么证明方式，都只能利用你已经证明过的命题。下面的练习表明这种做法十分有用。

练习 2.14　迭代传递性

在本练习中，你需要用两种不同的方式证明以下定理：$x\sim y$ & $y\sim z$ &

$z \sim p \rightarrow x \sim p$。

（a）首先利用无差异的传递性加以证明（命题 2.12（iii））。

（b）不利用无差异的传递性加以证明。（你仍然可以利用弱偏好的传递性，因为这是一个公理。）

如果证明过程遇到了困难，可以参考下面“证明”的文本框的提示。

当第一个选择至少与第二个选择一样好，但第二个选择并不如第一个选择时，我们称第一个选择优于第二个选择，或者说决策者相比第二个选择严格偏好或者强偏好第一个选择。我们用$\succ$这个符号表示严格偏好或强偏好。正式的表述为：

定义 2.15　严格偏好的定义

当且仅当 $x \succcurlyeq y$ 成立，但 $y \succcurlyeq x$ 不成立时，$x \succ y$。

利用逻辑符号表达的话，就是 $x \succ y \Leftrightarrow x \succcurlyeq y \ \& \ \neg y \succcurlyeq x$。为了清楚起见，有时我们将“至少与对方一样好”称为**弱偏好**（week preference）。

假设弱偏好关系是理性的，那么就可以从逻辑上证明这一关系具有某些特征。下面的命题就列出了其中一些特征。

命题 2.16　强偏好的特征

包括以下几个方面：

（i）$x \succ y \ \& \ y \succ z \rightarrow x \succ z$（对所有 x，y，z 而言）。

（ii）$x \succ y \rightarrow \neg y \succ x$（对所有 x，y 而言）。

（iii）$x \succ x$ 不成立（对所有 x 而言）。

证明　（i）假设 $x \succ y \ \& \ y \succ z$，为了得到 $x \succ z$，根据定义 2.15，我们需要证明 $x \succcurlyeq z$，但是 $z \succcurlyeq x$ 并不成立。前半部分参见练习 2.17。后半部分证明如下：利用**反证法**（proof by contradiction），证明 $z \succcurlyeq x$ 并不成立，因此假设 $z \succcurlyeq x$，根据第一个假设和强偏好的定义，可以得出 $x \succcurlyeq y$。根据第二个假设和公理 2.5，可以得出 $z \succcurlyeq y$。但是根据第一个假设和强偏好的定义，可以得出 $\neg z \succcurlyeq y$。因此前后矛盾，所以第二个假设是错误的，因此 $\neg z \succcurlyeq x$。

（ii）根据假设 $x \succ y$。利用反证法，假设 $y \succ x$。根据第一个假设，定义 2.15 意味着 $x \succcurlyeq y$。根据第二个假设和同样的定义，可以得出 $\neg x \succcurlyeq y$。但这两个结论相互矛盾，因此第二个假设是错误的，故此 $\neg y \succ x$。

（iii）参见练习 2.19。 □

命题2.16（i）说明强偏好关系具有传递性；命题2.16（ii）说明强偏好关系是**反对称的**（anti-symmetric）；命题2.16（iii）说明强偏好关系具有**反自反性**（irreflexivity）。

练习2.17

利用之前提出的定义和命题，完成命题2.16（i）的证明的第一部分。

需注意的是，命题2.16（i）和（ii）是通过反证法加以证明的。这种证明方法也被称为**间接证明**（indirect proof）。这种推导模式可能看起来有些怪异，但在数学、科学和日常思维中十分常见。比如，当数学家要证明$\sqrt{2}$是无理数时，他们可以通过反证法假设$\sqrt{2}$是有理数（意味着$\sqrt{2}$可以表示为由自然数p和q组成的分数p/q），然后利用这一假设推导出矛盾。

练习2.18　敌人的敌人（续）

利用反证法证明“是某人的敌人”这个关系不具有传递性，参考练习2.8。

在接下来的练习中，你将会看到利用反证法进行证明十分有用。

练习2.19　证明命题2.16（iii）

利用反证法证明这一命题，需要先假设存在一个x满足$x \succ x$。

练习2.20

证明以下定理：$x \succ y \;\&\; y \succcurlyeq z \rightarrow x \succ z$（对所有$x$，$y$，$z$都成立）。需注意的是，这个证明包括两部分，首先需要证明$x \succcurlyeq z$；其次需要证明$\neg z \succcurlyeq x$。

练习2.21

证明下列重要且直觉上正确的定理。（需注意，其中某些定理逻辑上是等同的。）

（a）如果$x \succ y$，那么$x \succcurlyeq y$。

（b）如果$x \succ y$，那么$\neg y \succcurlyeq x$。

（c）如果$x \succcurlyeq y$，那么$\neg y \succ x$。

（d）如果$x \succ y$，那么$\neg x \sim y$。

（e）如果$x \sim y$，那么$\neg x \succ y$。

（f）如果$\neg x \succcurlyeq y$，那么$y \succcurlyeq x$。

（g）如果$\neg x \succcurlyeq y$，那么$y \succ x$。

（h）如果$\neg x \succ y$，那么$y \succcurlyeq x$。

如果你在证明（f）和（g）时遇到困难，请记住你随时可以利用完备性定理，利用 $x \geqslant y \vee y \geqslant x$ 这一命题。并且需注意的是，$p \vee q$ 并且 $\neg p$ 意味着 q。如果你在证明（h）时遇到困难，可以援引**狄摩根定律**（de Morgan's law），也就是 $\neg(p \& q)$ 逻辑上等同于 $\neg p \vee \neg q$。同时需要记住，$p \vee q$ 并且 $p \rightarrow q$ 意味着 q。

对于下一个练习，请记住，可以利用以往证明过的命题（参见“如何证明”文本框的内容）。

如何证明

对一个命题的证明，目标是利用逻辑或者数理的确定性得出命题的真实性［参见命题 2.12（i）至命题 2.12（iii）的证明］。证明就是一系列命题按照顺序逐行罗列。证明的最后一行就是你想要证明的命题，也就是结论；它之前的一行保证了结论的正确性。结论总是很典型地以∴符号开头。所有其他行都以阿拉伯数字编号。证明的基本规则是：每一行的命题都必须从逻辑上源于以下几个方面：（a）之前一行的命题，（b）该理论的公理，（c）之前出现过的定义，以及（d）在其他证明过程中得以证明的命题。一旦一个证明过程完成，逻辑学家习惯写上“QED”，即拉丁语“quad erat demeonstrandum”首字母的缩写，意思是“经过证明的”，或者直接用一个小方框□表示结束。

下面是一些对你进行证明时可能有用的提示，或者称为经验法则。提示 1：如果你想证明一个 $x \rightarrow y$ 型的命题，通常你应该先假设箭头左边的条件成立；也就是说，第一行应该是“1. 假设 x 成立”。然后，你的目标是推导出 y，即可完成证明。如果你想要证明的命题是 $x \leftrightarrow y$ 类型的，你需要从两个方向进行：首先证明 $x \rightarrow y$，然后证明 $y \rightarrow x$。提示 2：如果你想要证明的命题是 $\neg p$ 类型的，通常你应该通过反证法证明这个命题，先假设命题的反面成立；也就是说，第一行应该是“1. 根据反证法假设 p 成立”。然后你的目标就是推导出矛盾，也就是得到形式为 $q \& \neg q$ 的结论，即可完成证明。

练习 2.22

证明如果 $x \sim y$ 并且 $y \sim z$，那么 $\neg x \succ z$。

练习 2.23　负传递性

证明以下两个定理。你可能在之前的证明中不自觉地利用了这两个定理。但是需注意，在得到证明之前，你不能利用这些定理。

(a) 如果 $\neg x \succcurlyeq y$ 并且 $\neg y \succcurlyeq z$，那么 $\neg x \succcurlyeq z$。

(b) 如果 $\neg x \succ y$ 并且 $\neg y \succ z$，那么 $\neg x \succ z$。

最后这两个练习十分经典，说明了我们在本章中研究过的理论存在一些潜在的问题。

练习 2.24　假期

假设你面临两种度假方案：一个是去加利福尼亚，一个是去佛罗里达，而且你对二者感到完全无差异。我们简称"去佛罗里达度假"为 f，"去加利福尼亚度假"为 c。因此 $f \sim c$。假设现在有人在佛罗里达的方案里加上了一个苹果。而你喜欢吃苹果，所以改进版的佛罗里达方案 f^+ 改进了原来的选项 f，这意味着 $f^+ \succ f$。假设你是理性的，你会如何看待改进版的佛罗里达方案 f^+ 和加利福尼亚方案 c？加以证明。

练习 2.25　茶杯

假设有 1 000 杯茶排成一列摆在你面前。杯子是相同的，这些茶只有一个区别：最左边杯子（c_1）里有一粒糖，左边第二个杯子（c_2）里有两粒糖，左边第三个杯子（c_3）里有三粒糖，依此类推。由于你感觉两个相邻的杯子之间并没有差别，所以可以说你觉得 c_n 和 c_{n+1} 无差异，其中 n 从 1 直到 999。假设你的偏好是理性的，那么你对最左边的杯子（c_1）和最右边的杯子（$c_{1\,000}$）之间的偏好是什么？

你会发现在回答这些问题时，练习 2.21 提供的思路十分有用。

偏好排序

偏好关系通常被称为**偏好排序**（preference ordering）。这是因为理性的偏好关系让我们能够将所有选择列出一张清单，最好的选择在顶端，最差的选择在最末。图 2.3 列出了一个偏好排序的例子。

理性的偏好排序很简单。完备性确保每个人都能列出一张清单，因为完备性意味着每个选择都可以与其他选择比较。传递性确保清单是线性的，因为传递性保证了强偏好关系不会产生诸如 $x \succ y$，$y \succ z$ 并且 $z \succ x$ 这样的循环。下面两个练习有助于理解循环偏好。

天堂般的幸福

$\succ$

可口可乐～百事可乐

$\succ$

无穷尽的痛苦

图 2.3　包含等价关系的偏好排序

练习 2.26　循环偏好

利用目前为止所讨论的定义和命题，证明一个理性的强偏好关系不可能产生循环。要证明这一点，可以先假设 $x \succ y$，$y \succ z$ 并且 $z \succ x$，然后证明这将导致矛盾。

练习 2.27　循环偏好（续）

相反，弱偏好关系有可能产生循环。也就是说，可能存在 x，y，z 满足 $x \succcurlyeq y$，$y \succcurlyeq z$ 并且 $z \succcurlyeq x$。果真如此的话，我们能了解到某人关于 x，y，z 的偏好是怎样的？加以证明。

在无差异存在的情况下，偏好排序会出现等价关系。你可能也注意到了，图 2.3所描述的偏好排序中有两种商品地位相同。假设全域是｛天堂般的幸福，可口可乐，百事可乐，无穷尽的痛苦｝，这一偏好排序就是完全理性的。

在经济学中，通常用**无差异曲线**（indifference curve）来表示偏好排序，也可以称为**无差异映射**（indifference map）。图 2.4 是一组无差异曲线的例子。你可以把它们想象成地形图上的等高线。位于同一条无差异曲线上的任意两个消费束是一样好的。当两个消费束位于不同的曲线上时，其中一个会严格优于另一个。由于人们总是认为商品越多越好，右上方曲线上的消费束将严格优于左下方曲线上的消费束。

练习 2.28　无差异曲线

用图形表示下列无差异曲线。

(a) 假设对你来说，一个苹果总是和两根香蕉一样好。

(b) 假设对你而言，一个苹果总是和一根香蕉一样好。

(c) 假设你不喜欢没加牛奶的茶，也不喜欢没加茶的牛奶。当你可以自己冲调奶茶的时候，每次都会在两份茶里加入一份牛奶。你喜欢这样的饮品，并且认为越多越好。

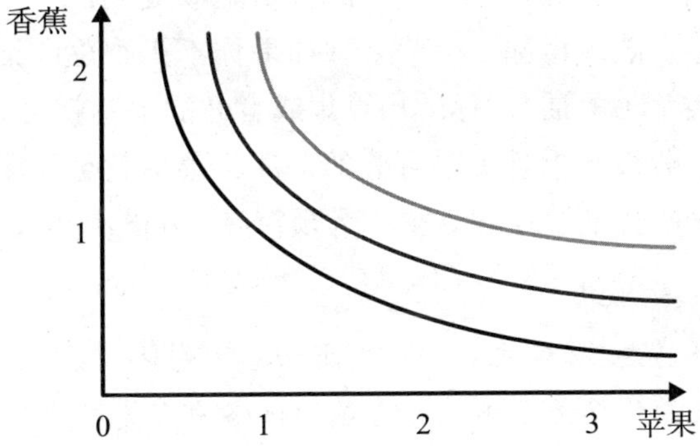

图 2.4　无差异曲线

确定性下的选择

在做出**确定性下的选择**（choice under certainty）时，你就会面临一个菜单。所谓**菜单**（menu）是指一系列选项的集合，你必须从中准确地选出一个选项。也就是说，菜单具有两种属性：首先，菜单中的选项是**互斥的**（mutually exclusive）；也就是在给定的时点上，你最多只能选择它们中的一个。其次，菜单中的选项是**完备的**（exhaustive）；也就是说，你必须选择其中的一个。

例子 2.29　菜单

如果一家餐厅提供两道前菜（汤和沙拉）和两道主菜（鸡肉和牛肉），你必须选择一道前菜和一道主菜，你会选择什么？

存在四种可能的组合，你可以选择：{汤和鸡肉、汤和牛肉、沙拉和鸡肉、沙拉和牛肉}。

练习 2.30　菜单（续）

如果你可以选择只吃前菜，或者只吃一种主菜，或者什么都不吃，新的菜单又会是什么呢？

尽管现实中菜单包含的内容很少甚至是有限的这种情况通常不存在，但我们往往会做出这样的假设。

在经济学中，这一菜单通常被称为**预算集**（budget set）。它就是你在预算既定时能够负担的选择集合，其中，预算也就是你可以利用的资源。

假设你的钱包里有 6 美元，一根香蕉的价格是 3 美元，一个苹果需要 2 美元，此时，你最多能买得起 3 个苹果（如果你不买香蕉的话）或者两根香蕉（如果你不买苹果的话）。你的预算集或者你的菜单就可以表示为图 2.5 中的阴影区域。假设水果是无限可分的，那么菜单就会无限大。将预算内和预算外的选择隔开的这条线就被称为**预算线**（budget line）。

练习 2.31　预算集

假设你的预算是 12 美元，画出图形回答下列问题：

(a) 当苹果的价格为 3 美元，香蕉的价格为 4 美元时，预算集是什么？

(b) 当苹果的价格为 6 美元，香蕉的价格为 2 美元时，预算集是什么？

(c) 当苹果的价格总是 2 美元，而第一根香蕉的价格为 4 美元，后来的每根香蕉的价格为 2 美元时，预算集是什么？

那么，保持理性又意味着什么呢？保持理性，或者说做出理性决策意味着：(i) 你具有一个理性的偏好排序，并且 (ii) 只要你面临一个菜单，你就会选择最偏爱的选项，或者在存在等价关系的情况时，挑出最偏爱的选项之一。第二个条件也可以这样表述：(ii) 菜单中不存在其他选项严格优于你的选项。或者说 (ii) 你的选项不会严格劣于菜单中的其他选项。当我们称某人是理性的，意味着上述条件都成立。如果你的偏好如图 2.3 所示，而面临的菜单包含了可口可乐、百事可乐和无穷尽的痛苦这三项选择时，理性的选择就是选择可口可乐或者百事可乐。当最优选择并不唯一时，理性意味着你应该选择最优选择中的一个，具体是哪一个并不重要。

如果我们知道某个人的无差异曲线和预算集，就可以确定理性选择是什么。如果将之前的图 2.4 与后来的图 2.5 相互叠加，你就会得到图 2.6。消费者将会选择标记为 X 的消费束，因为在预算集里，这一组合对应着最高的无差异曲线。正如你所观察到的，预算集里其他的消费束对应的无差异曲线都不如 X 高。

需要注意的是关于理性的理论并未涉猎的问题。这一理论并未探讨人们为何相比其他商品更偏爱特定的东西，或者为什么他们会如此决策来迎合自己的偏好。它也并没有提及人们相比香蕉更偏爱苹果，是因为他们得到苹果时感到更开心、更快乐、更满足（尽管事实上很可能正是如此）。这一理论从未涉及感受、情绪、感情或者其他任何主观意愿的表达。就这一理论而言，在炎热的夏天里，相比在大太阳底下暴晒，你更喜欢喝一杯

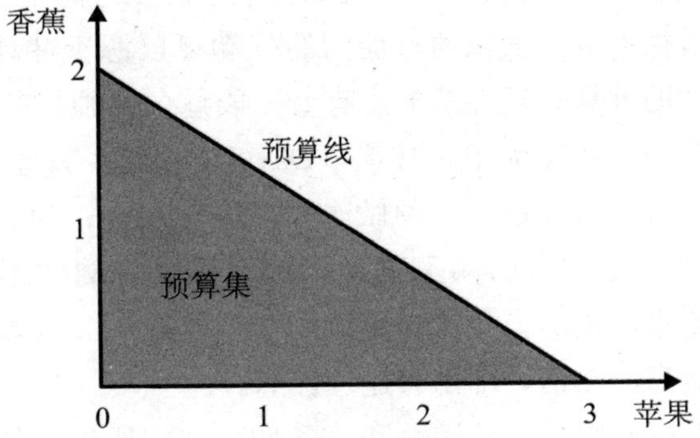

图 2.5　预算集

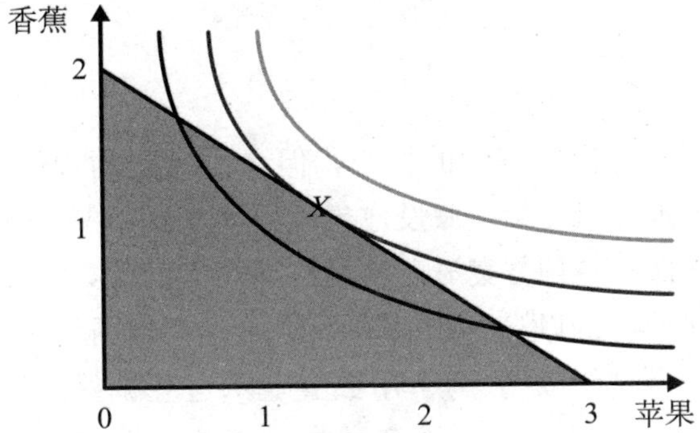

图 2.6　消费者选择问题

冷饮，这一情况是天然的事实；这一事实并不需要基于如下考虑：什么是让人感觉良好的或是感觉不好的、愉悦的或是不愉悦的、喜欢的或是厌恶的。同样，这一理论也没有提及为什么会选择菜单中最偏好的东西，就这一理论而言，人们只是简单地这样做了而已。

此外，这一理论并没有提及人们是自私的，意味着他们只关心自己；并未提及人们是唯物主义者，意味着他们只关心物质商品；也没有提及人们是贪婪的，意味着他们只关心金钱。理性的定义暗示了一个理性的人是自利的，意味着他的选择反映了自己的偏好排序，而不是别人的偏好。但这并不等同于自私：例如，某些理性的个人可能宁愿为了维护正义而牺牲自身利益，也不愿意通过欺骗他人来中饱私囊。这一理论本身只强调了偏好关系的某些特征，并未探讨人们偏好的事物。这一理论对于人们所追求的目标是否高尚或道德只字未提。理性的人可能是怪异的、邪恶的、残酷的、自私的、道德上令人反感的；抑或圣洁的、鼓舞人心的、深思熟虑的、无私的、道德上令人钦佩的；他们的行动可以源于冲动、习惯、感觉或者机器般缜密的计算。理性的概念有着一段悠久而独特的历史。18 世纪苏格兰哲学家和经济学家大卫·休谟（David Hume）写道："我宁愿世界毁灭也不愿划破自己的手指，这种做法并不违背理性；为了让一个印第安人免受些许不快而选择自己倾家荡产，这对我来说同样不违背理性。然而，如果我相比更深入的自我认知更倾向于浅层次的，或者对于浅层次的自我认知具有更高的热情，都是有违理性的。"

理性人的偏好必须具有传递性和完备性。他们所做出的选择也必须反映出自己的偏好。

效　用

效用的概念是现代经济学的核心，但人们对它的理解存在诸多困惑，因此，需要详细地加以介绍。假设你想用数字来表示一个人有多喜欢某种东西，你会怎么做？一种方案显而易见。理性人的偏好使得我们可以将他所有的选择按照偏好的顺序加以排列。例如，考虑图 2.3 中的偏好排序。偏好排序分为三个"梯度"。为了用数字表示这些偏好，我们将每个梯度都标上一个数字，如此一来，更高的梯度对应着更大的数字，如图 2.7 所示。

天堂般的幸福—3

$\succ$

可口可乐～百事可乐—2

$\succ$

无穷尽的痛苦—1

图 2.7　用效用函数表示的偏好排序

效用函数（utility function）将选择集中的每个选择都表示为一个数字。在这个例子中，我们将天堂般的幸福（简写为 HB）用数字 3 表示，这个数字就被称作 HB 的效用，并且表示为 $u(\text{HB})$。此时，$u(\text{HB})=3$。用来表示无穷尽的痛苦（简写为 ES）的数字就被称为 ES 的效用，表示为 $u(\text{ES})$。在这个例子中，$u(\text{ES})=1$。如果我们用 C 表示可口可乐，用 P 表示百事可乐，那么 $u(\mathrm{C})=u(\mathrm{P})=2$。由于效用函数使得人们更偏好的选择对应了更高的效用，我们称效用函数 $u(\cdot)$ 代表了偏好关系 $\succcurlyeq$。

正如该示例所表明的，效用函数必须满足两个条件。首先，它必须是能够将选择集表示为一系列真实数字的函数（或映射）。这意味着每一个选择都会对应一个确切的数字。如果图 2.7 的最右列中有空格，或者在一格中有多个数字，我们就无法得到一个恰当的效用函数。虽然效用函数需要为每个选择都指定一个数字，但几个选择可以对应同一个数字（如例子所示）。其次，效用函数必须给更偏好的选择指定一个更大的数字；也就是说，如果 x 至少与 y 一样好，那么代表 x 的数字必须大于等于代表 y 的数字。正式的表达如下：

定义 2.32　$u(\cdot)$ 的定义

函数 $u(\cdot)$ 将选择集转化为一系列真实的数字，这一函数代表了 $\succcurlyeq$ 这一偏好关系，即只要 $x \succcurlyeq y \Leftrightarrow u(x) \geqslant u(y)$（对所有 x 和 y 而言）。

满足这一条件的函数 $u(\cdot)$ 可被称为偏好关系 $\succcurlyeq$ 的**指数**（index）或者**度量指标**（measure）。历史上，“效用”一词曾被用来表示许多不同的事物，包括快乐、幸福，以及接受、拥有或者消费某个事物带来的满足感。尽管大多数人（包括经济学教授在内）都情不自禁地想要这么表达，就好像效用总是萦绕在我们脑海之中，但是，这种用法确实已经过时了。效用只是一个关于偏好的指数或者度量指标，除此之外别无他用。

对于一个理性的偏好关系，你可能想知道我们是否总是可以找到一个效用函数来表示它。如果其中的选择集是有限的，答案就是肯定的。这一问题可以用所谓的**表示定理**（representation theorem）来回答。

命题 2.33　表示定理

如果选择集是有限的，只要存在一个效用函数能够表示偏好 $\succcurlyeq$，那么 $\succcurlyeq$ 就是一个理性的偏好关系。

证明　略。　□

如果选择集是无限的，表示偏好关系就变得更加复杂。如果一个效用函数能够表示一个偏好关系，那么这一偏好关系就是理性的，这一定理仍然成立。然而，尽管某一偏好关系是理性的，我们也并不总是能够找到表示它的效用函数。

正如你所看到的，效用函数用更大的数字来表示更偏好的选择，并且将同等的偏好方案赋予相等的数字。也就是说，下面的命题是正确的：

命题 2.34　$u(\cdot)$ 的性质

给定代表偏好关系 $\succcurlyeq$ 的效用函数 $u(\cdot)$，下列条件成立：

(i) $x \succ y \Leftrightarrow u(x) > u(y)$。

(ii) $x \sim y \Leftrightarrow u(x) = u(y)$。

证明　(i) 首先，假设 $x \succ y$，那么 $x \succcurlyeq y$ 并且 $\neg\, y \succcurlyeq x$。利用定义 2.32，我们会发现 $u(x) \geqslant u(y)$，并且 $u(y) \geqslant u(x)$ 不成立。我们就可以得到 $u(x) > u(y)$。其次，假设 $u(x) > u(y)$，这意味着 $u(x) \geqslant u(y)$，并且 $u(y) \geqslant u(x)$ 不成立。利用定义 2.32，我们可以得到 $x \succcurlyeq y$ 并且 $\neg\, y \succcurlyeq x$，这也就是说 $x \succ y$。

(ii) 参见练习 2.35。 □

如果你想证明 $A \Leftrightarrow B$ 这一形式的命题，你的证明必须包含两部分。

练习 2.35

证明命题 2.34 (ii)。

利用图 2.7 可以很容易地证明关于效用函数的这一命题是正确的。

需要指出的是，效用函数并不是唯一的。图 2.7 中的数字序列〈1，2，3〉也可以用其他的数字代替，如序列〈0，1，323〉，序列〈−1 000，−2，0〉和〈−π，e，1 077〉都可以代表相同的意思。所有的这些序列都是效用函数，它们都能够用更大的数字表示更偏好的选择。正如这些例子所示，千万不要认为这些绝对数有任何意义。我在听贾斯汀·比伯（Justin Bieber）的音乐时获得的效用是 2，得知这一点并不会告诉你有关我偏好的任何信息。但是，如果你知道我在听拱廊之火乐队（Arcade Fire）的音乐时获得的效用是 4，你将会得到一些信息，也就是，我对于拱廊之火乐队的偏好严格优于贾斯汀·比伯。同时，也不要认为代表效用的这些数字之比具有任何意义。尽管拱廊之火乐队的效用是贾斯汀·比伯的两倍，但这并不意味着我对拱廊之火乐队的喜欢是对贾斯汀·比伯的“两倍那么多”。我也可以用数字 0 和 42 来表示对这两种音乐的偏好，此时，根本得不出相应的比值。简而言之，对于每一个给定的偏好关系，存在许多偏好函数能够加以表示。这一章中效用通常被称为**序数效用**（ordinal utility），这是因为它所能做的只是让你对事物进行排序。

效用如何与无差异曲线相关联？如图 2.8 所示，效用函数实际上为每条无差异曲线指定了一个数字。如此一来，位于同一条无差异曲线上的两个消费束就对应同一个效用水平，正如它们的本意一样。位于两条不同的无差异曲线上的消费束对应不同的效用，同样也与它们的本意相符。当然，更严格偏好的选择对应着更大的数字。对于一个喜欢苹果和香蕉的人而言，$u_1<u_2<u_3$。

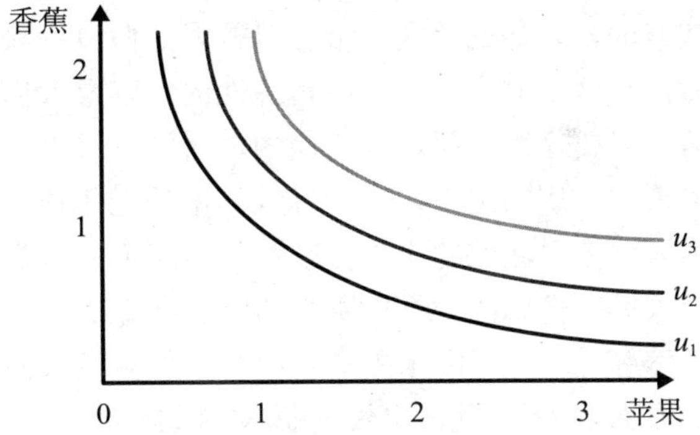

图 2.8　无差异曲线和效用

效用又是如何与行为相关联的呢？记住，只要你在菜单上选择的是最偏好的选项（或者最偏好的选项之一），你所做的就是理性的选择。菜单上最偏好的选项就是具有最高效用的选项。因此，选择最偏好的选项也就是选择了具有最高效用的选项。此时，要**实现效用最大化**（to maximize utility）就是选择具有最高效用的选项。如此一来，只要你最大化自己的效用就是进行了理性的选择。因此，效用最大化就是理性地做决策。需注意的是，你无须进行任何计算即可以最大化自己的效用；也就是说，你无须为了最大化效用而具备解决数学最大化问题的能力。类似地，你在效用最大化时，不必最大化愉悦、满足、快乐、幸福或者其他任何感觉；效用（如同偏好一样）无关乎任何类型的主观感受。不明白这一点的话，就会源源不断地给人们带来困扰。

关于证明的最终总结

虽然本章中所讨论的证明乍一看令人望而生畏，但是，其实其中的基本原理都十分简单。到目前为止，我们只介绍了两个公理，即弱偏好关系的传递性（公理 2.5）和弱偏好关系的完备性（公理 2.6）；三个定义，即无差异的定义（定义 2.11），严格偏好的定义（定义 2.15），效用的定义（定义 2.32）；以及两个提示（参见前文“证明”的文本框）。想要完成一个证明过程，你只需要了解这七点。

讨　论

首先需要注意的是，你能够从少量相对较弱的假设中获益良多。回想一下，我们只做出了两个假设，即偏好是理性的，以及人们为了满足自己的偏好进行决策。只要这两个假设是正确的，而且可供进行的选择并不太多，我们就可以得到效用的定义，并且理解效用最大化这一观点。这就是该理论的全部内容。需要注意的第二件事情是该理论并未提及的内容。这一理论并未提及人们是自私的、物质主义的或者贪婪的；它对人们为什么相比某个事物更偏好另一个只字未提；它没有预先假设人们会在自己的头脑里求解数学上的最大化问题；也没有提及诸如愉悦、满足和幸福等感受。许多经济学家都乐于使用这一理论，正是因为它对许多事情的态度并不明朗，而这让它能够解释现实中的大量行为。

但正如部分经济学家所认为的那样，尽管这一理论十分简短，但它却揭示了经济学的本质。诺贝尔奖获得者加里·贝克尔（Gary Becker）认为，针对行为的经济学方法具有以下三个特征：“在我看来，人们孜孜不倦地、不加批判地使用最大化行为、市场均衡和稳定偏好这三个假设，这构成了经济学方法的核心。”由于这一章是关于个人选择的，在此不探讨市场均衡。然而，从这句话中我们可以看出，在谈到最大化行为和稳定偏好时，贝克尔的观点十分清晰。在这一分析过程中，偏好是**稳定的**（stable），也就是说，它们不应该随着时间的推移而变化。

练习 2.36　导致误解的批评

许多针对标准经济学的批评都是错误的。解释下面的评论存在什么问题：

(a)《哈佛杂志》（*Harvard Magazine*）上刊载的一篇关于行为经济学的启发性文章断言：“关于人类参与者即经济人的标准模型认为，他们是智慧的、善于分析的、自私的个体，这一假设在几十年甚至几个世纪里都是古典和新古典经济学的基础。”

(b) 对于标准经济学的一种常见的批判往往以“经济学最基本的理念是金钱使人快乐”开篇，然后，继续批判这一说法是错误的。

我们所探讨的是一套关于确定性条件下人类行为的合理理论吗？为了回答这个问题，我们必须将描述性问题和规范性问题区分开来。第一个问题是，这一理论的描述是否准确？也就是说，人们的选择是否确实反映了自身的理性偏好排序？这也就是在探讨人们是否在追求效用最大化。尽管人们的偏好看起来似乎既具有传递性也具有完备性，但某些情况下又并非如此。比如，一个人对未来配偶的偏好关系不太可能是完备的。第二个问题是，这套理论在规范性上是否正确？也就是说，人们的选择是否应该反映理性的偏好顺序？这也就是在探讨人们是否应该最大化自身的效用。尽管传递性和完备性看起来可能是理性所必需的，但有理由相信，它们对于理性既不必要也不充分。

接下来，我们将探讨当用数据来检验这套理论时会发生什么。

练习 2.37

对于表 2.1 中的每一个关系和特征，确定这些关系中是否具备前面的特征。

表 2.1　弱偏好、无差异和强偏好的特征

	特征	定义	$\succcurlyeq$ $\sim$ $\succ$
(a)	传递性	xRy & $yRz \rightarrow xRz$（对所有 x，y，z 而言）	
(b)	完备性	$xRy \lor yRx$（对所有 x，y 而言）	
(c)	自反性	xRx（对所有 x 而言）	
(d)	反自反性	$\neg xRx$（对所有 x 而言）	
(e)	对称性	$xRy \rightarrow yRx$（对所有 x，y 而言）	
(f)	反对称性	$xRy \rightarrow \neg yRx$（对所有 x，y 而言）	

练习 2.38　偏好关系的其他特征

假设全域是全部现存的人类，两种关系“与某人结婚”和“未与某人结婚”具有以下哪些特征？

(a) 自反性。

(b) 反自反性。

(c) 对称性。

(d) 非对称性。

(e) 反对称性。

练习 2.39

在回答下列问题之前，首先确定对应的全域是什么。

(a) 举一个具有完备性但不具有传递性的偏好关系的例子。

(b) 举一个具有传递性但不具有完备性的偏好关系的例子。

练习 2.40　非理性

根据你在本章所学到的理论，用文字解释为什么下面的特征是非理性的。

(a) 在戏剧《索菲的选择》(*Sophie's Choice*) 中，女主角身处纳粹集中营中，必须选择将自己的哪一个孩子送去处死。她并非无差异并且难以形成弱偏好。

(b) 一位经济学教授发现，相比 8 美元一瓶的酒，他更喜欢 10 美元一瓶的酒，相比 10 美元一瓶的酒，他更喜欢 12 美元一瓶的酒，依此类推；然而，相比 8 美元一瓶的酒，他并没有感到 200 美元一瓶的酒更好喝。

(c) 布里丹之驴* 又渴又饿，它恰好身处一堆干草和一桶水的正中间。由于无法决定哪边更好，这头可怜的驴因饥渴而死。

扩展阅读

关于决策理论的非技术性介绍源自 Allingham (2002)。关于技术性解释的更多信息可以参考 Mas-Colell et al. (1995, Chapters 1－2)。关于大卫·休谟的段落来自 Hume (2000 [1739－40], p. 267)。贝克尔的引文来自 Becker (1976, p. 5)。刊载于《哈佛杂志》的文章作者是 Lambert (2006)，关于幸福的批判性探讨来自 Dutt and Radcliff (2009, p. 8)。

您答对了吗？

请扫描二维码获取本章练习答案。

* 常被用来形容优柔寡断的人。——译者注

第 3 章　确定性下的决策

引　言

前一章探讨了如何基于适度数量的假设，构建一套普适的确定性选择理论。尽管这些假设可能看起来比较弱，但它们的内涵往往在描述性和规范性两方面都受到了质疑。在本章中，我们将用数据来检验这套理论。我们将探讨一些在行为经济学家眼中与这套确定性选择理论相悖的现象。本章将从忽视机会成本入手，扩展到诸多纷繁的现象。随后，我们将探讨当发现现实有悖于标准理论时，行为经济学家是怎么做的。尤其是，我们将探讨一些重要的行为选择的基础，包括前景理论、直觉推断与偏向。

机会成本

假设你在房地产表现得十分安全并且利润可观时，将少量资金投入房地产中。然而当你做出这项投资之后，市场开始动荡，你紧张地关注着价格的跌宕起伏。最终，你出售了自己的房产，并且实现了一定的盈利。这时你可能会对自己说："哇，这真的是一次成功的投资！"但是当你跟朋友吹嘘时，可能会有人指出，如果你选择投资股票市场的话，将会获得更丰厚的回报。你也在一定程度上意识到了这一点，但是，你仍然会觉得投资房地产是一个不错的选择，原因在于你至少没有赔钱。这是你可能会做出非理性行为的一种情况，因为你并未考虑**机会成本**（opportunity cost）。

我们先退一步来分析这种情况。我们可以利用**决策树**（decision tree）来表示行为人面临的决策问题，决策树通过图形直观地展示了行为人可采取的行动。考虑到你可采取的行动只有两个，即买股票和投资房地产，你的决策问题可以表示为如下决策树（见图 3.1）。由于本章探讨的是确定性下的选择，在此，假设每一种选择带来的结果并不存在任何不确定性。（我们在第 3 部分探讨风险和不确定性时将放松这一假设。）

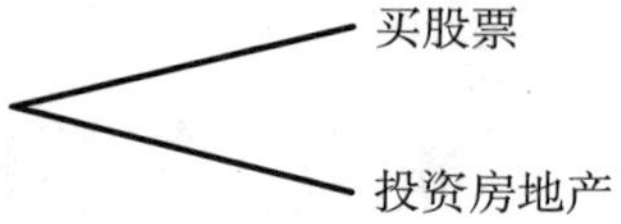

图 3.1　简单的决策树

假设你想要投资房地产。这样做的成本是什么？将产生一笔现金支付的成本，也称**显性成本**（explicit cost），即房主在放弃这套房产时要求得到的一笔钱。然而，实际成本是你购买房产时所放弃的东西。一个选择的机会成本，或称**隐性成本**（implicit cost），是指你做出这个选择时所放弃的价值。以美元来表示，假设明年股票将获利 1 000 美元，而房产将获利 900 美元。那么购买房产的机会成本就是 1 000 美元，购买股票的机会成本是 900 美元。如果你选择购买房产，那么你的经济利润将是 900－1 000＝－100（美元）。如果你选择购买股票，你的经济利润将是 1 000－900＝100（美元）。如果面临的选择超过两个，那么机会成本就是价值最大的方案的价值。假设你可以在股票、房产和债券中选择，债券明年能够获利 150 美元，那么购买股票的机会成本仍然是 900 美元，经济利润也仍然是 100 美元。

练习 3.1　投资问题

绘制决策树描述下面的决策问题。

(a) 购买房产的机会成本是多大？

(b) 购买债券的机会成本是多大？

决策树明确表明了你在选择某个选项时必须放弃另一个选项：每当你选择沿着决策树的一个分支前进时，总是存在另一个你没有选择的分支。当你选择在夏威夷度假时，就不能同时在科罗拉多度假；当你选择用自己的毕生储蓄购买一辆法拉利时，就不能同时用这笔储蓄购买一辆保时捷；当你用一个小时阅读社会学书籍时，就不能用同一段时间阅读人类学书籍；当你在一夫一妻制下与某个人结成夫妻关系时，就不能同时与另一个人建立同样的关系；诸如此类。因此，在每个决策问题中，每一个可选选项都存在相应的机会成本。

再举一个例子，假设你正在考虑去看电影。在一个普通的夜晚，你面临的选择可能如图 3.2 所示。请记住，去看电影的机会成本是你看电影时放弃的最有价值选择的价值；也就是说，去看电影的机会成本是你通过决策树的其他分支所能获得的最大效用，也就是你用 10 美元和两小时时间从最有价值选项中获得的效用。

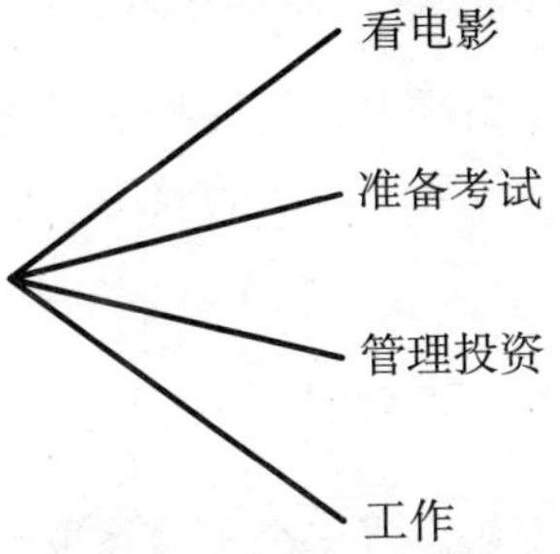

图 3.2　日常决策树

为了方便起见，我们用 a_1，a_2，…，a_n 来表示你可以采取的 n 种不同的行动；用 $u(a_1)$，$u(a_2)$，…，$u(a_n)$ 表示这些行动带来的效用，用 $c(a_1)$，$c(a_2)$，…，$c(a_n)$ 表示这些行动的机会成本。由此，行动 a_i 的机会成本 $c(a_i)$ 定义如下：

定义 3.2　机会成本

$$c(a_i) = \max\{u(a_1), u(a_2), \cdots, u(a_{i-1}), u(a_{i+1}), \cdots, u(a_n)\}$$

也就是说，行动 a_i 的机会成本等于其他行动能带来的最大效用。

图 3.3 中的决策树展示了四种行动的效用和机会成本。左边的数字是效用；括号中的数字是机会成本。你可以用前者减去后者得到利润（用效用表示）。

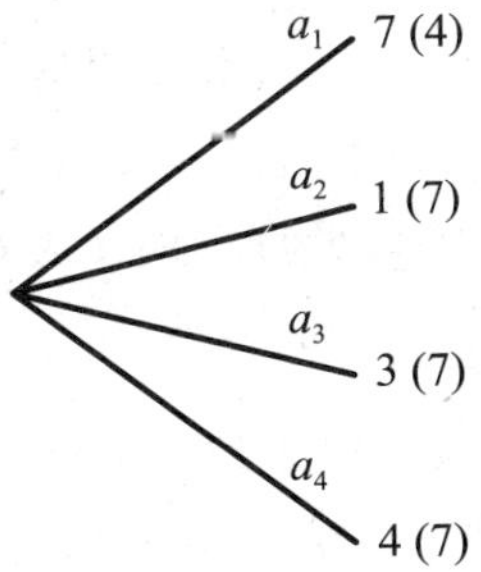

图 3.3　包含效用和机会成本（括号内）的决策树

练习 3.3　机会成本

本练习参见图 3.3。假设现在出现了第五个可选行动（可称之为 a_5）。

假设 a_5 的效用是 9。

(a) 现在这个决策树将会是什么样的？

(b) 每一个方案的机会成本将会是什么？

在机会成本、效用和理性行为之间存在着紧密的联系。如果你合理地考虑了机会成本，那么你就最大化了自己的效用，也就是做出了理性行为。

命题 3.4

a_i 是一个理性决策 $\Leftrightarrow u(a_i) \geqslant c(a_i)$

证明 我们需要从两方面证明这个命题。第一步如下：假设 a_i 是理性决策。考虑到我们对于理性的定义，这意味着对于所有的 $j \neq i$ 而言，$u(a_i) \geqslant u(a_j)$。此时：

$$u(a_i) \geqslant \max\{u(a_1), u(a_2), \cdots, u(a_{i-1}), u(a_{i+1}), \cdots, u(a_n)\}$$

同时结合我们在定义 3.2 中对于机会成本的定义，这意味着 $u(a_i) \geqslant c(a_i)$。第二步同理可证。 □

这个命题正式地确认了我们已知的情况，即只要存在更有价值的选择，即使投资房地产会产生利润，这一投资也是不理性的。需要注意的是，即使存在多个最佳选择，这一说法仍然成立。当存在这种情况时，最佳选择的效用也就是这一投资的机会成本。

例子 3.5 江南 Style

2014 年年中时，音乐视频《江南 Style》(Gangnam Style) 成为 YouTube 史上点击量最大的视频。根据《经济学人》(*The Economist*) 的评论，人们用来观看视频的时间，他们本可以建造 3 艘最大型号的航空母舰、4 座吉萨大金字塔、6 座哈利法塔（坐落于迪拜的世界最高建筑）或者 20 座帝国大厦。正如这个例子所表明的，机会成本可能十分高昂。

练习 3.6 机会成本（续）

(a) 维持一段不太令人满意的感情，(b) 坚持学习一门不感兴趣的课程，以及 (c) 一觉睡到中午的机会成本分别是什么？

机会成本这一概念具有相当大的解释力。

练习 3.7 机会成本（续）

利用机会成本解释为什么相比穷人，高薪的人更不可能亲自修剪草坪、打扫房屋以及维修汽车等。

然而，在实际生活中人们往往容易忽视或低估机会成本。在投资决策中，如果自己所进行的投资的价值随时间不断增加，人们就会对自己的投资表现感到十分满意，无论是否存在其他能带来更大利润的投资机会。如练习 3.6 所示，忽略机会成本可能会让人掉入自我毁灭的陷阱，或者按照其他非最优的方式行事。比如，一个人如果忽略了身陷一段糟糕感情的机会成本，就可能错失更多机会。如果你震惊于人们观看《江南 Style》视频的机会成本，你很有可能会低估机会成本。下面是另一个例子。

例子 3.8 忽视机会成本

想象一下，由于你多次乘坐飞机探望居住在堪萨斯州的父母，你获得了一张免费飞往国内任何地方的机票兑换券。你决定去拉斯维加斯。你本来并不会自己出钱购买飞往拉斯维加斯的机票，但由于现在它是免费的，你也许真的会兑换一张。现在，你打算飞往堪萨斯州看望父母，并且希望自己不必为飞往堪萨斯州的机票付这么多钱。

在这种情况下，你可能会因为没有考虑到兑换去拉斯维加斯的机票的机会成本而做出非理性行为。也许你更愿意用这张兑换券去堪萨斯州探望父母，但你实际上忽视了自己可以用这张兑换券来做的其他事情。尽管这张飞往拉斯维加斯的机票是用兑换券购买的，并非用现金，但利用它飞往拉斯维加斯也存在着较大的机会成本。正如上述例子所表明的，人们特别容易忽略**意外之财**（windfall）的机会成本，也就是一笔意料之外的、大额的或者未预见到的收益的机会成本。然而，花掉一美元的最佳方式与它是如何进入你钱包的并不相干。

下面是一个经典案例。这一问题存在两个情形：一个对应着文中列出的初始数字，另一个对应着方括号内的数字。

例子 3.9 夹克/计算器问题

假设你打算花 15 美元 [125 美元] 买一个计算器 [一件夹克]。计算器 [夹克] 的售货员告诉你，他们的另一家分店里你想要买的计算器 [夹克] 只卖 10 美元 [120 美元]，那家分店距此 20 分钟的车程。你会开车去另一家分店买吗?

在最初的研究中，68%的受访者愿意为 15 美元的计算器节省 5 美元而开车去另一家店。然而，只有 29%的人愿意为 125 美元的夹克节省 5 美元而开车去另一家店。

在这种情形下，许多受访者似乎未能适当地考虑机会成本。标准理论要求人们依据 20 分钟车程这一机会成本进行决策。这一机会成本与你如何节省了 5 美元并不相关。如果人们能够适当地考虑机会成本，那么在第一种情形下愿意开车去另一家店的人，在另一种情形下也会做出相同的选择。但这与我们所观察到的现象并不相符。

练习 3.10　客房服务

假设你入住了一家豪华酒店，酒店提供客房内用餐的服务，价格是 60 美元。通常情况下，你并不愿意为这样一顿饭花费 60 美元，但是，你也许会这样说服自己："我已经为这个房间支付了 220 美元，难道还差这 60 美元吗?"解释一下你是如何忽略机会成本而做出为这顿饭花费 60 美元这一决策的。

一般而言，从比率的角度来考虑结果是人们常见的错误。人们会提出"既然我已经为新房花了 10 万美元，再花 1 万美元又会怎样呢?"这类问题，这也是忽视 1 万美元的机会成本的一种方式。（我们将在第 7 章中再次讨论这一问题。）

练习 3.11　不惜一切代价

政客们有时会承诺将"不惜一切代价"来消除贫困、打击恐怖主义等等。利用机会成本的概念来解释为什么这并不是一个明智的主张。

下面的数据显示了人们由于忽略机会成本而损失了多少金钱。这是其中一个例子。

例子 3.12　一次一天

第 1 章中提到的实地研究发现，纽约市某些出租车司机会设定自己每天的工作时间，而这会极大地忽略机会成本。该研究发现，出租车司机在工作时会设定一个每日的收入目标，这意味着他们在赚到这个金额之前会一直工作，一旦达到就立马收工。这么做的结果就是，他们将在回报丰厚的日子（比如雨天）里工作更少的时间，并且在回报不那么丰厚的日子（比如晴天）里工作更长时间。这恰恰与他们应该做的选择完全相悖，因为在回报丰厚的日子里，休息的机会成本更高。研究人员估计，保持总工作时长不变，司机如果每天工作相同的时间，那么总收入将增加 5%，而如果在回报丰厚的日子工作相对较长的时间，那么将多赚 10%。

人们忽略机会成本的情况并不鲜见。比如没有回报的劳动。尽管你亲力亲为修剪自家的草坪能够省钱，但这并不意味着这么做是理性的：如果你的小时工资高于雇用草坪护理公司修剪的费用，并且相比花一小时修剪草坪，你更愿意在办公室多工作一小时，那么理性的选择就是待在办公室，并且雇人修剪草坪。再比如在公共安全上的投资。尽管部署更多的警力也许能够拯救更多的生命，但并不意味着这么做是理性的。如果其他的某项投资能够拯救更多的生命，比如安装路灯，或者能够以其他方式产生更多的价值，那么招募更多的警察就是非理性的。一般而言，尽管商业举措、政治改革或者其他行动可能表现出显著成果，但这并不理所当然地意味着理性：一切评判都取决于机会成本的大小。

练习 3.13　广告竞争

最近，你通过广告竞争提升收益的策略取得了显著成效：投入了 1 000 美元，使收益增加了 5 000 美元。这是否意味着在广告上的投资是理性的？

练习 3.14　战争还是恐怖

想象一下，一个新的恐怖组织威胁着无辜平民的生命，在其他条件相同的情况下，如果该组织消失，将是一件好事。这是否意味着发动军事行动来摧毁这个组织是个好主意？

人们为什么总会忽视机会成本？首先，需要注意的是，要适度考虑机会成本这一要求有多么困难。这一要求不仅意味着你必须有意识地考虑所有不同的可选方案，而且你绝对不能选择一个机会成本高于效用的方案。这是一个十分苛刻的条件。按照这个要求，在选择跟谁结婚时理性的做法是什么呢？你必须对于所有的人选具有完备且可传递的偏好，并且必须确保所选择的配偶不比其他选择差。此时，尽管对于我们中的许多人而言，预算集合可能相对较小，但结婚人选的集合可能包括全部人口的一半甚至更多。因此，人们有时会忽略机会成本就没什么奇怪的了。（在章后面将探讨人们未能适当地考虑机会成本的另一个原因。）

需要注意的是，考虑到我们在前一章中探讨的理性的内涵，未能适当地考虑机会成本是非理性的。当然，在许多情形下，这么做是正确的：例如，如果你没有考虑到利用免费机票兑换券飞到拉斯维加斯的机会成本，我们可以说你是非理性的。但是，总是要求人们考虑所有可能的选择就有些强人所难了，比如选择结婚对象时，这意味着在特定情形下，未能考虑机会成本是否非理性是存在争议的。如果忽略机会成本是理性的，那么我们所研究的理论在规范上就是不正确的。然而，正如练习 3.6 所示，了解一个既定行动的机会成本是什么，有助于你看清自己面临的其他更好的机会。

虽然人们常常无法恰当地考虑机会成本，但不要对此夸大其词同样重要。尽管上大学的机会成本可能很大，其中，包括不去上学而是去工作能够赚得的丰厚收入，人们仍然选择上大学。这是否意味着他们是非理性的？显然并非如此。不去上大学的机会成本可能更大，因为所放弃的选择可能包括获得大学学位之后能够获得更高的终身收入。果真如此的话，去上大学是十分理性的，尽管这么做的机会成本非常可观。（如同房产和股票投资一样，由于涉及的选择会随时间推移而变化，这会让决策问题变得十分复杂，我们将在本书的第 4 部分进一步讨论。）

问题 3.15　接受经济学教育的机会成本

对于你来说，参加行为经济学课程的机会成本是什么（或将会是什么）？反思一下，学习这门课程是否值得？

机会成本这一概念也可以应用于其他领域。根据心理学家巴里·施瓦茨（Barry Schwartz）的说法，我们面临机会成本这一事实有助于解释为什么尽管享有很大程度的自由，我们中的许多人仍然觉得不幸福。利用机会成本的框架来分析，我们享有自由这一事实无可争辩，但是，正是因为我们面临着太多的选择，这使得我们难以感到幸福：

> 人们所面临的选择越多，就越能体会什么是机会成本。对于机会成本的经验越丰富，我们从已做出的选择中获得的满足感就越少……选择越丰富实际上会让我们感觉更糟糕。

施瓦茨称之为“选择的悖论”。但需注意的是，这种情况描述的是我们对于机会成本关注过多，而非关注不足。

需注意的是，还存在某些行为，并非因为缺乏对机会成本的关注而导致的，尽管可能表面上看起来是这样。当一个人身陷一段糟糕的感情难以自拔，理由是他或她宁愿面对“已知的魔鬼而不是未知的魔鬼”时，这个人不仅面临机会成本，还面临着风险或不确定性，我们将在本书的第 3 部分中探讨这种情况。

沉没成本

假设你是一家大公司的研发部门的管理者，你必须决定是否花费 100 万美元来完成一个意识到将会失败的项目。在一种情形中，你的公司已经在该项目中投入了 900 万美元，你必须决定是否投入额外的 100 万美元来完成这个项目。在另一种情形中，你尚未在该项目上投入任何资金，你必须决定是否需要投入 100 万美元来完成该项目。你会怎么做？你可能在第一种情形中更愿意投资，而在第二种情形中并不愿意投资。假设这两个决策问题在其他方面完全相同，那么你的行为就是非理性的。非理性的原因是你**看重沉没成本**（honoring sunk cost）；正如常言道，你会“赔了夫人又折兵”。看待这种情况的一种方法是从机会成本的角度考虑：当你根据沉没成本做出决策时，你实际上会忽视或低估机会成本，而这是非理性的（参见上一节）。

大多数决策并不像前面的决策树表示的那么简单。一些决策问题会分为几个阶段。例如，假设你想要喝饮料，你可能首先必须决定去哪里买饮料。因此，你可能首先必须选择是去街边的便利店还是大型超市，其次，是选择喝可口可乐还是百事可乐。虽然这个决策问题存在两个阶段，让事情变得复杂了些，但决策树也能够表示这种类型的问题，如图 3.4 所示。

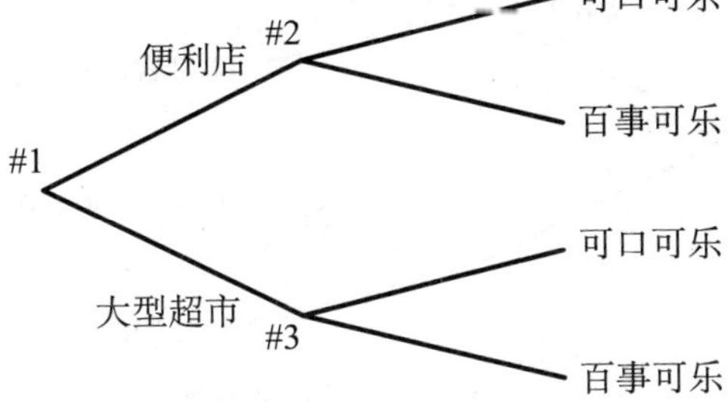

图 3.4　多阶段买饮料问题

一如既往地，这一理论并没有说明你应该选择可口可乐还是百事可乐。然而，它说明了你在决策树的某一部分的选择会与其他部分的选择相联系。为了简单起见，我们假设你的全域只包含两种选择，并且你觉得它们是有差异的。如果你在 2 号节点选择可口可乐而不是百事可乐，那么你在 3 号节点也会选择可口可乐而非百事可乐；如果你在 2 号节点选择百事可乐而不是可口可乐，那么你在 3 号节点也必须做出同样的选择。正如我们在练习 2.21（b）中所说明的，如果你相比 y 更严格偏好 x，那么你就不能同时相比 x 更偏好 y。而你在 2 号节点和 3 号节点上面临着相同的选择。（如果你对于百事可乐和可口可乐感到无差异，你可以理性地选择其中的任何一种。）

有人会在 2 号节点和 3 号节点做出不同的选择吗？许多情形中人们都会这么做。有一种情形是存在沉没成本时，即在进行决策时，有些成本已覆水难收。思考本节前面提及的研发投入的情形。它可以表示为图 3.5。面对这两个问题时，很多人表示他们会在 2 号节点进行投资，但在 3 号节点不会进行投资。然而，在 2 号节点处，900 万美元是沉没成本：它已经不可能收回了。进一步投入 100 万美元是否值得，这不应取决于你身处 2 号节点还是 3 号节点。难以忽视沉没成本被称为看重沉没成本，或者陷入**沉没成本谬误**（sunk-cost fallacy）。沉没成本谬误有时也被称为**协和谬误**（concorde fallacy），这一名称源于法国和英国政府在超音速客机明显丧失了商业可行性之后，还持续为其提供资金支持，而这据说是因为它们已经在该项目中投入了大量资金和精力。正如这些例子所表明的，沉没成本谬误可能代价不菲。

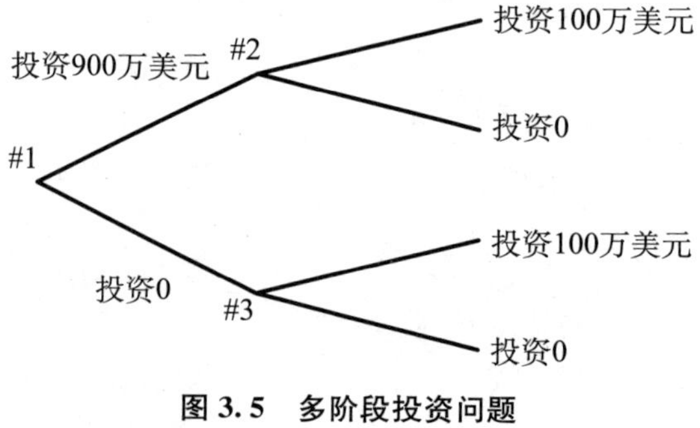

图 3.5　多阶段投资问题

例子 3.16　篮球赛

假设你花了 80 美元买了一张大学篮球赛的门票，篮球场距离你大约一个小时的车程。门票不能转售。比赛当天狂风暴雨，让开车变得危险。你会坚持去看比赛吗？

现在，想象一下这张票是免费赠送给你的。你去看比赛的想法会更强烈还是更弱了？

如果人们为这张门票付出了真金白银，他们更有可能坚持去看比赛。然而，门票的费用在购买的那一刻就已经成为沉没成本了。你是否为门票花了钱不应该影响你是否坚持去看比赛。

我们会在许多日常决策中发现沉没成本谬误的踪迹。首先，它可能会让人们执迷于失败的投资。如果你拒绝抛售表现不佳的资产，所基于的理由是，抛售将会让你赔掉购入价格与出售价格之间的差额，此时你就过于看重初始投资这一沉没成本。理性的做法是，如果你认为当前这一资产是对于你而言最优的投资选择，那么就继续持有它，如果并非如此，那么就应该果断抛售。沉没成本谬误也会让人们身陷糟糕的感情而难以自拔。如果一位朋友即使意识到她现任男友是一个彻底的失败者，仍然拒绝离开他，原因是离开他意味着她一生中最美好的年华都浪费了，那么她也陷入了看重沉没成本的陷阱，无论如何，她在这段关系中付出的时间和精力都已经沉没了。正如这些例子所示，看重沉没成本不仅会在金钱上代价不菲，高昂的代价也可能表现为时间、精力和感情。

练习 3.17　沉没成本

绘制出下面两种情形的决策树，即（a）坚持失败的投资和（b）维持糟糕的感情，如此就可以明确两种情形中人们如何陷入了沉没成本谬误。

需注意的是，理性决策只取决于你所处的节点右侧的内容。决策树其他部分的情况，特别是你所处节点左侧的部分与你的决策毫不相干。基于这一角度，理性决策具有完全的前瞻性。正如古希腊哲学家亚里士多德多年前所指出的："我们不能决定已经过去的事情；比如，没有人能够决定是否攻占特洛伊城。"过去发生的事情的重要性仅仅在于它们会影响未来的结果。

例子 3.18　阅读习惯

根据一项由 Goodreads.com 网站进行的调查，38.1%的读者表示一旦自己开始阅读一本书，无论如何都将坚持读完，即使他们并不喜欢这本书。这种行为可以视为人们过于看重购买和开始阅读某本书这一沉没成本的结果。

练习 3.19　冰箱

当你清理冰箱时，你会发现冰箱里的一些食物已经开始明显变质。你可能会毫不犹豫地扔掉别人送的批量生产的奶酪，但是，也许难以割舍自己亲自从巴黎带回家的神奇奶酪。所以，你会把它又放回到冰箱深处，让它在那儿再待上几个月，直到散发出腐坏的味道，你不得不扔掉它为止。解释沉没成本是如何影响这一决策的。

练习 3.20　课程选择

如果一名学生交纳了昂贵的学费进入文理学院，他就可以免费在附近的公立大学学习课程。他们的一位教授告诉他们这样做没有任何意义，因为这么做相当于损失了他们为文理学院支付的高额学费。假设一名学生已经在文理学院支付了学费，但是认为公立大学的课程更适合她，她应该去哪里注册？解释理由。

沉没成本谬误可能会导致恶性循环，有时也被称为**事态升级**（escalation situation）。一旦一个项目（无论是研发、婚姻、金融投资还是其他什么项目）开始走下坡路，沉没成本谬误就会鼓励人们在该项目上持续投资。额外的投资一经投入，除非它逆转了该项目，人们会发现自己投入的沉没成本更高了，这使得它更加难以忽视，因此会激励人们投入更多。

例子 3.21　F-35 战斗机

F-35 是美国军方的下一代战斗机。由于受到技术难题的阻碍，该项目早在 2014 年初就已经超出预算 1 600 亿美元。批评者认为应该终止这一项目。但是，美国国防部仍然坚持这一项目的研发投入。负责这一项目的官员对《财政时报》（*Fiscal Times*）表示，“没有任何迹象表明我们会退出这一项目，我们仍将大批量购买这一型号的飞机。”至于这么做的理由，他说道：“无论技术上还是成本上，国防部都已经深陷 F-35 这个兔子洞了，我们为了 2 400 架飞机已经投入了 4 000 亿美元，因此，除了继续这个项目，我们已无路可退。”我们似乎无法找到比这更完美的沉没成本谬误的案例了。

人们常常用沉没成本谬误和事态升级来解释为什么美国在失利的越南战争上耗时多年。根据这一分析，一旦士兵们卷入战争并且开始出现伤亡，由于担心伤亡士兵的死“轻如鸿毛”，撤兵就变成了天方夜谭，因此，更多的士兵将被卷入战争，更多的士兵将遭遇伤亡，而这让撤兵变得更加困难。有趣的是，早在 1965 年，时任副国务卿的乔治·鲍尔（George Ball）就意识到了这种情况。在递交给约翰逊总统的备忘录中，鲍尔写道：

> 你现在面临的决定至关重要。一旦大批美国军队投入正面战场，他们就会在战争中出现严重的伤亡，在这场战争中他们装备不佳，并且战场所处的村庄要么与我们完全敌对，要么表现出不合作的态度。一旦我们开始遭受大规模的伤亡，我们将陷入一个毫无回旋余地的局面。我们会越陷越深，以至于我们要么无法顾及国家尊严，要么无法完全实现目标。我认为这两种可能性中，相比于实现目标，我们很有可能自取其辱，即使我们已经付出了不菲的代价。

有些战争是正义之战，有些则不是。但是绝不能仅仅通过战争耗费了多少资金以及牺牲了多少生命来彰显其正义；如果一场战争是正义的，它必须基于其他更高瞻远瞩的理由。一个重要的观点是：在你开始一个高风险的项目之前，你也许可以问问自己：一旦这个项目开始走下坡路，你是否会果断地全身而退？如果你做不到这一点，那么你就不应该开始这个项目。

知道我们会看重沉没成本这一倾向是有所裨益的。本节之前提到的失败者男友就可以用沉没成本加以分析。多少有些令人讨厌的情况是，你可以利用沉没成本谬误来推销自己的产品。折扣商店往往与人们居住的地方距离遥远，其原因在于，经营者们想要购物者将自己前往商店的长途驾车视作沉没成本，如果人们没有尽情地多购物，这一投资仿佛就被浪费了。更为正面的情况是，事实表明，你可以通过向人们传授理性决策的理论来赚钱。

例子 3.22　如何销售轮胎

下面是发生在学习行为经济学课程的学生克里身上的事情：

> 我参与管理当地的一家轮胎及汽车服务零售商店。今天一位老客户来到了我的商店。他从网上的一家轮胎专营店买了一套轮胎，想要在店里进行安装。在我们准备安装之前，他问我他还有什么其他更好的选择。我向他推荐了一款全新的轮胎，比他带来的那套轮胎要好得多，具有更好的抓地力，能行驶更远的里程，等等。我礼貌性地询问

他是否要购买我推荐的那款，并且把网上的那套退掉。他回答道："不必了，我既然已经买了那一套，最好还是坚持原来的选择吧。"我告诉他退货过程有多简便，我推荐的新轮胎有多耐用，以及长期来看会给他节省多少钱等等，但是他的回答仍然不变："我已经付钱了，最好坚持下去。"最后，我告诉他，他太过看重沉没成本了。

理所当然地，他问我是什么意思，我向他详细解释了沉没成本的概念。他原本以为我只是一个"卖轮胎的小伙子"，但他被我的解说吸引了。我最后风趣地说道："如果你仍然坚持最初的选择，你就违反了理性决策理论。"

他意味深长地看着我说："你知道吗？我从你身上学到了很多东西。我愿意购买你推荐的轮胎并且把原来的那套退掉。多谢你的帮助！"如此一来，他从我这里购买了一套轮胎安装到车上，我获得了丰厚的佣金。我对自己说："哇，我刚完成行为经济学的学习仅仅一天，它就开始为我产生回报了。"

了解看重沉没成本这一倾向也有助于我们抵制其他人的操控行为。如果你的男朋友一无是处，你应该提醒自己，过去浪费的岁月并非你继续留在他身边的理由，如果你正在折扣商店里购物，你也可以提醒自己，不应该因为长途驾车而购买那些并不想要的东西。

例子 3.23　高铁列车

2011 年，加利福尼亚州州长杰里·布朗致力于在洛杉矶和旧金山之间修建一条长度为 520 英里的高铁。然而，由于在人口密集的居住地修建铁路的成本十分高昂，他决定先在该州相对偏僻并且人烟稀少的地方开工建设。为什么他要这么做呢？参考批评者的意见，当时的《纽约时报》（*New York Times*）报道称，布朗认为，"应先将铁路修建在远离主要的人口中心之地，这使得未来的立法者难以放弃这一项目。如斯坦福大学历史学教授理查德·怀特（Richard White）所说：'他们希望的是，这条高铁所达到的效果将类似越南的外交政策：一旦你来到越南，就只能越陷越深。'"极有可能的是，政客们希望最初投资这一沉没成本会给未来当权者带来一个无法摆脱的事态升级局面。

需要注意的是，有些情况表面看起来可能像是沉没成本谬误，但实际上并非如此。为了让你在如图 3.5 所示的决策问题中意识到沉没成本谬误，人们在 2 号节点和 3 号节点上可能的选择必须相同。如若不然，你做出的任何选择都可能是理性的。比如，你的上级可能会因为你没有在 2 号节点上进行投资而将你降职，而如果你处于 3 号节点上并不会面临这一情况，那么，对于你来说，在 2 号节点上进行投资，而在 3 号节点上不投资也许是理性的，即使在 2 号节点进行投资可能会给公司带来巨额损失。类似地，如果停止糟糕的军事行动会产生不好的后果，也许是国家蒙羞使得人民无法承受，也许是会让本国的军事力量显得疲弱，也许是让当局看起来软弱无能，也许是会输掉下一次竞选，这都会让总统决定继续战争是一种理性决策。（请注意，我们关注的是理性，而非道德。）

无论如何，如果人们的行为能够用标准经济学理论得到更好的解释，我们就不应指责人们陷入了沉没成本谬误。

问题 3.24　复仇

许多人在蒙受冤屈时，都会产生强烈的复仇欲望。假设复仇的代价不菲，那么复仇难道不是过于看重已经遭受的伤害这一沉没成本吗？或者说，是否存在某些情况使得复仇也可以是理性的？

菜单依赖和诱饵效应

花一点时间思考表 3.1 中你更喜欢哪种订阅方式。你会注意到这三个选项有些奇怪。如果你可以以相同的价格同时获得在线订阅和纸质订阅，还会有人选择纸质订阅吗？如果正常情况下，没有人会选择选项 2，那么，为什么还会列出这一选项呢？事实证明，《经济学人》有充分的理由向潜在的消费者列出全部三个选项。当研究者只向 MBA 学生提供选项 1 和 3 时，68％的人会选择选项 1，32％的人会选择选项 3。当向他们提供全部三个选项时，没有人会选择选项 2，但是只有 16％的人会选择选项 1，而 84％的人会选择选项 3。由此可见，一个无人选择的选项会影响人们对于其他选项的偏好。

表 3.1　《经济学人》订阅报价

选项	Economist. com	价格（美元）
选项 1	在线订阅	59
选项 2	纸质订阅	125
选项 3	纸质＋在线订阅	125

回想一下第 2 章，理性选择取决于你的预算集，也就是你的菜单。当你的菜单扩大时，你就有了更多的选择，你从较大菜单中做出的选择可能会比你从较小菜单中做出的选择更好。然而，前一章的理论也对扩大菜单施加了限制。假设你去一家汉堡餐厅用餐，得知可以选择汉堡包或者芝士汉堡。假设你严格偏好汉堡包，并且做出了决策。假设进一步地，服务员想起来菜单上还有蜗牛可以选择，并且告诉了你这个选项。此时，如果你的偏好排序中汉堡包排在蜗牛前面［如图 3.6 中的（A）列和（B）列所示］，你坚持选择汉堡包是合理的。而如果蜗牛排在汉堡包的前面［如图 3.6 中的（C）列所示］，你也可以转向选择蜗牛。然而，如果你说："好吧，我知道了。如果是这样的话，我选择芝士汉堡。"这样就很奇怪了。为什么呢？没有哪一种理性偏好排序会让你做出这样的选择。要么，与汉堡包相比你更喜欢芝士汉堡，那么，你就应该一开始就选择芝士汉堡，如果并非如此，无论菜单上是否有蜗牛，你都不应该选择芝士汉堡。在此，我们探讨的都是严格偏好的情形；如果你对于各种选择无差异，你可以选择任何一种。

(A)	(B)	(C)
汉堡包	汉堡包	蜗牛
$\curlyvee$	$\curlyvee$	$\curlyvee$
芝士汉堡	蜗牛	汉堡包
$\curlyvee$	$\curlyvee$	$\curlyvee$
蜗牛	芝士汉堡	芝士汉堡

图 3.6　对食物的偏好排序

正式地来说，这一理论暗含了我们称之为**扩展条件**（expansion condition）的内容。

命题 3.25　扩展条件

假设你对于 x 和 y 并非无差异，如果你从菜单 $\{x, y\}$ 中选择了 x，那么，就不能从菜单 $\{x, y, z\}$ 中选择 y。

证明　如果你在 y 可选时选择了 x，考虑到你在两者之间并非无差异，那么，你一定是与 y 相比严格偏好 x。如果你在 x 可选时选择了 y，考虑到你在两者之间并非无差异，那么，你一定是与 x 相比严格偏好 y。但是根据命题 2.16（ii），严格偏好关系是反对称的，所以上述情况不可能成立。□

通俗地来说，命题 3.25 简单地表明了，引入一个偏好顺序较低的产品不应该改变你的选择。从扩展的菜单中选择 y，表示你在两次选择中改变了自己的偏好。然而，理性决策理论并不允许你因为菜单的扩展或者其他任何原因改变自己的偏好。正如我们从第 2 章中学到的，这一理论假设偏好是稳定的，并且不会随时间推移而变化。我们也可以从无差异曲线和预算集的性质中得出扩展条件的合理性。给定一组无差异曲线和一条预算线，如果某个选择是最优的，那么这一结果不能因为在预算集中加入额外的一个偏好顺序明显较低的选项而改变。因此，在图 2.6 的阴影区域内引入另一个替代方案并不会使标记为 X 的方案变成非最优的选择。

然而，有证据表明，当菜单扩展时，人们的偏好会发生变化。我们将这种情况称为**菜单依赖**（menu dependence）。假设你正在销售某种产品，我们称之为**目标产品**（target）。问题是另一家公司正在销售类似的产品，我们称之为**竞争产品**（competitor）。消费者可以负担得起这两种产品，因此，目标产品和竞争产品都在预算线上。问题是，消费者更偏好竞争产品。因此，消费者面临的决策问题如图 3.7（a）所示。此时，对这两种商品的理解与以前一样，类似于一个消费束是由许多个苹果和香蕉组成的，可以将这两种产品（目标产品和竞争产品）视为在某两个维度上不同的商品，比如，在速度和安全性方面差异明显的汽车。无论按照哪种理解方式，应该清楚的是，图中的消费者都将选择竞争产品。

事实上，你可以通过引入一个在各方面都不如目标产品的产品来操纵消费者的选择。如果某种产品 x 在每个可能的方面都优于另一种产品 y，那么，我们就称产品 x **占优于**（dominate）产品 y。就图 3.7（a）而言，目标产品占优于所有区域 B 和 C 内的产品。竞争产品占优于所有区域 A 和 B 中的产品。给定菜单和产品 x，当只有产品 x 占优于产品 y，并且其他任何产品都不占优于产品 y 时，我们称产品 x **非对称占优于**（asymmetrically dominate）y。现在假设菜单中包含第三个选项，我们称之为**诱饵产品**（decoy），并且目标产品非对称占优于诱饵产品。这意味着诱饵产品位于图 3.7（a）中标记为 C 的方框中。尽管很少有消费者愿意购买这样的产品，因为它在各个方面都比不上目标产品，但它的引入会改变人们的选择。有证据表明，诱饵产品的引入改变了人们的无差异曲线，如图 3.7（b）所示。

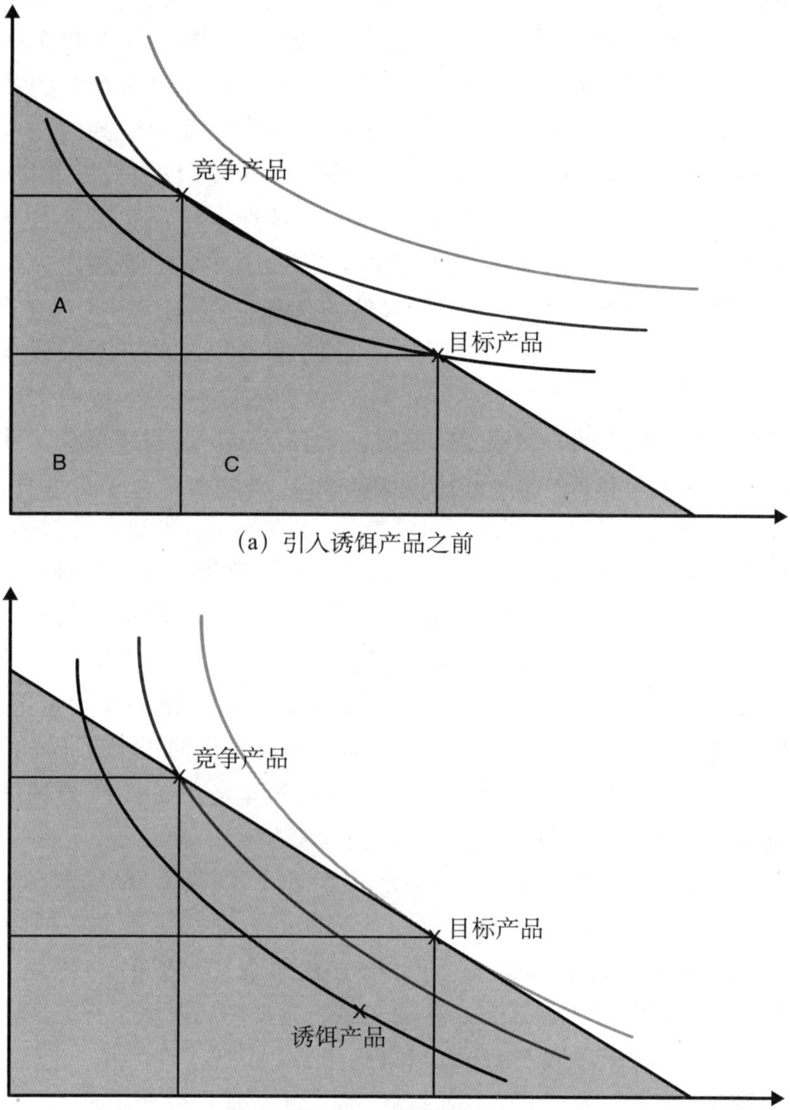

(a) 引入诱饵产品之前

(b) 引入诱饵产品之后

图 3.7 诱饵效应

我们会注意到，无差异曲线似乎围绕着竞争产品向诱饵产品顺时针旋转，结果就是，相比于竞争产品，目标产品位于一条更高的无差异曲线上。因此，尽管理性的消费者不会想要购买诱饵产品，但它的引入仍然成功地改变了人们的无差异曲线，进而改变了他们的决策。这是因为，对于消费者而言，诱饵产品的存在使得占优选择变得更具吸引力，因此，诱饵效应有时也被称为**吸引力效应**（attraction effect）。仍需注意的是，这种变化违反了扩展条件（命题 3.25），因此是非理性的。

例子 3.26　速度与安全性

假设你负责销售速度很快但安全性能略差的汽车。暂且让我们称之为“布加迪”。（当人们抱怨布加迪的汽车制动设计不佳时，据称布加迪先生本人回应道：“我的车是用来驾驶而不是用于制动的。”）你所面临的问题是，你的客户往往愿意选择速度较慢但安全性更好的汽车。暂且让我们称之为“沃尔沃”。为了增加汽车的销量，你决定利用诱饵产品进行销售。诱饵产品应该具备哪些功能呢？

如果你把速度放在 x 轴上，把安全性放在 y 轴上，你会得到一个与图 3.7 完全相同的图形，其中，布加迪是目标产品而沃尔沃是竞争产品。诱饵产品必须位于标为 C 的方框内。诱饵产品的纵轴高度低于目标产品和竞争产品这一事实意味着它在安全性上不如布加迪和沃尔沃。诱饵产品应该相比目标产品偏左，但相比竞争产品偏右，这意味着它在速度上比布加迪慢，但比沃尔沃快。需注意的是，在速度和安全性两方面都不如这两种车的车，我们暂且称之为“高尔夫车”，无法扮演诱饵产品的角色。

练习 3.27　诱饵效应

根据图 3.8 回答下面的问题：

(a) 如果你负责销售目标产品，你设置的诱饵产品应该位于哪个区域？

(b) 假设诱饵产品按照预期发挥作用，图中的无差异曲线是引入诱饵产品之前还是之后的情况？

练习 3.28　房地产销售

假设你是一名房地产经纪人，正在向潜在客户展示两套房产。一套户型很好，但是距离客户的上班地点较远；另一套户型一般，但是离上班地点较近。

(a) 如果你希望客户选择前者，你向他介绍的第三套房子应该具有什么特点？

(b) 如果你希望客户选择后者，你向他介绍的第三套房子应该具有什么特点？

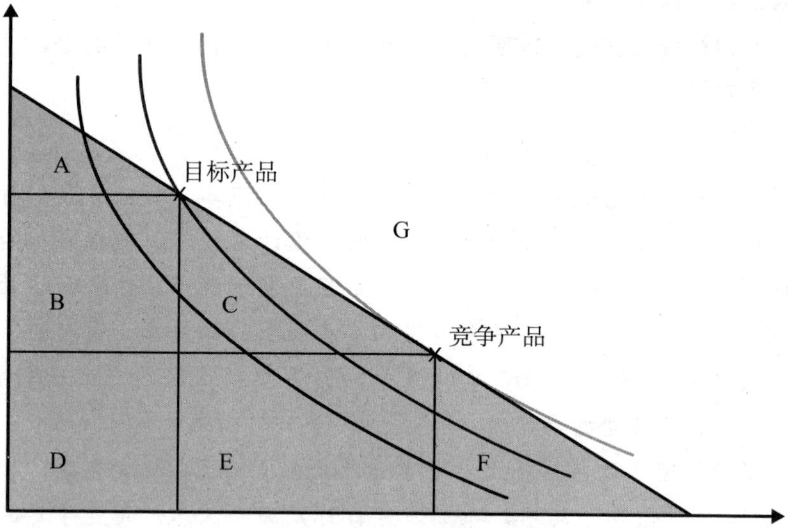

图 3.8　诱饵效应练习

练习 3.29　第三党派候选人

政客 A 想要通过承诺降低税收同时削减公共服务来竞选某个政治职位。他的竞争对手 B 承诺提高税收并且为公共服务提供更多资金。在其他条件相同的情况下，选民更喜欢较低的税收和慷慨的公共服务。现在，政客 B 处于领先地位。政客 A 决定将他的一些竞选资金分给第三党派候选人 C，利用后者充当诱饵。第三党派候选人必须持什么观点，才能成为 A 的诱饵？

以下例子是为了说明学习行为经济学的重要性。请记住，权力越大，责任越大。

练习 3.30　约会时的男伴或女伴

为了增加你在约会时的机会，你想带上一个男伴或女伴。

(a) 一般来说，你应该如何选择这样一位朋友？

(b) 假设用十分制衡量，你的吸引力和智力都能被评为 9 分。你有两个竞争对手：一个人的吸引力为 10 分，智力为 8 分；而另一个人的吸引力为 8 分，智力为 10 分。你认为这位朋友的吸引力和智力水平应该在什么范围之内？

(c) 如果有人想要你做他或她的女伴或男伴，那么，这个建议表明他或她对你的吸引力和智力的看法是什么？

这如何帮助我们解释表3.1中的订阅优惠？每个选项都可以认为是三种不同商品组成的商品束：在线订阅、纸质订阅和低价。因此，选项1可以表示为〈1，0，1〉，因为它包括在线订阅，不包括纸质订阅，但具有较低的价格。类似地，选项2可以表示为〈0，1，0〉，选项3可以表示为〈1，1，0〉。将选项用这种方式表示之后，很明显能看出，选项3（弱）非对称占优于选项2。如果本节进行的分析是正确的，那么选项2的引入会促使客户选择选项3，这正是《经济学人》想要的结果。

诱饵效应只是菜单依赖的一种形式。另一种在市场营销领域受到极大关注的效应是**折中效应**（compromise effect）：人们倾向于选择菜单中代表了折中或中间选择的产品。这种现象有时被认为是由**极端厌恶**（extremeness aversion）引起的，所谓极端厌恶是指人们具有避免选择某一维度上的极端情况的倾向。一个高端品牌可能会试图通过引入一种超级昂贵的产品来推动其昂贵产品的销售；虽然这种超级昂贵的产品可能永远不会卖出去，但它可以使其他昂贵的产品脱颖而出，成为廉价产品和超级昂贵产品之间的极具吸引力的折中方案。低端品牌可能会试图通过推出超级便宜的产品来达到同样的目的。这可能就是为什么我们会看到高端品牌会出售镶嵌着钻石的泳衣，也会看到低端品牌出售能被阳光、盐和氯降解的材料制成的泳衣。各种形式的菜单依赖有时也被称为**情境效应**（context effect），这是因为人们的决策似乎是对进行决策时所处的情境做出的反应。

练习3.31 速度与安全性（续）

假设你想利用折中效应来销售更多的布加迪（参见练习3.26）。你需要引入什么样的车型才能达到这个目的？

练习3.32 第三党派候选人（续）

假设前面练习3.29中的政客A希望通过利用折中效应赢得选举。第三党派的政客必须持什么观点才能产生这一效应？

我们如何更好地解释诱饵效应和菜单依赖的其他情况？也许消费者为了对自己的决策感到心安理得，会为自己选择一种商品而放弃另一种找理由。诱饵的引入使得消费者有理由拒绝竞争产品，转而选择目标产品，此时目标产品在两个维度中都不再是得分最低的。而极端选择的引入使得人们有理由选择折中的产品。这些分析表明人们为自己的行动［或称**基于理由的选择**（reason-based choice)］寻找理由，而这也许恰恰导致了人们的非理性行为。这一点的有趣之处在于，基于某种理由而采取行动通常被视为理性的标志。

无论以哪种方式，菜单依赖都可以解释形式各异的营销行为，包括为什么客户面临的选择数量不断增加。这显然是那些想要卖出产品的商家故意为之。鉴于诱饵效应和折中效应，引入那些你明知不会有人会购买的产品是合理的。因此，你不能仅仅通过某一产品的销售额来评价它对于企业利润的贡献。

需注意的是，有些情况看起来很像是菜单依赖，但可能用其他效应加以描述更为准确。假设你去了一家你并不熟悉的餐馆，可以选择的菜只有鱼和小牛肉。你选择了鱼。假设这时候服务员又悄悄来到你身边，告诉你他们还出售可卡因。此时，你很有可能决定什么也不吃了，而这完全不违反理性决策理论。为什么呢？当服务员回来时，他不仅扩展了你的菜单，还告诉了你关于餐馆的信息，这使得你并不想要任何一种食物。请注意，这种情况并不是在确定性下进行决策。这并不属于诱饵产品的情形，因为在上述分析中，你并没有通过菜单上的诱饵产品了解到目标产品的某些特征。

损失厌恶和禀赋效应

上一章的理论假设偏好与你的禀赋无关，其中，禀赋是指你在进行决策时拥有的东西。思考一下你对咖啡杯的偏好（见图 3.9）。显而易见，这一理论并未指出你应该多看重这个咖啡杯。然而，它确实表明了你对于咖啡杯和其他东西的排序。假设你认为钱总是越多越好，也就是相比于 0 美元，你更偏好 1 美元，相比于 1 美元，你更偏好 2 美元，依此类推。鉴于完备性，如果你是理性的，一定存在一个金额 p（不一定是整数倍的美元和美分)，你对于金额 p 和这个咖啡杯感到无差异。如果 p 是 1 美元，你的偏好排序可以用图 3.10 表示。如果你拥有一个咖啡杯，有人问你愿意多少钱卖掉这个咖啡杯，你的回答将是“不能少于 1 美元”，这意味着你的接受意愿（WTA）等于 1 美元。如果你并没有咖啡杯，有人问你愿意出多少钱得到一个咖啡杯，你的回答将是“不能高于 1 美元”，这意味着你的支付意愿（WTP）也等于 1 美元；这也就是说你对于咖啡杯和美元之间的偏好与你是否已经拥有一个咖啡杯无关，并且你的接受意愿等于你的支付意愿。（然而，你对于第二个咖啡杯的偏好也许与你是否已经拥有一个咖啡杯有关，如图 3.11 所示。）

图 3.9　咖啡杯的价值

插图由古蒂・泰勒绘制。

3美元

⋎

2美元

⋎

1美元～咖啡杯

⋎

0

图 3.10　咖啡杯的偏好排序

你的偏好与禀赋之间的独立性会在效用函数中得到反映。假设你对于咖啡杯的效用函数如图 3.11 所示。x 轴上的数字表示你拥有多少咖啡杯，y 轴上的数字表示这些咖啡杯给你带来了多少效用。因此，拥有一个咖啡杯给你带来了 $u(1)$ 单位的效用。当你拥有的咖啡杯从 0 个移动到 1 个时（沿着 x 轴向右移动），你的效用将从 $u(0)=0$ 变为 $u(1)$。类似地，当你拥有的咖啡杯从 1 个变为 0 个时（沿着 x 轴向左移动），你的效用将从 $u(1)$ 减少为 0。由于获得咖啡杯带来的效用增加等于失去咖啡杯带来的效用减少，第一个咖啡杯的效用与你的禀赋，也就是你是否拥有咖啡杯无关。我们可以用数字来表示这种情况。假设 $u(x)=3\sqrt{x}$，那么 $u(1)=3$，$u(0)=0$。此时，获得第一个咖啡杯带来的效用（3）就等于失去它损失的效用（3）。另外，第二个咖啡杯给你带来的效用相对较小：$u(2)-u(1)=3\sqrt{2}-3\sqrt{1}\approx 1.24$。

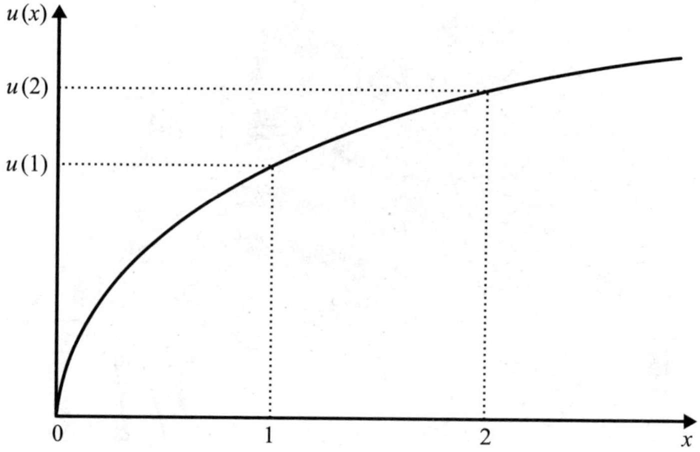

图 3.11　咖啡杯的效用

然而，人们通常并非如此行事。通常情况下，当人们已经拥有一个咖啡杯时，让他们放弃这个咖啡杯所需要的钱会高于他们没有咖啡杯时愿意为这个咖啡杯所支付的钱。在康奈尔大学进行的一项研究中，咖啡杯所有者出售咖啡杯时要价的中位数为 5.25 美元，而买家对咖啡杯的出价中位数在 2.25 美元和 2.75 美元之间。这一现象被称为**禀赋效应**（endowment effect），因为人们的偏好似乎与他们的禀赋，也就是他们已经拥有的东西相关。由于人们对各个选择的评价可能取决于参考点，在这种情况下，参考点就是他们当前的禀赋情况，这种现象有时也被称为**参考点现象**（reference-point phenomena）。

禀赋效应和参考点现象都是**框定效应**（framing effect）的例子，当人们的偏好取决于各个选项是如何被框定的时，就会产生框定效应。现实中框定效应多种多样。2007 年，美联社报道称，爱尔兰人戴维·克拉克被抓到在限速 100 公里/小时（62 英里/小时）的路上行驶速度达 180 公里/小时（112 英里/小时），他很有可能会被吊销驾照。然而法官减轻了处罚，“用公里/小时来表示速度使得超速行为看起来非常过分，然而当转换为英里/小时时，超速看起来就没有那么糟糕了。”这位法官的评价似乎取决于克拉克的速度是用公里/小时还是英里/小时来表示。类似地，人们在使用不同货币的国家旅行时，有时会成为**货币幻觉**（money illusion）的受害者。即使你知道 1 英镑等于 1.5 美元，然而，为一杯酒花掉 2 英镑比花掉 3 美元让你更好受。

禀赋效应和其他参考点现象通常被认为是**损失厌恶**（loss aversion）的结果：也就是相比于相同金额的收益，人们更不喜欢损失这一显而易见的事实。布拉德·皮特（Brad Pitt）在《点球成金》（*Moneyball*）中饰演的角色说道：“我讨厌失败，更甚于我对成功的渴望。”这就是损失厌恶。这反映了这样一个事实，许多人在失去一种东西时感到的沮丧，远大于他们重新找到这个东西时的喜悦。举例来说，设想一下如果你意识到自己丢了 10 美元，你有多沮丧，然后，对比如果你失而复得 10 美元之后有多么高兴。亚当·斯密在描述这一现象时写道：“在几乎所有的情形中，痛苦都是一种比愉快更为深刻的体验。”利用框定这一表达方式，我们可以说，你有多看重 10 美元，取决于它是被构架为第一种情形中的（潜在的）损失，还是被构架为第二种情形中的（潜在的）收益，并且相比收益，人们明显更看重损失。

例子 3.33　接受意愿与支付意愿

在存在损失厌恶时，你的接受意愿（WTA）通常不等于你的支付意愿（WTP）。为了得到你的接受意愿，我们会要求你设想自己拥有某种东西，并且说出你愿意为了多少钱而放弃它。这意味着这种东西将被放在损失框架中进行评估。为了得出你的支付意愿，我们会要求你设想自己没有某种东西，并且说出你为了得到这种东西愿意付出多少钱。这意味着这种东西将被放在收益框架中进行评估。考虑到相比收益人们明显更看重损失，我们预期你的接受意愿会大于你的支付意愿。

如这个例子所示，损失厌恶对于成本收益分析具有实质性影响（我们将在第 6 章中进一步讨论这个问题）。通过估计人们的接受意愿（WTA）或支付愿意（WTP）来评估商品的价值这一做法十分常见。估计 WTA 和 WTP 在公共产品领域十分常见，比如自然保护以及其他未在公开市场交易的商品。正如我们在本节前面所提到的，标准理论认为，WTA 和 WTP 不多不少正好相等。而损失厌恶认为，相比于未得到的东西，人们更看重已经拥有的东西，这意味着我们应该预期人们的 WTA 会高于 WTP，并且这会产生迥然不同的结果。

行为经济学家利用**值函数**（value function）* $v(\cdot)$ 描述损失厌恶，值函数代表了行为人如何评估某一变化。值函数是**前景理论**（prospect theory）的重要组成部分，这一理论是行为经济学中最为重要的理论之一，我们将在后续内容中继续加以探讨（比如在第 7 章中）。值函数具有两个关键特征。第一，不同于考虑全部禀赋的效用函数，值函数只考虑禀赋的变化。第二，值函数在参考点（在这种情况下，参考点即当前禀赋）处会产生弯折，表现为该曲线在参考点的左侧更加陡峭：典型的值函数的图形可参见图 3.12。需注意的是，在这个图中，原点与 $v(-1)$ 之间的距离比原点与 $v(+1)$ 之间的距离更大。用数学式子可表述为：$|v(-1)|>|v(+1)|$。再一次，这表明相比收益，人们明显更看重损失这一事实，也就是，人们对于损失的厌恶程度更甚于他们对于同等收益的喜爱程度。

损失厌恶的另一层含义是，如果你获得了某种东西然后又失去了它，尽管你又回到了最初的状态，但你可能会感觉更糟，这从传统的经济学视

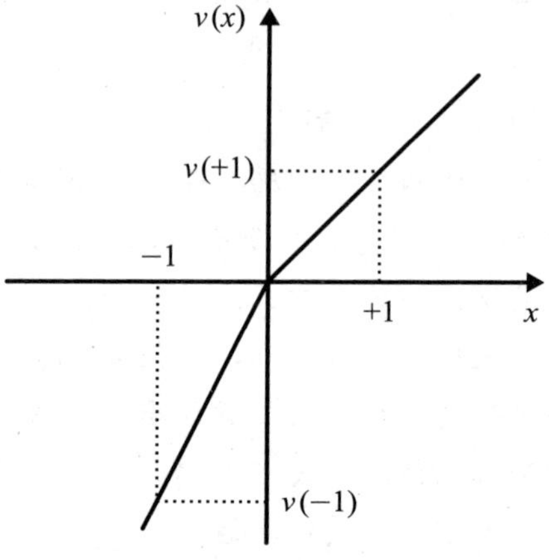

图 3.12 值函数

---

* value function 应译为“值函数”。因为在某种程度上 value 有“效用”的含义，而并无“价值”概念，故为了避免与经济学中价值概念的混淆，我们在中文文献中都译为“值函数”。——译者注

角来看并不合理。假设你的父母承诺如果你以优异的成绩毕业，就给你买一辆新车，但当你毕业时，发现他们并未兑现承诺。图 3.13 显示了你可能会如何看待这一变化。观察该图可以发现，获得一辆汽车的收益 $v(+1)$ 明显小于失去一辆汽车的损失 $v(-1)$ 的绝对值。因此，净效应是负值：相比于你的父母什么都不做，当你发现父母欺骗你，让你以为自己将得到一辆新车，这种情况更为糟糕（就值而言），尽管这两种情形下你所拥有的汽车数量都一样是零。

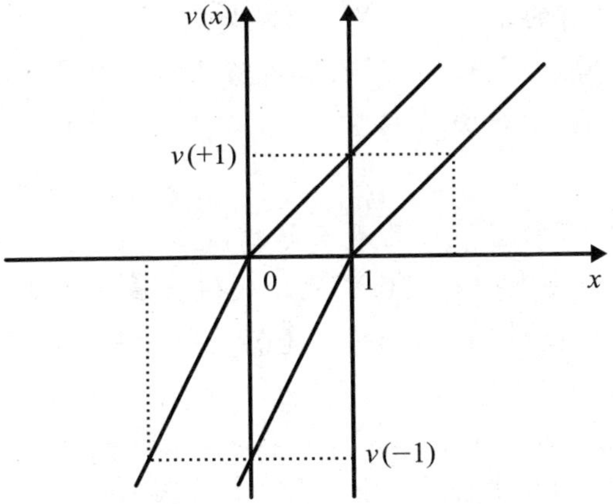

图 3.13　值函数和汽车问题

例子 3.34　尤达玩偶

2001 年，佛罗里达的一家以“低劣、粗俗”闻名的公司被它的一名女性服务员以违反合同为由告上法庭，这位服务员称该公司曾承诺奖励啤酒销售大赛的冠军一辆新车。该服务员说经理曾向她承诺一辆“新的丰田汽车（Toyota）”，然而，当她领取奖品时，却发现自己赢得了一个“新款尤达玩偶（Toy Yoda）”，即《星球大战》（*Star Wars*）中一个角色的玩偶。她的失望合情合理。损失厌恶解释了原因：遭受这种恶作剧会使一个人比之前感觉更糟糕，即使她的总禀赋并未变化。

通过定义一个损失比收益更为陡峭的值函数 $v(\cdot)$，我们可以更为正式地分析损失厌恶问题。例如，我们可以如此定义值函数：

$$v(x)=\begin{cases}x/2,\text{对收益而言}(x\geqslant 0)\\2x,\text{对损失而言}(x<0)\end{cases}$$

这一定义将很容易得出如图 3.12 所示的图形。接下来的例子和练习将表明如何在实践中应用值函数。

例子 3.35　损失和收益

利用上面的值函数回答以下两个问题。

(a) 如果你得到了 10 美元，你将感受到的值增加了多少？

(b) 如果你损失了 10 美元，你将感受到的值下降了多少？

(c) 从绝对数来看，哪个数更大？

答案如下：

(a) 当你从现有的禀赋变为现有禀赋加 10 美元时，就现有禀赋的差额而言，你将从 0 增加到 +10 美元。从值上看，将从 $v(\pm 0)=0$ 变为 $v(+10)=10/2=5$。变化为 $v(+10)-v(0)=+5-0=+5$，意味着收益为 5。

(b) 当你从现有的禀赋变为现有禀赋减 10 美元时，就现有禀赋的差额而言，你将从 ±0 减少到 −10 美元。从值上看，将从 $v(\pm 0)=0$ 变为 $v(-10)=-20$。变化为 $v(-10)-v(\pm 0)=-20-0=-20$，意味着损失为 20。

(c) 损失的绝对值（20）大于收益的绝对值（5）。

关于这一计算有两点需要注意。首先，在计算值的变化时，你需要先计算变化之后的禀赋值，然后减去变化之前的禀赋值。其次，在计算禀赋值时，你必须首先将禀赋表示为对参考点的偏离，而不应该表示为绝对财富或者其他类似的数值。

练习 3.36　尤达玩偶（续）

假设例子 3.34 中女服务员对于汽车的值函数与之前的值函数相同。当她得到一辆汽车之后又失去它，她感受到的值的变化是多少？假设她将汽车纳入自己的禀赋之中，因此在得到一辆汽车的承诺之后就立马调整了自己的参考点。

练习 3.37　得到和失去

事实上，即使以美元来衡量，你的境况比原来更好，但从值的角度来看，你的境况可能反而更糟糕了。利用前面同样的值函数计算，如果先得到 6 美元，然后失去 4 美元的净效应是多少。假设你立马将这 6 美元纳入自己的禀赋里。

如果你没有将 6 美元的收益纳入你的禀赋之中，因此在失去 4 美元之前你的参考点不会发生改变，那么从值的角度来看，净效应将是 $v(+6-4)=v(+2)=1$。这种现象说明如何**捆绑**（bundle）复杂结果十分重要，我们将在第 7 章中重新讨论这个问题。

无论你的做法是不是有意识的，你是如何构架各种结果以及你所选择的参考点的，都会对你对于结果的看法产生巨大影响。下一个例子和练习表明了这一观点的多种应用。

练习 3.38　债券市场

你在垃圾债券市场的投资表现不佳，所投资的债券价格从 1 美元降至 0 美元。你的值函数对于收益为 $v(x)=x/2$，对于损失为 $v(x)=2x$。

(a) 首先假设你的参考点是 0 美元。从值的角度来看，你刚刚经历的损失有多大？

(b) 假设你的参考点是 1 美元。从值的角度来看，你刚刚经历的损失有多大？

(c) 哪种框架会让你感觉更糟？

练习 3.39　股票市场

艾丽西亚、贝尼斯和查理都持有同一家公司的股票。当他们购买这只股票时，价格为 10 美元。后来涨到了 17 美元，但是，当他们出售的时候又降到了 12 美元。他们三人都是损失厌恶的，并且具有同样的值函数：对于收益，$v(x)=x/2$；对于损失，$v(x)=2x$。

(a) 艾丽西亚将卖出价格（12 美元）作为参考点。你问她，当价格从 17 美元降到 12 美元时，她认为自己在值上损失了多少？

(b) 贝尼斯将最高价（17 美元）作为参考点。你问他，当价格从 17 美元降到 12 美元时，他认为自己在值上损失了多少？

(c) 查理将购买价格（10 美元）作为参考点。你问他，当价格从 17 美元降到 12 美元时，他认为自己在值上损失了多少？

(d) 当价格下跌时，谁更失望？

关键点是要看到，艾丽西亚和查理将这一变化视作失去的收益，而贝尼斯将这一变化视作实际的损失。鉴于损失重于收益，贝尼斯将承受更大的失望。

练习 3.40 偷窃

一个小偷从受害者那里偷走了 100 美元。假设小偷和受害者对金钱具有相同的值函数：对于收益，$v(x)=x/2$；对于损失，$v(x)=2x$。

(a) 小偷因为这次偷窃获得了多少值?

(b) 受害者因为这次偷窃损失了多少值?

(c) 忽略犯罪的任何其他后果，假设对小偷的收益和受害者的损失进行比较是有意义的，那么从价值的角度来看，偷窃的总效应是什么?

(d) 这表明犯罪是好的还是坏的?

练习 3.41 减税

假设亚历克斯和鲍勃都是损失厌恶的，他们的值函数为：对于收益，$v(x)=x/2$；对于损失，$v(x)=2x$。由于即将到来的选举，政客 R 承诺减税，减税力度相当于让每个公民的钱包里每天多出 2 美元。政客 D 反对减税。最终 D 赢得了大选。亚历克斯和鲍勃都不会每天额外得到 2 美元。

(a) 亚历克斯认为 D 会赢得选举，并且从未将额外的 2 美元看作他禀赋的一部分。他认为 2 美元是一种失去的收益。从值的角度来看，他会认为 D 的选举耗费了他多少值?

(b) 鲍勃确信 R 将赢得大选，并从一开始就将这 2 美元作为自己禀赋的一部分。他认为这 2 美元是实际的损失。从值的角度来看，他会认为 D 的选举耗费了他多少值?

(c) 亚历克斯或鲍勃两人谁更失望?

损失厌恶可以解释各种各样的现象。例如，它可以解释为什么许多公司设置了 30 天无理由退货政策。虽然这一政策在成本方面代价不菲，但是这一政策有助于说服客户将产品买回家并试用，否则客户根本不会购买该产品。然而，一旦产品被带回家，该产品将成为客户禀赋的一部分，损失厌恶就开始发挥作用，这意味着客户不太可能退回该产品。损失厌恶可以解释为什么信用卡公司允许商家提供“现金付款奖励”，而不许它们收取“信用卡附加费”。客户发现，相比于承担额外费用的损失，放弃现金奖励更容易，所以，相比提供现金付款奖励，实行附加费免除，客户更有可能使用信用卡。损失厌恶有助于解释为什么政治家们总是会争论取消减税是否等同于提高税收。选民们发现，与取消减税时放弃的收益相比，提高税收时带来的损失更容易接受。因此，支持提高税收的政治家会谈论“取消减税”，而反对提高税收的政客会谈论“增税”。损失厌恶也可以解释为什么如此多的谈判即使存在潜在的互利协议，仍以僵局告终。假设两个合伙人正在就一个馅饼的分配进行谈判，两个合伙人都认为他们自己应该拥有这个馅饼的三分之二。任何在局外人看来公平的分配方案（包括五五平均分成）都会让双方感到遭受了损失，因此很难达成协议。损失厌恶也可以解释为什么在经济衰退时房地产销售量会减少。卖家可能会发现，相比于购买房子的价格而言，亏本出售他们的房子十分困难，以至于他们宁愿不出售。这种行为甚至让人们无法将自己拥有的小房子换成大房子，虽然这一举动在经济衰退期间是理性的。

练习 3.42　拿铁咖啡折扣

许多咖啡店针对自带咖啡杯的客户提供折扣。其实，咖啡店可以同等地降低所有咖啡的价格，并对不自带杯子的顾客的账单增加一点收费。然而，很少有咖啡店采用后一种方案。为什么？

此外，损失厌恶有助于解释本书前面的内容所研究的一些现象，包括人们不能适当考虑机会成本这一事实。如果人们将实付成本视为损失，将机会成本视为放弃的收益，那么损失厌恶就意味着实付成本将比机会成本更加突出。损失厌恶也可能有助于解释为什么人们会如此看重沉没成本。由于沉没成本经常被视为损失，而损失厌恶意味着这些成本很大，这反过来可能会促使人们看重沉没成本。

到目前为止，我们假设参考点是由一个人目前的禀赋决定的。但这并非总是如此。一个人的参考点也可能取决于他的愿望、期望或其他东西。如果人们预期会得到 10%的加薪，那么，如果只获得 5%的加薪，人们会感到失望；但是，如果人们压根就没想到会加薪，那么他们肯定会感到高兴，参考点取决于人们的愿望和期望就能够很好地解释这一现象。

练习 3.43　奖金

绘制一张图，说明一个人获得了 5%的加薪时，如果她根本没想到加薪就会感到高兴，但是，如果她预计加薪 10%就会感到失望。

练习 3.44　考试成绩

假设艾丽莎和比利对于考试成绩具有以下值函数：对于收益，$v(x)=x/2$；对于损失，$v(x)=2x$。他们都将预期的考试分数作为参考点。

（a）艾丽莎预计在即将到来的期中考试中得分为 75 分（满分 100 分）。她的表现比预期好。如果她的最终得分是 93 分，她在值方面的收益是多少？

（b）比利希望在即将到来的期中考试中得分为 75 分（满分 100 分）。他的表现比预期差。如果他的最终得分是 67 分，他在值方面的损失是多少？

（c）只要你将期望作为参考点，根据值理论，你应该如何最大限度地提高自己从生活中获得的值：你应该在考试中表现良好还是表现不佳？你应该为自己设定较高还是较低的期望？

棒球运动员巴里·邦兹（Barry Bonds）的例子完美地表明了预期所起到的巨大作用：

> 1990 年，匹兹堡海盗队的外场手巴里·邦兹的工资是 85 万美元，当 1991 年提高到 230 万美元时，因为低于他所要求的 325 万美元，邦兹生气地说："巴里·邦兹无论如何也讨好不了匹兹堡。这段时间我一直很失落。"

斯多葛派的哲学家塞内加（Seneca）在 2000 年前就断言了这个问题。他写道："过度繁荣确实会让人类更加贪婪，而且永远不会节制自己的欲望，这些欲望即使得到满足也不会消失。"行为经济学家用**"永无止境的欲望"**（aspiration treadmill）这一术语来表示禀赋增加导致的欲望提升过程。结果导致像巴里·邦兹一样的人在他们真正得到 230 万美元的薪水时所感到的快乐，远不如他们在赚到这些钱之前所预期的那样高兴。因此，永无止境的欲望常常用来解释货币的边际幸福急剧减少这一事实。

永无止境的欲望也会对我们如何看待损失产生影响。如图 3.11 所示的模型表明，相比于穷人，一个富人在损失金钱时所损失的效用小得多。然而，日常可以观察到，许多富裕的人对于纳税的厌恶一点也不亚于穷人，塞内加对此评论道：

> 如果你认为有钱人在忍受损失时更加宽容，那你就错了：身形巨大的人对于一个伤口所感受的疼痛一点也不亚于身形娇小的人……你可以肯定富人和穷人在感受痛苦时处境相同、并无二致；他们对钱都十分敏感，不可能在损失金钱时毫无知觉。

有些人成功地摆脱了永无止境的欲望。2006 年《纽约时报》的一篇报道讲述了一位刚刚将保时捷博克斯特跑车换成丰田普锐斯的互联网企业家。“我不想过开着博克斯特跑车的生活，因为当你得到博克斯特跑车时，你就会希望自己拥有一辆更昂贵的保时捷 911 跑车，”他说道，“你知道拥有 911 的人希望自己拥有什么吗？他们希望自己拥有一辆法拉利。”

一个人的参考点也会受到其他人的成就或禀赋影响。这种**社会比较**（social comparisons）有助于解释一个人是否对自己的工资感到满意，部分取决于邻居、朋友和亲戚的工资这一事实。从这个角度来看，收入与速度十分类似。70 英里/小时（110 公里/小时）是快是慢？如果高速公路上的其他人都在以 50 英里/小时的速度行驶，那么 70 英里/小时的速度让人感觉很快。但如果其他人都以 80 英里/小时的速度行驶，那么 70 英里/小时的速度会显得很慢。因此，你对速度的感觉不仅取决于你的绝对速度，还取决于你的相对速度。同样，你对自己所赚的钱的感觉不仅取决于你的绝对收入，还取决于你的相对收入。

练习 3.45　工资比较

在你将他人的工资作为参考点的情况下，值理论对于如何最大化生活中的值有何启示？

例子 3.46　工资比较（续）

在一所大学的图书馆里，有一本书非常受欢迎，甚至用链条系在借阅台上。你也许以为这是一本重要的医学宝典，但实际上这本书里列出了所有大学工作人员的工资。大概没有人用这本书来查找自己的工资，因为人们可以轻易地通过自己的工资单来获取这一信息。很可能，这本书十分受欢迎的原因是人们想要一窥自己同事的工资。

正如最后一个例子所示，很难否认人们会参与社会比较。社会比较也可以解释，为什么相比银牌获得者，铜牌获得者对自己的表现更满意。假设铜牌获得者将自己与没有获得奖牌的运动员比较，那么铜牌就代表了成就。但是，如果银牌获得者将自己的表现与金牌获得者的表现进行比较，那么银牌就代表了失败。

损失厌恶对于微观经济学的影响还表现在很多其他方面，甚至更为激进。因为标准理论预先假设偏好与禀赋无关，这意味着无差异曲线与禀赋无关。因此，如果你的无差异曲线看起来与图 3.14（a）中的无差异曲线一样，那么，无论你碰巧拥有的消费束是 x 还是 y，它们都是独立的。此类无差异曲线是**可逆的**（reversible），因为它描述了你对 x 和 y 的偏好（实际上是无差异的）与你的禀赋无关。

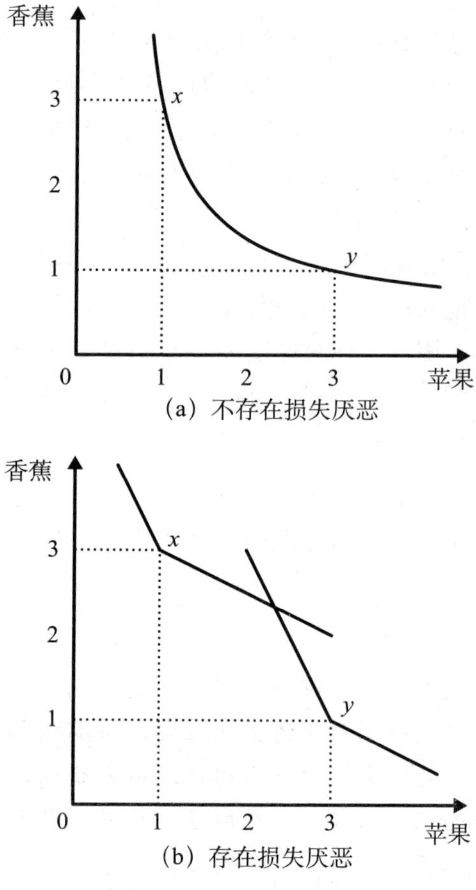

图 3.14　无差异曲线与损失厌恶

相比之下，损失厌恶使得你的无差异曲线受到当前禀赋的影响。例如，假设你的值函数对于收益是 $v(x)=x$，对于损失是 $v(x)=2x$，对于苹果和香蕉都是如此。如果你最初的消费束是 $y=\langle 3, 1\rangle$，并且损失一个苹果就需要两个香蕉来弥补。因此，经过 y 的无差异曲线也会经过点 $\langle 2, 3\rangle$。如果你最初的消费束是 y 并且损失了一个香蕉，你就需要两个苹果来弥补。因此，这一相同的无差异曲线也会经过点 $\langle 5, 0\rangle$。如果你最初的消费束是 $x=\langle 1, 3\rangle$，结果也是类似的。如果你是损失厌恶的，那么你的无差异曲线将如图 3.14（b）所示。需注意的是，此时存在两条无差异曲线，实际上是两组无差异曲线，一组对应着初始禀赋是 x 的情形，一组对应着初始禀赋是 y 的情形。

练习 3.47　值函数

假设你是损失厌恶的，并且你的值函数对于收益是 $v(x)=x$，对于损失是 $v(x)=3x$。

(a) 按照图 3.12 的方式，用图形表示值函数。

(b) 假设你的初始禀赋是 〈3，4〉，按照图 3.14（b）的方式，用图形表示你的无差异曲线。

如图 3.14（b）所示，由于你的无差异曲线存在弯折这一特征，如果你的初始禀赋是 x，有人提议用 y 进行交换，你将拒绝这个提议。与此同时，如果你的初始禀赋是 y，有人提议用 x 进行交换，你也将拒绝这个提议。这种现象有时也被称为**维持现状偏向**（status quo bias），这是因为在任何情况下你都倾向于偏好现有的状态。在康奈尔大学关于咖啡杯的研究中，当准许参与者用咖啡杯换钱时，22 个马克杯中有 2 个转手。在不存在维持现状偏向的情况下，可以预期交易数量大约等于 11 个。当其他领域出现类似结果时十分重要，因为它似乎与所谓的**科斯定理**（Coase Theorem）并不一致。笼统地说，科斯定理的内容是：在不存在交易成本的情况下，讨价还价将带来有效率的分配。但是，如果人们表现出维持现状偏向，即使交易成本为零，他们也可能无法通过讨价还价达成有效的解决方案。

练习 3.48　医疗保健

一般来说，在欧洲医疗保健由政府提供，并由税收支付医疗费用。也就是说，政府对个人征税，然后使用税款为公民提供医疗保健服务。一般而言，在美国医疗保健主要是私人自行购买的。也就是说，个人支付较低的税，并且用自己的钱购买医疗保健服务（如果他们选择购买的话）。

(a) 利用维持现状偏向的概念对以下悖论进行详细解释：大多数美国人更喜欢他们的方式而不是欧洲的方式，而大多数欧洲人更喜欢他们的方式而不是美国的方式。

(b) 用图说明你的答案，画出典型美国人和典型欧洲人的无差异曲线。

(c) 想象一下，美国将采用欧洲式的医疗保健系统。那么，我们应预期美国人会对他们新的医疗保健系统有什么感受？反对党要将该医疗保健系统调整回原来的方式难度大吗？

练习 3.49　负担得起的医疗法案

拜伦·约克（Byron York）在 2013 年 7 月的《华盛顿观察报》（*Washington Examiner*）中解释了为什么民主党人如此渴望实施“平价医疗法案”，即奥巴马医改法案，这一法案旨在为那些没有保险保障的美国人提供健康保险：

> 奥巴马医改旨在增加依赖政府支付医疗保险费用的美国人的数量……总之，政府将向美国人转移支付数千亿美元用于医疗保险。白宫知道，一旦开始支付这些款项，废除奥巴马医改将不再是取消尚未生效的立法的抽象问题。相反，将钱从人们手中夺走将是一个非常现实的问题。这样做将异常困难。

这种观点体现了什么原理？

练习 3.50　米尔顿和罗斯·弗里德曼

诺贝尔奖获得者米尔顿·弗里德曼（Milton Friedman）和罗斯·弗里德曼（Rose Friedman）写道：“没有什么比一项政府临时项目更永久。”

（a）利用损失厌恶的概念解释为什么政府临时项目持续的时间比最初预期的要长。

（b）现在一些政府项目会附带日落条款，规定这一项目将在特定日期后取消。解释这些规定如何解决你在（a）中分析的问题。

无论好坏，某些政府项目即使并不完善，有些人也希望看到它们能够得以推进，损失厌恶和维持现状偏向使得这些人的想法是理性的，因为相比于推动项目的最初实施，日后的修复更容易。如果想要在顽强抵制任何项目的人之中落实某些政府项目，损失厌恶和维持现状偏向也会让这一做法显得理性，因为一旦项目落实，想要撤回就十分困难。

维持现状偏向不仅是政府推行合理政策面临的障碍，也是个人成长所要面临的障碍。

例子 3.51　杂乱无章

虽然世界上许多人仍在努力地满足自己的基本需求，但是在发达国家中，越来越多的人却面临着相反的问题：拥有的东西太多。尽管美国的家庭在过去50年左右的时间里迅速膨胀，但是，人们所拥有东西的数量却增长得更快。因此，自助存储行业自称是商业房地产增长最快的部门之一，每年仅在美国就产生超过240亿美元的收入。由此也应运而生了一整套自助文学，建议人们摆脱杂乱无章，以换取简单、快乐和安心，这意味着人们想要这样做但却无法做到。为什么断舍离这么难做到？

损失厌恶使得简单、快乐和安心的收益相对于丢掉某些东西的损失而言似乎很小，这会使得人们放弃前者的收益以避免后者的损失。结果就是，人们即使知道这样不好，也仍然表现出维持现状偏向。好的一面是，你可以通过另一种决策的构架方式来改变自己的想法。如果你难以舍弃自己收藏的录像带，不要问自己："我要扔掉这些吗？"相反，你可以这样问："如果我并没有这些，我会买它们吗？"如果答案是否定的，你就知道自己该怎么做了。或者，如果你难以决定舍弃自己收藏的哪些CD唱片，不要问自己："我应该扔掉哪些呢？"相反，告诉自己你要扔掉所有收藏的唱片，并且问自己："我应该保留哪些CD呢？"当断舍离的决策不再被视为一项损失时，这个过程将容易得多。

维持现状偏向可以解释为什么许多人反对人类基因强化。我们中有许多人都不愿意为了增强智商（IQ）而放弃我们自然的、原始的"未强化的"状态。然而，如果我们已经是基因强化的受益者，那么就很难想象我们愿意接受较低的智商来换取我们自然的、原始的"未强化的"状态。同时，维持现状偏向也解释了为什么许多人在没有开展自由贸易时反对自由贸易，而在已经实行自由贸易时又支持自由贸易。有些人对与其他国家（那些尚未与其开展自由贸易的国家）签订自由贸易协定持怀疑态度，但是当有人提议取消已经存在的（例如与相邻的州和地区的）自由贸易协定时，他们则会奋起抗议。在上述所有情形之中，人们对于得到他们尚未拥有的利益这一前景无动于衷，但是，对失去他们已经拥有的利益深恶痛绝。

我们不应将损失厌恶与边际效用递减相混淆。如果人们为他们尚未得到的咖啡杯愿意支付的费用低于放弃已经拥有的咖啡杯需得到的费用，这可能反映了人们对于咖啡杯的边际效用递减。回顾图3.11，可以注意到，人们从第二个咖啡杯得到的效用（即第二个咖啡杯的边际效用）远低于从第一个咖啡杯得到的效用。如果能够用边际效用递减更好地解释行为人的行为，那么，就不要归因于损失厌恶，这十分重要。

锚定与调整

假设你让人们参与以下两个实验，如果实验参与者提出他们并不知道这些问题的答案，告诉他们可以尽力猜一个答案。

例子 3.52 非洲和联合国

转动一下幸运转轮得到一个 0 和 100 之间的数字，并且邀请实验参与者回答以下两个问题：

(a) 非洲国家在联合国（UN）中所占的百分比是大于还是小于这个数字?

(b) 非洲国家在联合国中所占的实际百分比是多少?

你可能认为 (b) 问题的答案并不会受到幸运转轮所产生的随机数字的影响。然而有证据表明，你会发现两者之间存在相关性。在一项研究中，当转轮的数字为 10 时，(b) 问题答案的中位数为 25；当转轮的数字是 65 时，(b) 问题答案的中位数是 45。

例子 3.53 乘法

给人们 5 秒的时间来计算下面任意一道乘法问题的答案：

(a) 计算：1×2×3×4×5×6×7×8。

(b) 计算：8×7×6×5×4×3×2×1。

鉴于 (a) 和 (b) 在数学上是等价的，你可能认为无论被问及哪个问题，研究参与者给出的答案或多或少差不多。然而，当一群高中生被问到第一个问题时，答案的中位数为 512；当他们被问到第二个问题时，答案的中位数是 2 250。(正确答案是 40 320。)

我们通常用**锚定和调整**（anchoring and adjustment）来解释这些现象，这是用来形成判断的一种认知过程。顾名思义，锚定和调整是一个两阶段的过程：首先，你挑选一个最初的估计值，这个值被称为**锚**（anchor）；然后，你将这个最初估值调高或者调低，从而得出一个最终答案。例如，当判断一辆标价为 15 000 美元的二手车的价值时，你可能会首先问自己：它是否值 15 000 美元？然后，在此基础上调整自己的估计值。如果你认为 15 000 美元太多，你就会调低你对它的估值；如果你认为 15 000 美元太少，你就会调高估值。

人类在进行判断和决策时，往往依赖**直觉推断和偏向程式**（heuristics-and-biases program），因此，我们在做出判断时并不是通过实际地计算概率和效用，而是遵循**直觉推断**（heuristics）。直觉推断是人们在形成判断时利用的一种经验法则或心理捷径。直觉推断十分有用，因为它们能够减少解决日常问题所需的时间和精力，并在较大的范围内得出接近正确的答案。但是，我们并不能就此认为它们是完美的：在某些特定情况下，它们让人们以可预测的方式误入歧途。由于直觉推断的广泛应用会导致系统性和可预测的错误答案，我们称它会导致**偏向**（bias）。因此，我们遵循直觉推断而进行的决策，一方面有助于解释为什么我们通常能够快速做出比较恰当的判断，另一方面也可以解释为什么我们有时会犯错。

锚定和调整是直觉推断和偏向程式引起的一种直觉推断。与所有直觉推断一样，锚定和调整被认为是有效的，但同时在某些条件下会导致偏向。有证据表明，调整往往不足。这意味着在某种程度上最终判断将是锚的函数，而锚可能完全是任意的。如果锚与真实答案相去甚远，那么，锚定和调整不足将会导致答案非常不准确。

思考例子 3.52。人们对非洲国家在联合国中占比这一问题的答案，可以解释为他们将随机数作为锚，并在他们认为合适的范围内上下调整答案。如果随机数为 65，他们就从 65 开始，然后（假设他们认为这个数字太高）向下调整。相反，如果随机数是 10，那么（假设他们认为这个数字太低）就向上调整。如果调整并不充分，我们可以预估，相比于随机数是 10 的情况，随机数是 65 时最终估计的数字将相对较高。

思考例子 3.53。迫于时间的压力，学生们可能会进行乘法问题的几个步骤并且向上调整，以弥补缺失的步骤。如果调整并不充分，可以预计到答案将会太低。此外，由于回答（a）问题的人的答案将低于回答（b）问题的人的，可以预计前者提供的估计值将低于后者。如你所料，这就是事实。

锚定和调整可能会对判断产生深远的影响。思考下面这个著名的故事。

练习 3.54　国际象棋的发明

传说，国王问国际象棋的发明者他想要什么回报。发明者说道：“在棋盘上的第 1 个方格对应 1 粒米，第 2 个方格 2 粒米，第 3 个方格 4 粒米，依此类推，直到放满所有的格子。”国王很高兴地接受了这个请求。棋盘上总共有 64 个方格，因此对应着第 64 个方格，发明者会得到 $2^{64-1}\approx 10^{19}=10\ 000\ 000\ 000\ 000\ 000\ 000$ 粒米，这一数字远高于国王的预期和他的承受能力。利用锚定和调整的思想来解释国王是如何如此戏剧性地低估这一数字的。

到目前为止，我们将锚定和调整视为影响信念的因素，但是，有证据表明，它也会影响偏好。在一项研究中，实验者向 MBA 学生展示了各种不同的商品，首先询问他们是否愿意以自己社保号的最后两位数为价格购买该商品，接下来，要求学生说明他们的支付意愿。处于最低五分位数的人（也就是社保号处于分布的最低 20%的人）愿意为一个无绳轨迹球支付 8.64 美元，而处于最高五分位数的人愿意为之支付 26.18 美元。处于最低五分位数的人愿意为一瓶优质葡萄酒支付 11.73 美元，而处于最高五分位数的人愿意为之支付 37.55 美元。因此，有时处于最高五分位数的人愿意支付的费用是处于最低五分位数的人的三倍多。如果我们假设研究参与者将他们的社保号的最后两位数作为锚，这一结果就可以通过锚定和（不充分）调整得到解释。

从“损失厌恶和禀赋效应”一节一开始的讨论中，为什么这种行为模式是不合理的就显而易见。可以称这一行为模式违反了**过程不变性**（procedure invariance）：偏好不应该因为引出这一偏好的方法不同而有所差异。

锚定和调整可以解释一系列现象。例如，它可以解释为什么下面这些吸引客户的套路如此常见：“原价 50 美元！现在只需 24.99 美元!”“价值 500 美元，现仅售 399 美元!”“建议零售价 14.99 美元，现在只需 9.99 美元。”卖者可能希望潜在消费者会将第一个金额作为锚，从而形成对于产品价格的判断。卖者也许会意识到如果直接向消费者要价 24.99 美元，他们并不会接受，然而，卖者也许希望消费者会将 50 美元作为锚，并且不充分地向下调整价格，因此最终的支付意愿将高于 24.99 美元。也就是说，卖者希望人们将一个更高的数字作为锚。锚定和调整可能也解释了为什么房地产经纪人通常会发布一个较高的报价，高于人们对于房产的期望价格：通过发布一个较高的数字，他们可能希望影响潜在买者愿意支付的价格。

练习 3.55　烤面包机

假设你想以 160 美元的价格出售烤面包机，这可能会大大地超出顾客的预期。锚定和调整会建议你如何达到目的？

你仍然可以利用锚定和调整来增加客户所购买的数量。你可以采取诸如“买 3 件立减 2 美元”或“每人限购 6 件”或“买 10 送 2”此类的促销方式。如果客户在决定购买的数量时将建议的数量作为锚并在向下调整时并不充分，那么，此类促销就可以大大提高销售额。

锚定和调整也可能在其他类型的决策中发挥作用。德国在对经验丰富的法官和检察官进行的一项研究中发现，研究人员向他们提供的无关信息会影响他们的量刑决定。研究人员要求这些法律专业人士在对一个虚构的性侵犯案件做出裁决之前，设想有一名记者打电话询问判刑是高于还是低于 x 年。这个电话应该对裁决没有影响，但是研究人员发现它确实产生了影响：当 x 为 1 时，判决是 25 个月；当 x 为 3 时，判决为 33 个月。最令人惊讶的是，当告知研究中的参与者锚是随机产生的，甚至就是当着参与者的面，用掷骰子的方式随机产生的，即便如此，结果之间的差异仍然十分巨大。

重要的是，不要夸大人们对锚定和调整的敏感性的相关偏见。人们对建议零售价格（以及类似价格）所做出的反应，有可能是因为他们认为较高的建议零售价格代表了较高的质量。如果是这样，他们的行为可能不是由于锚定和调整。他们甚至不是在确定的情况下做出的选择。也就是说，这一论点无法解释轮盘赌和社保号如何影响行为，因为没有人会将这些数字作为衡量质量的标准。

无论以哪种方式，直觉推断和偏向程式都具有极大的影响力，我们将在后续内容中继续进行讨论（如第 5 章）。锚定和调整具有强大的解释力，我们也会继续对其加以探讨（如练习 4.30）。

讨　论

这一章讨论了许多不同的现象，这些现象似乎给我们在第 2 章中学到的理论带来了难题。这些现象大多数是对理性选择理论描述上的充分性提出的挑战。因此，对于人们所做出的如下行为：忽视机会成本但看重沉没成本、表现出菜单依赖性、相对于收益更看重损失、允许任意的锚过度影响自己的行为，行为经济学家将其视为对人们实际中会按照理性决策理论行事这一观点的背离。虽然并非十分普遍，但这一偏离是实质性、系统性和可预测的。大量的案例已经表明，这些现象确实代价不菲，不仅表现在时间、精力和金钱方面，也表现在人的生命方面。我们研究的一些现象也可以解释为对理性选择理论的规范充分性的挑战。例如，当谈到机会成本时，我们注意到对该理论的要求非常高。有人认为，这使得该理论不适合作为规范性理论。显然，本章并没有试图提供一个完整的现象清单，列出与确定性下的标准选择理论不一致的所有现象。

我们还探讨了行为经济学家提出的一些基本理论构架，用以解释标准经济学中无法涵盖的现象。因此，我们探讨了前景理论的值函数，这是行为经济学所展现的最重要的理论之一。我们也提到了直觉推断这一概念，它是极具影响力的直觉推断和偏向程式的必要基础。我们将在后面的内容中反复重温前景理论以及直觉推断和偏向程式。研究这些理论能让你了解到行为经济学家除了发现标准理论的错误之外，所做的其他事情。

在这个过程中，我们所接触到的行为经济学知识让你能够以多种方式影响他人的行为。通过引入沉没成本、设计不对称的引导性替代选择、改变呈现不同选择的框架，或引入任意的锚，你就可以影响他人对各种选择的估值。由于标准经济学模型经常将消费者面临的可选选择视为有序的价格和产品特征的 n 元组合，因此它忽视了许多市场营销人员、医生、公共卫生官员及其他人员感兴趣的变量。通过引入框定和参考点等内容，行为经济学提供了更广泛的工具，可用于影响人们的行为（目的可能好也可能坏）。同时，行为经济学的知识也可以帮助你抵制别人操纵你的行为。通过了解沉没成本、次优的替代选择、框定和直觉推断对你行为的影响，你可能并不会轻易地落入他人的圈套。

在介绍了风险和不确定性下的判断的标准理论之后，我们将在后面的章节中再次探讨这些话题。

练习 3.56　美国经济学年会（AEA）

下面这个著名的问题是在 2005 年的美国经济学年会（AEA）上提出的，200 名专业的经济学家给出了自己的答案。通过寻找答案，你可以将自己的表现与他们的表现相对比：

你赢了一张免费的门票，可以去看吉他大师埃里克·克莱普顿(Eric Clapton)的演出（这张票不能转售）。同一晚上，鲍勃·迪伦(Bob Dylan)也有演出，这是你的次优选择。迪伦演唱会的门票需要40美元。在任何一天，你都愿意花最多50美元去看迪伦的演唱会。假设去看任何一场演唱会都没有其他成本。根据这些信息，去看埃里克·克莱普顿的演出的机会成本是多大？(a) 0美元，(b) 10美元，(c) 40美元，或 (d) 50美元。

练习3.57 金钱能买到快乐吗？

经济学家贝奇·史蒂文森(Betsey Stevenson)和贾斯汀·沃尔弗斯(Justin Wolfers)的研究发现，在所有的收入水平上，货币的边际幸福感都是正值（不过会急剧下降）。这意味着当所有条件相同时，更多的钱会让普通人更加快乐（不过当人们更富有时，这种快乐的增加会越来越少）。德里克·汤普森(Derek Thompson)在《大西洋》(*The Atlantic*)一书中得出了以下结论："金钱能够买来幸福，但你永远不会买来太多。"那么，推断一般人赚到更多钱时会更快乐将是错误的。这一论断忽视了什么？

练习3.58 高温瑜伽

"你又回来了，你肯定特别喜欢它!"当你第二次使用你的周票时，高温瑜伽工作室的接待员这样说。接待员可能不熟悉什么谬误？

练习3.59 汉弗莱斯先生

以下引文来自2009年的一则题为《法院大楼重新开放的紧张局势》的新闻报道，争议涉及的是应该重新开放该郡拥有的一栋建筑内部的附属法院，还是应该重新开放该郡租用的一栋建筑内部的附属法院。汉弗莱斯先生犯下了什么谬误？

> 该郡拥有一栋中心大楼，并且租用了加登代尔大厦和福里斯特代尔大厦。汉弗莱斯先生认为，开放该郡租用的大厦是有经济意义的。汉弗莱斯说道："我认为当其他大厦闲置时，关闭我们租用的建筑毫无意义，毕竟我们没有租约，也不欠谁的钱。"

练习3.60 皮尔公司

皮尔计算机公司正计划推出新的平板电脑系列。Macro系列具有较大的存储容量，但价格不菲。Micro系列的存储容量有限，但价格实惠。

(a) 市场研究表明，典型的消费者往往对这两个系列感到无差异。画图表示，将存储能力画在 x 轴上，将价格的可承受性表示在 y 轴上。通过一条实线来表示典型消费者对于 Micro 和 Macro 系列的无差异曲线。

(b) 皮尔公司希望引导消费者购买更昂贵的平板电脑。他们想要利用一个被称为 Dud 的诱饵来实现这个目的。用“X”在图中标记 Dud 的位置。

(c) 如果引入 Dud 产生了预期的效果，使用虚线表示典型消费者的无差异曲线会是什么样子。

练习 3.61　蒂姆和比尔

蒂姆和比尔沉迷于苹果产品。他们正在一家提供无条件退货政策的商店看新款苹果手机。他们不确定新功能是否值得。蒂姆决定先买一部回家，心想如果不行明天就回来退货。比尔决定先不买回家，心想只要自己愿意，总是可以随时回来再买。他们两人都是损失厌恶的，对于苹果手机的值函数是：对于收益，$v(x)=x$；对于损失，$v(x)=3x$。不考虑交易成本。

(a) 蒂姆把手机带回家后，将其纳入了他的禀赋。从值角度来看，如果他明天把手机退掉了，会有多少损失？

(b) 没有把手机带回家的比尔并没有将手机纳入他的禀赋。从值角度来看，他没有购买手机，对他而言放弃了多少收益？

(c) 谁更有可能最终成为苹果手机的拥有者，蒂姆还是比尔？

练习 3.62　拉里和珍妮特

拉里和珍妮特是损失厌恶的，他们的值函数如下：对于收益，$v(x)=x/3$；对于损失，$v(x)=3x$。他们两个持有同一家公司的股票。他们都是在昨天购买的，当时的股票价格是 7 美元。不幸的是，今天股票价格下跌到了 4 美元。

(a) 拉里将初始价格（7 美元）作为参考点。你问他，当价格降到 4 美元时，他失去了多少值？

(b) 珍妮特将新价格（4 美元）作为参考点。你问她，当价格降到 4 美元时，她失去了多少值？

(c) 谁更失望，拉里还是珍妮特？

练习 3.63　威廉·爱德华·布格哈特·杜博斯

伟大的非洲裔美国学者和活动家威廉·爱德华·布格哈特·杜博斯

(W. E. B. Du Bois) 曾说："最重要的是要记住这一点：随时准备好放弃你的成就。"为什么要做到这一点这么难？为什么需要提醒人们呢？

练习 3.64　塞内加

塞内加在写出下面这些内容时，脑海里浮现的是什么样的景象？"让我们思考一下遗产，这是人类痛苦的最大根源；因为如果你把所有让我们受苦的其他病痛与我们的钱给我们带来的痛苦进行比较，钱所带来的痛苦很容易占上风。"

练习 3.65

将下面的每个场景与以下现象相匹配：锚定和调整，折中效应，忽视机会成本，损失厌恶和沉没成本谬误。如果不能确定，请选择最合适的。

(a) 亚当刚刚到达电影院时，发现自己弄丢了在晚餐前购买的价值 10 美元的电影票。电影院的工作人员告诉他还有余票可以买。亚当说道："我不会再买一张票了，这场电影可能值 10 美元的票钱，但是，我不可能为它花 20 美元。"他一整晚都对自己感到懊悔不已。

(b) 布鲁斯正打算买一辆新车，他打算长时间使用这辆车。汽车经销商有两辆新车待售。这两辆车除了颜色外没有区别：一辆是红色，一辆是金属蓝色。红色车之前售价是15 995 美元，金属蓝色车之前售价是 16 495 美元；而现在两款车售价均为 14 995 美元。布鲁斯对蓝色没有特别的偏好，并担心金属饰面会让他看起来缺乏男人气概。不过，考虑到这些车之前的售价，他认为蓝色车值更高的价格，因此，买蓝色车似乎是一笔更划算的交易。他告诉销售人员他将购买蓝色车，他觉得值得为蓝色车付出更多的钱，这似乎是一个更好的交易。尽管他私下也担心自己的朋友会对自己的选择感到好奇，但是，他仍然告诉汽车推销员他将选择蓝色车。

(c) 当地有机杂货店的店主们想要鼓励他们的顾客减少塑料袋的使用。他们认为，如果商店开始对塑料袋收费，顾客会感到不舒服，毕竟，人们认为塑料袋应该是免费的。因此，相反地，店主们将每个顾客购买的商品价格平均提高了 25 美分，并且给自带购物袋的人提供了 25 美分的优惠。目前顾客对这一做法并无异议。

(d) 哲学系打算新聘请一位教授。有两位候选人：A 博士研究美学；E 博士研究伦理学。所有人都认为 E 博士是一位更有成就的哲学家。然而，P 教授却认为应该录用 A 博士，因为该系曾经有过一位才华横溢的美学教授。

(e) 艾瑞卡是一位高薪的神经外科医生，工作总是能排满。然而，每隔一个星期的周五下午，她就会早早下班，回家修剪草坪。她不喜欢修剪草坪，但是，她自己却舍不得花 75 美元让其他人为自己代劳。

(f) 弗兰克正在为他的第一个孩子购买婴儿车。他在基本的 SE 型号和稍微高档的 CE 型号之间犹豫不决。突然间，他发现还有另外一个第三种可选的型号，也就是特殊的 XS 型号。他因此决定购买 CE 型号。

问题 3.66

根据自己的经验，写出几个类似于练习 3.65 中的故事，并以此分析你在本章中学到的各种观点。

扩展阅读

夹克/计算器问题出自特沃斯基和卡尼曼（Tversky and Kahneman，1981，p. 457）的研究。施瓦茨（Schwartz，2004，pp. 122－3）探讨了选择可能导致不快乐这一概念。对沉没成本进行经典分析的是阿克斯和布勒姆尔（Arkes and Blumer，1985），以及黑斯廷和道斯（Hastie and Dawes，2010，pp. 34－42）。阅读习惯是由 Goodreads. com 网站（2013）进行的研究。F-35 是弗朗西斯（Francis，2014）讨论的。亚里士多德的话引自《尼各马可伦理学》（*Nicomachean Ethics*，1999 [*c*350 BCE]，p. 87）；斯托和罗斯（Staw and Ross，1989）分析了升级行为，也是乔治·鲍尔备忘录的来源（p. 216）；加州铁路问题由纳格尼（Nagourney，2011）进行了讨论。休伯等人（Huber et al.，1982）以及艾瑞里（Ariely，2008）讨论了诱饵效应；后者主要讨论了订阅选择的例子（Ariely，2008，pp. 1－6）。基于理性选择的经典分析是由莎菲尔等人（Shafir et al.，1993）进行的。卡尼曼等人（Kahneman et al.，1991）对损失厌恶、禀赋效应和维持现状偏向进行了完美的综述；美联社（the Associated Press，2007）报道了超速的爱尔兰人的命运；亚当·斯密的引文来自斯密（Smith，2002 [1759]，p. 151）；佛罗里达女服务员的故事由《圣彼得斯堡时报》（*St. Petersburg Times*，2001）报道；巴里·邦兹的事情引自迈尔斯（Myers，1992，p. 57）。关于塞内加的段落出现在塞内加（Seneca，2007 [c 49]，pp. 124－125）；互联网企业家的事情引自哈夫纳（Hafner，2006）。拜伦·约克

(Byron York，2013）讨论了从人们手中拿走金钱的问题；弗里德曼（Friedman，1984）批评了“临时”的政府计划。关于锚定和调整的经典讨论是特沃斯基和卡尼曼（Tversky and Kahneman，1974）进行的，它也是本节前面所引用的例子和数据的来源；艾瑞里等人（Ariely et al.，2003）描述了追踪实验。在德国对法官和检察官进行研究的是英戈利奇等人（Englich et al.，2006）。对专业经济学家的研究是由弗兰克（Frank，2005）做出的，汤普森（Thompson，2013）讨论了金钱带来的边际幸福。汉弗莱斯先生的话引自 FOX6 WBRC（2009），杜博斯的话引自汉普顿（Hampton，2012，p. 185）。

您答对了吗？

请扫描二维码获取本章练习答案。

2 第 2 部分

风险和不确定性下的判断

第 4 章　概率判断

引　言

虽然第 1 部分中探讨的选择理论对于诸多目标的实现大有裨益，但是，现实生活中的大多数决策并非在确定性下进行选择。当你决定是否要创办一家公司、购买某只股票、跟心爱的人表白或者购买某项医疗保险时，你在做出决策的这一刻，通常事先并不知道每一个行动会带来什么样的结果。因此，为了了解人们做了什么，以及人们应该做什么，我们需要另一套理论。第 2 部分中我们将探讨判断的理论：人们如何形成并且改变自己的信念。第 3 部分中我们将重新讨论决策这一话题。

在本章中，我们将探讨概率论。虽然人们并未达成完全一致，但也普遍认为这是一套关于概率判断的正确的规范性理论，也就是说，它准确地描述了我们应该如何进行概率判断。因此，概率论广泛地应用于统计学、工程学、金融学、公共卫生以及其他领域。此外，该理论还可以当作一套描述性理论，分析人们如何进行判断，因此，也被用来分析人们如何做出决策。

与确定性下的理性选择理论一样，概率论也是公理化的。因此，我们将首先学习一系列公理，也可称之为法则，你必须认为它们是理所当然成立的。大多数时候，这并不难做到：一旦你理解了这些法则，你就会觉得它们直观上是合理的。我们还将列出一系列定义。基于这些公理和定义，其他的一切都可以由此推导得到。因此，我们将在公理和定义的基础上，花大量时间来证明一些更加有趣和强大的定理。

概率论基础

下面是两个典型的概率判断的例子。

例子 4.1　琼斯夫人的孩子们

你正在拜访你的新邻居琼斯夫人。琼斯夫人告诉你，她有两个孩子，他们正在自己的房间里玩耍。假设一个人每次生女孩的概率与生男孩的概率相同（并且一位母亲第一次生的是男孩还是女孩并不会影响第二次的概率）。现在，琼斯夫人告诉你，她的孩子里至少有一个是女孩。另一个孩子也是女孩的概率是多大？

例子 4.2　琳达问题

琳达 31 岁，单身，心直口快并且才智过人。她主修哲学，在学生时期十分关注歧视和社会公正问题，并且参与了反核示威活动。

（a）琳达是银行柜员的概率是多少？

（b）琳达是银行柜员和女权主义者的概率是多少？

一旦我们设计出一套能够严谨地解答这些问题的方案，就能给出这些问题的答案。而现在，我想要指出的是，这套理论有趣的原因之一是，人们直观的概率判断，以及由此做出的许多决定往往会以可预测的方式误入歧途。

在开始下面的分析之前，我们需要先设计一套概念上的方案，以便我们能更清楚地阐明主题。例如，我们将探讨想象中肯定会发生的事情。比如，当你掷硬币时，要么正面朝上，要么反面朝上；当你掷一个六面骰子时，会得到 1 到 6 之间的任何数字。

定义 4.3　“结果空间”的定义

结果空间是所有可能的个体结果的集合。

我们按照标准惯例用大括号和逗号表示结果空间。为了表示掷硬币的结果空间，我们可以写成：{正面，反面}，或者 {H，T}。为了表示掷骰子的结果空间，我们可以写成：{1，2，3，4，5，6}。

通常情况下，我们会探讨实际发生的事情或可能发生的事情。此时，我们讨论的就是实际发生的结果，如“硬币反面朝上”和“我可能会两次都掷出 1 个点”。

定义 4.4　“结果”的定义

结果是结果空间的一个子集。

我们按照相同的方法表示结果。因此，与掷骰子相关的结果包括：

{1} 表示1个点朝上，{6} 表示6个点朝上，{1，2，3} 表示小于等于3个点朝上的情况，{2，4，6} 表示偶数点朝上。存在一种例外情况：当结果只有一个时，我们可以省略大括号，表示为6，来代替 {6}。需注意的是，在所有这些情况中，这些结果都是结果空间的子集。

定义4.5　"概率"的定义

概率函数（probability function）是将每一个结果表示为一个数字的函数 Pr(·)。结果A发生的**概率**（probability）是数字 Pr(A)，它是由概率函数 Pr(·) 表示A得出的数字。

因此，在掷骰子时得到偶数点的概率可以表示为 Pr({2，4，6})。得到6的概率可以表示为 Pr({6})，或者根据前面介绍的简化方式表示为 Pr(6)。当掷硬币时，正面朝上的概率可以表示为 Pr({正面}) 或 Pr(正面)。当然，一个结果的概率（在某种意义上）表示了该结果发生的可能性。有时，人们会谈论赔率，而非概率。赔率和概率显然是相关的，但它们并不完全相同。有关赔率的更多信息，请参阅后文的文本框。

接下来的一系列命题描述了概率函数的性质，也被称为关于概率的**法则**（rule）或**公理**（axiom）。

公理4.6　概率范围

任何结果A的概率都是0到1之间的数字；也就是说，$0 \leqslant \Pr(A) \leqslant 1$。

因此，概率必须是大于等于0且小于等于1的数字。也就是说，概率不能低于0并且不能高于100%。你也许并不知道自己创立的互联网公司存活超过一年的可能性。但你肯定知道这一点：这一概率不低于0并且不高于100%。

通常来说，计算概率可能十分困难。工程师和公共卫生部门的官员等会花费大量时间试图确定某些事件，比如核灾难和全球性流行病等事件的可能性。然而，在一种情况下概率的计算比较容易，也就是每个结果发生的可能性相等的情况，或称**等概率**（equiprobable）的情况。

公理4.7　等概率法则

如果 n 个个体结果 $\{A_1, A_2, \cdots, A_n\}$ 的可能性相等，那么任何一个个体结果 A_i 发生的概率为 $1/n$；也就是说，$\Pr(A_i)=1/n$。

假设我们要计算在掷骰子时得到4的可能性。因为所有结果发生的可能性相同，并且有 6 个可能的结果，所以得到 4 的概率是 1/6。因此 Pr(4)=1/6。同样地，掷硬币时，正面朝上的概率是 1/2，所以 Pr(正面)=1/2。

练习 4.8

假设有两副洗好的扑克牌，你从每副牌中分别抽出一张，这两张牌相同的概率是多大？

你可以列出从两副牌中抽出两张牌的所有可能的组合，共有 $52^2=2\,704$ 种不同的结果，再回答这个问题。然而，思考这个问题的最简单的方式是计算抽出第一张牌之后，第二张牌与之完全相同的概率是多大。

练习 4.9　大型强子对撞机

某些批评家称，大型强子对撞机存在 50%的概率会摧毁这个世界。2009 年 4 月 30 日，科学教师沃尔特·瓦格纳在接受《每日秀》（*Daily Show*）的约翰·奥利弗（John Oliver）的采访时辩称："如果你认为某些事情可能发生，而某些事情不一定会发生，那么它要么会发生，要么不会发生，所以对于概率，最好的猜测是二分之一。"为什么这不是等概率法则的正确应用？

到目前为止，我们已经有足够的工具来解决例子 4.1。首先，我们需要确定与生育两个孩子相关的结果空间。将"女孩"表示为 G，将"男孩"表示为 B，将"老大是男孩，老二是女孩"表示为 BG，那么结果空间就是 {GG，GB，BG，BB}。一旦你得知至少有一个孩子是女孩，你就知道这两个孩子不可能都是男孩这一事实。也就是说，你知道 BB 这个结果并未发生。这意味着结果空间已缩小到 {GG，GB，BG}。这三个结果中只有一个（GG）表示另一个孩子也是女孩。因为这三个结果的可能性相同，你可以应用等概率法则得到另一个孩子也是女孩的概率等于 Pr(GG)=1/3。

练习 4.10　琼斯夫人的孩子们（续）

琼斯夫人没有告诉你至少有一个孩子是女孩，而是告诉你她家老大是个女孩。现在，老二也是女孩的概率是多少？

练习 4.11　彼得斯先生的孩子

你的另一个刚搬来的邻居彼得斯先生有三个孩子。你不知道这些孩子是男孩还是女孩。假设彼得斯先生的每一个孩子是男孩和女孩的可能性相同（而且没有其他可能性）。

(a) 结果空间是什么？

(b) 想象一下，如果你知道至少有一个孩子是女孩。新的结果空间是什么？

(c) 如果你知道至少有一个孩子是女孩，彼得斯先生有三个女孩的概率是多大？

(d) 想象一下，如果你得知至少有两个孩子是女孩。新的结果空间是什么？

(e) 如果你知道至少有两个孩子是女孩，彼得斯先生有三个女孩的概率是多大？

练习 4.12　三张牌骗局

你的朋友比尔正在向你展示他的新牌。这副牌中只有三张牌。第一张牌两面都是白色。第二张牌两面都是红色。第三张牌的一面是白色，另一面是红色。现在比尔反复地洗牌，在这个过程中他时不时地将牌翻一翻。他也会把所有的牌都放在帽子里，并长时间摇晃帽子。然后，他将三张牌叠放在桌子上，这样你就可以看见第一张牌上面的颜色。

(a) 结果空间是什么？用“W/R”表示第一张牌上面的颜色是白色而另一面为红色这一结果，依此类推。

(b) 洗牌后，第一张牌上面的颜色是白色。新的结果空间是什么？

(c) 如果第一张牌上面的颜色是白色，其另一面是红色的概率是多大？

最后一个练习被称为“三张牌骗局”，这是因为它可以用来骗人们的钱。如果你下注 10 美元，赌第一张牌的另一面是白色，你会发现很多人都愿意接受这一赌注。因为他们（错误地）认为概率为 50%。你可能会输掉这一局。然而，因为概率偏向你这一边，平均而言你肯定会赚钱。用“骗局”这个词来称呼这个游戏并不见得名副其实，因为这个过程并不涉及欺骗。但这个游戏在你所居住的地方很可能是违法的。

练习 4.13　四张牌骗局

你的另一位朋友布尔有另一副牌。这副牌有四张牌：一张牌两面都是白色；一张牌两面都是黑色；一张牌两面都是红色；一张牌一面是白色而另一面是红色。假设你能够充分地洗牌，也会时不时地将任一张牌反转。

(a) 结果空间是什么？用“W/R”表示第一张牌的上面为白色而另一

面为红色这一结果，依此类推。

（b）假设在洗牌后，第一张牌的上面是黑色。新的结果空间是什么？

（c）假设第一张牌的上面是黑色，这张牌的另一面也是黑色的概率是多少？

（d）假设在洗牌后，第一张牌的上面是红色。新的结果空间是什么？

（e）假设在洗牌后，第一张牌的上面是红色，这张牌的另一面是白色的概率是多少？

我们用下一个练习结束这一节的内容。

练习 4.14　蒙提霍尔问题

假设你参加了一档游戏节目。主持人给你三扇关闭的门供选择。在一扇门后面是一辆车，另外两扇门后面是山羊。主持人知道每扇门后面都是什么，并且会尽力阻止你带走汽车。接下来发生的事情如下。首先，你指向一扇门。接下来，主持人将会打开另外两扇门中的一扇（这扇门里肯定是山羊）。最后，你可以选择打开剩下的关闭着的两扇门中的一扇；也就是说，你可以仍坚持最初的选择，也可以改变选择。如果你不改变选择，得到车的概率是多大？

无条件概率

利用理论，我们还可以在已知概率的基础上计算未知概率。在本节中，我们将探讨四个相关的法则。

公理 4.15　加法法则

如果 A 和 B 两个结果是互斥的（互斥的定义见下文），那么 A 或 B 的概率等于 A 的概率加上 B 的概率；即 $\Pr(A \vee B)=\Pr(A)+\Pr(B)$。

假设你想要知道在掷骰子时，得到 1 点或 2 点的可能性，加法法则会告诉你答案是 $\Pr(1 \vee 2)=\Pr(1)+\Pr(2)=1/6+1/6=1/3$。或者你想知道掷硬币时正面朝上或者反面朝上的概率。同样，加法法则会告诉你 $\Pr(\mathrm{H} \vee \mathrm{T})=\Pr(\mathrm{H})+\Pr(\mathrm{T})=1/2+1/2=1$。

请注意，该法则要求两个结果**互斥**（mutually exclusive）。这是什么意思？如果 A 和 B 两个结果一次最多只发生其中一个，那么，就称它们是互斥的。在前两个例子中，这个条件是成立的。也就是说，在掷硬币时，H 和 T 是互斥的，因为每次掷硬币时最多会出现其中的一种情况。没有硬币在落下时会正面和反面同时朝上。类似地，当你掷骰子时，1 点和 2 点也是互斥的，因为每次最多会发生一种情况。需注意的是，在掷骰子时，即使这两个结果都没有发生，它们仍然是互斥的。

练习 4.16　互斥

下面哪些结果是互斥的？正确答案可能不止一个。

(a) 这一天是你的生日；这一天你有考试。

(b) 下雨；夜幕降临。

(c) 你在所有课程中都得了 B；你的 GPA 成绩* 为 4.0。

(d) 你的新电脑是苹果电脑；你的新电脑是一台笔记本电脑。

(e) 你是一个优秀的学生；毕业后你找到了一份好工作。

练习 4.17

从一副洗好的扑克牌中抽出一张时，得到一张 A 的概率是多少？如果你想要应用加法法则，不要忘记检查相关结果是否互斥。

下面将通过例子说明检查两种结果是否互斥的重要性。掷骰子时得到一个要么严格小于 6 要么大于 1 的点数的概率是多大？显然，你得到的点数肯定会严格小于 6 并且严格大于 1，因此，概率将是 100%。如果你把得到的数字严格小于 6 的概率加上严格大于 1 的概率，你将得到概率大于 1，而这将违反公理 4.6。因此，加法法则有充分的理由要求结果之间是互斥的。

上一段的问题答案来自以下这个简单的法则：

公理 4.18　必然事件法则

整个结果空间的概率等于 1。

确实如此，Pr({1,2,3,4,5,6})=1 是由必然事件法则决定的。我们也可以利用加法法则计算这个数字，因为 Pr({1,2,3,4,5,6})=Pr(1 或 2 或 3 或 4 或 5 或 6)=Pr(1)+Pr(2)+Pr(3)+Pr(4)+Pr(5)+Pr(6)=1/6×

---

* GPA 即平均学分绩点，其计算方法是将分数按学分加权平均换算为绩点。90 以上为 4 分，80～90 为 3 分，70～80 为 2 分，60～70 为 1 分，60 以下为 0 分。——译者注

6=1。此时，加法法则（公理 4.15）适用，是因为这六个单独的结果是互斥的；等概率法则（公理 4.7）也是适用的，因为所有结果都是同等可能的。必然事件法则告诉我们的是，无论结果是不是等概率的，整个结果空间的概率都等于 1。下一条法则也很简单。

公理 4.19　对立事件法则

某一结果 A 不会发生的概率等于 1 减去它发生的概率。即，$\Pr(\neg A)=1-\Pr(A)$。

例如，假设你想知道掷骰子时得到除了 6 以外的数字的概率。根据对立事件法则，这一概率可以如此计算：$\Pr(\neg 6)=1-\Pr(6)=1-1/6=5/6$。由于结果是互斥的，我们也可以利用加法法则进行计算。（如何计算呢？）一般而言，当利用不同方式解答同一问题时，检查你获得了同样的答案是有益的。如果得到的答案不同，你的计算肯定存在某些问题。

公理 4.20　乘法法则

如果两个结果 A 和 B 是独立的（独立的定义见下文），那么 A 和 B 的概率等于 A 的概率乘以 B 的概率；即，$\Pr(A\&B)=\Pr(A)\times\Pr(B)$。

假设你掷了两次硬币。两次都正面朝上的概率是多少？用 H_1 表示第一次时硬币正面朝上，用 T_1 表示反面朝上，依此类推，根据乘法法则，$\Pr(H_1\&H_2)=\Pr(H_1)\times\Pr(H_2)=1/2\times1/2=1/4$。你也可以通过列出结果空间 $\{H_1H_2, H_1T_2, T_1H_2, T_1T_2\}$ 并且利用等概率法则求解这个问题。类似地，要计算掷两次骰子时都得到数字 6 的概率也很容易：$\Pr(6_1\&6_2)=\Pr(6_1)\times\Pr(6_2)=1/6\times1/6=1/36$。

练习 4.21

哪种情况下你更容易两次都得到数字 6，掷一个骰子两次，还是同时掷两个骰子？

请注意，乘法法则要求两个结果是**独立的**（independent）。这意味着什么呢？两个结果 A 和 B 是独立的，也就是某一结果的发生不会影响另一个结果的概率。在讨论掷两次硬币时，就能满足这个条件。因为硬币没有记忆，所以 H_1 和 H_2 是独立的：你在第一次掷硬币时，正面朝上还是反面朝上都不会影响第二次掷硬币时正面（或反面）朝上的可能性。

练习 4.22　独立性

下面哪些结果是独立的？正确答案可能不止一个。

(a) 你睡得很晚；你上课迟到了。

(b) 你是一个优秀的学生；毕业后你找到了一份好工作。

(c) 你写了一封得体的感谢信；你再次获得邀请。

(d) 你第一次掷硬币时，正面朝上；第二次掷硬币时，反面朝上。

(e) 通用电气股票价格上涨；通用汽车股价也上涨。

练习 4.23　交了桃花运

有一句众所周知的话："赌场得意，情场失意。"这是说赌场里的运气和爱情中的运气是独立的还是不是独立的？

我们将通过下面的例子说明检查两个结果是否独立的重要性。当你掷骰子时，同时得到数字 2 和数字 3 的概率是多少？当然，答案是零，而不是 $1/6\times1/6=1/36$。这两个结果并不独立，因此，你并不能应用乘法法则。这个例子也告诉你，当两个结果互斥时，它们并不独立。（我们将在第 5 章中再次讨论不独立这一问题。）

练习 4.24

当掷两次骰子时，两次点数加起来等于 11 的概率是多少？如果你打算利用加法法则，请先确认结果之间是互斥的。如果你打算利用乘法法则，请先确认结果之间是独立的。

练习 4.25

假设你从一副洗好的扑克牌中抽出两张，并且在抽出第一张牌之后、抽取第二张牌之前，将第一张牌放回到这副牌中，并且重新洗牌。

(a) 你两次都抽出黑桃 A 的概率是多少？

(b) 你两次都抽出 A 的概率是多少？（此时，你可以利用练习 4.17 的答案。）

我们现在可以解答例子 4.2 的问题了。显然，概率论本身并不能告诉你琳达是银行柜员的概率。但是，它可以告诉你一些其他事情。假设 F 代表琳达是女权主义者，而 B 代表琳达是银行柜员。那么她既是女权主义者又是银行柜员的概率是 $\Pr(B\&F)=\Pr(B)\times\Pr(F)$。（此时为了应用乘法法则，假设这两个结果是独立的；然而，即使它们并不独立，最终的一般性结论也是成立的。）根据公理 4.6，$Pr(F) \leqslant 1$，我们知道 $Pr(B) \times Pr(F) \leqslant Pr(B)$。因为如果你将正数 x 乘以一个分数（介于 0 到 1 之间的数），你将得到一个小于 x 的数。因此，无论每一个结果的概率如何，都会得到 $Pr(B\&F) \leqslant Pr(B)$；也就是说，琳达同时是银行柜员和女权主义者的概率必须小于或等于她是银行柜员的概率。然而许多人会告诉你，相比琳达仅是银行柜员的可能性，她更像既是银行柜员又是女权主义者。这个错误被称为**联合谬误**（conjunction fallacy），你将在第 5 章中看到更多对这一谬误的讨论。

我们用下面两个练习结束这一节的内容。

练习 4.26

回答下面的问题，假设你正在掷两个骰子：

(a) 得到两个 6 的概率是多少？

(b) 不会得到 6 的概率是多少？

(c) 刚好只得到一个 6 的概率是多少？

(d) 至少得到一个 6 的概率是多少？

在计算（c）的答案时，需注意有两种方法可以刚好只得到一个 6。回答（d）时，请注意至少有两种得出答案的方法。你会发现，至少得到一个 6 的概率，与得到两个 6 的概率或者刚好得到一个 6 的概率相同，也就是等于（a）和（c）两个问题的答案之和。你也会发现，至少得到一个 6 的概率等于 1 减去不会得到 6 的概率，也就是可以利用对立事件法则计算这一概率。

练习 4.27

在计算练习 4.26（d）的答案时，你可能想用掷第一个骰子时得到一个 6 的概率（1/6）加上掷另一个骰子时得到一个 6 的概率（1/6），从而得到答案 2/6=1/3，但这样做是错误的，为什么？

赔　率

有时人们不用概率而是用赔率来表示可能性。假设你有一个盒子，里面装了 2 个黑球和 3 个白球，此时取出一个黑球的可能性是 2/5。通过将获得黑球的结果数量除以结果的总数量就可以得到这一数字。相比之下，想要得到取出一个黑球的赔率，就可以用取出黑球的结果数量除以取出白球的结果数量，因此取出一个黑球的赔率就是 2 比 3，或者称 2∶3。在相同的假设下，取出一个白球的赔率就是 3∶2。如果盒子中的白球和黑球数量相等，那么赔率就是 1 比 1，或称 1∶1。这一赔率也被称为**平局**（even）。当人们在讨论一个 50 对 50 的机会时，他们显然是在讨论一个平局的赔率，因为 50/50=1。赔率与概率有什么关系呢？如果你已知概率 p，想要得到赔率 o，你可以应用下面的公式：

$$o = \frac{p}{1-p}$$

当 p 等于 2/5 时，很容易得出 o 等于 2/5 除以 3/5 即 2/3 或 2∶3。如果概率为 1/2，则赔率为 1/2 除以 1/2，即 1 或 1∶1。如果你已知赔率 o，想要得到概率 p，那么就应用反转公式：

$$p = \frac{o}{1+o}$$

当 o 等于 2∶3 时，你可以快速得出 p 等于 2/3 除以 5/3 即 2/5。如果赔率是平局，概率就是 1 除以（1+1），即 1/2。在一些传统领域中往往会使用赔率而不是概率。但是在有一些领域，比如某些机会游戏和某些统计领域，则会一直使用赔率。因此，知道如何解释赔率是有益的。

如果觉得练习 4.26 的答案并非显而易见，可以参考图 4.1。图中，最左列的数字表示掷第一个骰子时可能发生的情况，最上面一行的数字表示掷第二个骰子时可能发生的情况。因此，该表共有 6×6=36 个单元格，代表了掷两个骰子时所有可能的结果。深灰色的区域代表两个骰子都是 6 的可能性；因为只有一种情况能够两次都得到 6，所以这个区域只包含一个单元格，因此（a）的答案是 1/36。白色区域代表两个骰子都不是 6 的可能性；因为在 5×5 种情况下两次的结果都不是 6，这个区域包含 25 个单元格，（b）的答案就是 25/36。浅灰色区域表示一个骰子是 6，而另一个不是 6 的可能性；因为存在 5+5 种情况会得出这个结果，这些区域包含 10 个单元格，（c）的答案是 10/36。你可以通过计算两个浅灰色区域和一个深灰色区域共包含 5+5+1=11 个单元格来得出（d）的答案，即 11/36。但更明智的方法是意识到灰色区域覆盖了所有非白色的区域，因此，你可以通过计算 1－25/36＝11/36来获得答案。为什么这一做法更明智，

将在第 5 章中进一步论述。该图还说明了为什么你不能通过将掷第一个骰子时得到 6 的概率加上掷第二个骰子时得到 6 的概率来计算至少得到一个 6 的概率。因为如果你这样做，你就会用最下面一行中的单元格数量加上最右列中的单元格数量，这样右下角的单元格就被累加了两次。

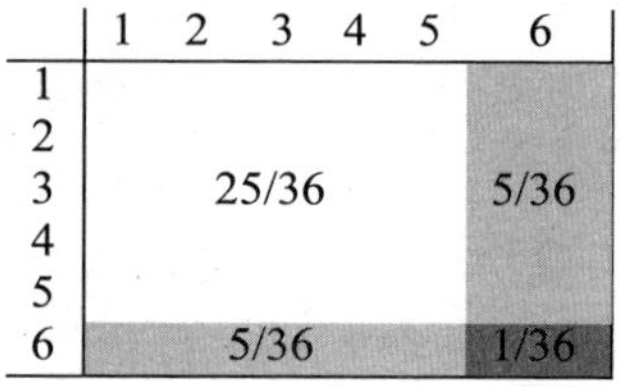

图 4.1　两个骰子

条件概率

在练习 4.25 中，你计算了在抽出两张牌时（在抽出第一张牌后又放回去），抽到两个 A 的概率。相反地，假设你在抽出第一张牌后没有将其放回，此时抽出两个 A 的概率是多少？你知道此时不能应用公理 4.20，因为我们想要的两个结果（第一次抽出一张 A，第二次也抽出一张 A）并不是独立的。但是，你可以通过以下方式解答这个问题。首先，你可以求出第一张牌是 A 的概率是多少。因为一副扑克牌中有 52 张牌，其中 4 张是 A，你知道这个概率是 4/52。其次，你可以求出第二张牌是 A 的概率是多少，因为第一张牌是 A，这副扑克牌中只剩下 51 张牌，其中只有 3 张是 A，这个概率是 3/51。现在你可以将这两个数字相乘得到：

$$\frac{4}{52}\times\frac{3}{51}=\frac{12}{2\,652}=\frac{1}{221}$$

这个过程也可以用来计算赢得某些类型彩票的概率。根据美国消费者联合会的统计，大约五分之一的美国人认为“他们获得数十万美元财富的最实际方式就是中彩票”。穷人、受教育程度低的人以及老年人更倾向于认为彩票是发家致富的一种捷径。因此，我们来计算一下常见的彩票的中奖概率就很有意义。

练习 4.28　乐透 49 选 6

许多州和国家都经营这样一种类型的彩票：客户可以按任何顺序从 m

个数中挑选 n 个，这里 n 远小于 m。其中一种彩票，我们称其为乐透 49 选 6，玩家在如图 4.2 所示的一张票上圈出 49 个数字中的 6 个。圈出数字的顺序并不重要。如果圈出的 6 个数字都是正确的，你就赢得了大奖。你选择一次就能赢得乐透 49 选 6 大奖的概率是多少？请注意，这类似于从一副有 49 张牌，并且其中 6 张是 A 的扑克牌中，连续抽出这 6 张 A 的概率。

LOTTO 6/49						
1	2	3	4	5	6	7
8	9	10	11	12	13	14
15	16	17	18	19	20	21
22	23	24	25	26	27	28
29	30	31	32	33	34	35
36	37	38	39	40	41	42
43	44	45	46	47	48	49

图 4.2 乐透 49 选 6

赢得彩票的概率很低这一事实，并不意味着购买彩票一定是非理性的。(我们将在第 3 部分重新讨论这一问题。) 尽管如此，探讨彩票的一些相关问题可能十分有趣。

问题 4.29 乐透 49 选 6（续）

你从乐透 49 选 6 的中奖概率中获得了什么启发？你从中会看到购买此类彩票的人有什么特点？

练习 4.30 乐透 49 选 6（续）

利用第 3 章中的锚定和调整的观点来解释为什么人们认为自己很有可能会中彩票。

思考为什么有时候国家的彩票体系被戏称为对缺乏数字敏感性的人征收的智商税。

在另一事件发生的前提下，某一事件发生的概率被称为**条件概率**（conditional probability）。我们将给定 C 的条件下发生 A 的概率写为 $\Pr(A \mid C)$。条件概率在许多情况下都是适用的。有时计算条件概率可能比计算无条件概率更容易。通常了解条件概率足以解决我们所面临的问题。

需注意的是，$\Pr(A \mid C)$ 与 $\Pr(C \mid A)$ 不是一回事。尽管这两个概率的大小有可能相等，但并不一定总是相等。举例来说，假设 S 代表乔是一个吸烟者，H 表示乔是人类。那么 $\Pr(S \mid H)$ 就表示当乔是人类时，他是一个吸烟者的概率，这个概率是 0 到 1 之间的某个数字。同时，$\Pr(H \mid S)$ 代表了当乔是吸烟者时，他可能是人类的概率，这个概率将是 1（或者至少十分接近 1）。乔可能并非人类，但他仍然可能吸烟，但这是另外一回事了。

练习 4.31　条件概率

假设 H 表示"患者头痛"，T 表示"患者患有脑瘤"。

(a) 你如何解释这两个条件概率：$\Pr(H \mid T)$ 和 $\Pr(T \mid H)$？

(b) 这两个数字一定相同吗？

我们应该清楚的是，一般而言，这两个条件概率是不同的。对于医生和患者来说，这两者的区别十分重要。（我们将在第 5 章中重新讨论这个问题。）

假设你从一副洗好的扑克牌中抽出一张牌，抽出的是一张 A，你想知道这张牌是黑桃 A 的概率是多大。由于你已经抽出了一张 A，那么存在四种可能性：黑桃 A、梅花 A、红桃 A 或者方块 A。由于这种结果中只有一张黑桃 A，并且这四种结果发生的可能性是相等的，所以概率是 1/4。你可以通过如下方法得到相同的答案：用抽出黑桃 A 的概率除以抽出一张 A 的概率，即用 1/52 除以 4/52，也就是 1/4。这并非巧合，因为条件概率的正式定义如下：

定义 4.32　条件概率

如果 A 和 B 是两个结果，那么

$$\Pr(A \mid B) = \Pr(A \& B)/\Pr(B)$$

作为条件概率的另一个例子，回顾前文中抽出两张 A 的问题。用 A 表示"第二张牌是 A"，用 B 表示"第一张牌是 A"。我们知道在不放回第一张牌的情况下，抽出两张 A 的概率是 1/221，这就是 $\Pr(A \& B)$。我们也知道抽出的第一张牌是 A 的概率是 1/13，这就是 $\Pr(B)$。所以根据定义：

$$\Pr(A \mid B) = \frac{\Pr(A \& B)}{\Pr(B)} = \frac{1/221}{1/13} = \frac{3}{51}$$

根据之前的计算，我们已经知道抽出的第一张牌是 A 的概率是 $\Pr(A \& B)$，那么第二张牌是 A 的概率为 3/51。可见这个公式是适用的。

练习 4.33　黑桃 A

利用定义 4.32 来计算当你已经从洗好的扑克牌中抽出了一张 A 时，这张牌是黑桃 A 的概率。你可以想象一个游戏节目中主持人随机抽取一张牌，并宣布这张牌是 A，而一个参赛者必须猜出它是什么花色的 A。鉴于你对这张牌的了解，它是黑桃 A 的概率是多少？

因为你不能将某个数字除以零，所以当某个概率为零时，事情会变得棘手。因此我们会忽略此类复杂情况。

这个定义所引申出来的一个命题特别有用：

命题 4.34　一般性乘法法则

$$\Pr(A\&B) = \Pr(A \mid B) \times \Pr(B)$$

证明　根据定义 4.32，将等式的每一边乘以 $\Pr(B)$。□

根据这个命题，两次都抽出 A 的概率等于第一次抽出 A 的概率乘以当第一次抽出 A 之后第二次也抽出 A 的概率。但是同样地，我们也已经了解到这一点。实际上，在计算这一节的第一个练习的答案时，我们已经不自觉地利用了这一法则。需注意的是，我们在根据这一法则计算 A 和 B 发生的概率时，并不要求结果间是独立的。这就是我们称之为一般性乘法法则的原因。

练习 4.35　一般性乘法法则

当你从一副牌中抽出两张牌，抽出第一张之后并不放回去，利用一般性乘法法则计算两次都抽出黑桃 A 的概率。

一般性乘法法则让我们可以得到如下结论。

命题 4.36

$$\Pr(A \mid B) \times \Pr(B) = \Pr(B \mid A) \times \Pr(A)$$

证明　根据命题 4.34，$\Pr(A\&B) = \Pr(A \mid B) \times \Pr(B)$，并且 $\Pr(B\&A) = \Pr(B \mid A) \times \Pr(A)$。由于根据逻辑 $\Pr(A\&B) = \Pr(B\&A)$，因此，$\Pr(A \mid B) \times \Pr(B) = \Pr(B \mid A) \times \Pr(A)$ 肯定成立。□

假设从一副洗好的扑克牌中抽出一张牌时，用 A 表示你抽出的是一张 A，用◆表示你抽出的是一张方块。那么，就能得到 $\Pr(A \mid ◆) \times \Pr(◆) =$

$\Pr(\blacklozenge \mid A) \times \Pr(A)$。你可以通过代入以下数字验证这一结论：$1/13 \times 13/52 = 1/4 \times 4/52 = 1/52$。

条件概率这一概念能让我们更加深刻地理解独立性的含义。如果 A 的概率不依赖于 B 是否发生，那么我们称 A 和 B 两个结果是独立的。另一种表达就是 $\Pr(A \mid B) = \Pr(A)$。实际上，这一情况存在以下几种表达方式：

命题 4.37　独立性条件

以下三种表达是等价的：

(i) $\Pr(A|B) = \Pr(A)$。

(ii) $\Pr(B|A) = \Pr(B)$。

(iii) $\Pr(A \,\&\, B) = \Pr(A) \times \Pr(B)$。

证明　参见练习 4.38。□

练习 4.38　独立性条件

证明命题 4.37 的三部分是相同的。最简便的方法是先证明 (a) (i) 能够推导出 (ii)，(b) (ii) 能够推导出 (iii)，(c) (iii) 能够推导出 (i)。

需注意的是，(iii) 并不陌生：它就是我们所熟知的乘法法则（公理 4.20）。因此，最初的乘法法则在逻辑上源于一般性乘法法则以及两个结果是独立的这一假设。这一点非常奇妙。

全概率与贝叶斯法则

条件概率也可用于计算无条件概率。假设你正在经营一家飞盘工厂，你想知道其中某个飞盘不合格的可能性。你有两台生产飞盘的机器：一台新机器（B）每天能生产 800 个飞盘，一台旧机器（$\neg B$）每天能生产 200 个飞盘。因此，随机抽取的飞盘是由机器 B 生产的概率是 $\Pr(B) = 800/(800+200) = 0.8$；由机器 $\neg B$ 生产的概率是 $\Pr(\neg B) = 1 - \Pr(B) = 0.2$。在新机器生产的飞盘中，1%是不合格的（$D$）；在旧机器生产的飞盘中，2%是不合格的。也就是说，随机挑选一个由机器 B 生产的飞盘不合格的概率是 $\Pr(D \mid B) = 0.01$，随机挑选一个由机器 $\neg B$ 生产的飞盘不合格的概率是 $\Pr(D \mid \neg B) = 0.02$。绘制一个代表这四种可能性的树状图会很有帮助（见图 4.3）。

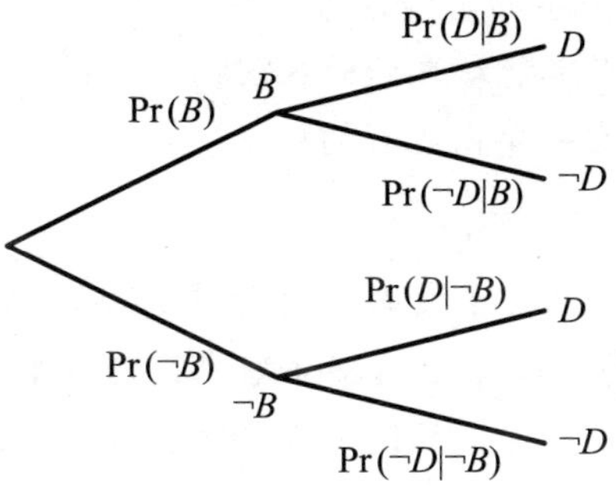

图 4.3 飞盘工厂

从你的工厂随机选择的飞盘不合格的概率是多少？不合格的飞盘可能产自两台机器：机器 B 和机器 $\neg B$。因此，飞盘不合格的可能性 $\Pr(D)$ 等于以下概率：飞盘由机器 B 生产并且不合格，或者飞盘产自机器 $\neg B$ 并且不合格；也就是，$\Pr([D\&B]\vee[D\&\neg B])$。这些结果显然是相斥的，所以这一概率等于 $\Pr(D\&B)+\Pr(D\&\neg B)$。应用一般性乘法法则两次，这也就等于 $\Pr(D|B)\times\Pr(B)+\Pr(D|\neg B)\times\Pr(\neg B)$。代入这些具体数字，可以得到：

$$\begin{aligned}\Pr(D) &= \Pr(D \mid B)\times\Pr(B)+\Pr(D \mid \neg B)\times\Pr(\neg B)\\ &= 0.01\times 0.8+0.02\times 0.2=0.012\end{aligned}$$

从你的工厂随机选择的飞盘不合格的概率是 1.2%。这一计算过程表明了**全概率法则**（the rule of total probability）。

命题 4.39 全概率法则

$$\Pr(D)=\Pr(D \mid B)\times\Pr(B)+\Pr(D \mid \neg B)\times\Pr(\neg B)$$

证明 根据逻辑，D 等同于 $[D\&B]\vee[D\&\neg B]$，所以 $\Pr(D)=\Pr([D\&B]\vee[D\&\neg B])$。因为这两个结果是相互排斥的，所以这等于 $\Pr(D\&B)+\Pr(D\&\neg B)$（加法法则，公理 4.15）。应用两次一般乘法法则（命题 4.34），可以得到 $\Pr(D)=\Pr(D \mid B)\times\Pr(B)+\Pr(D \mid \neg B)\times\Pr(\neg B)$。□

练习 4.40 癌症

利用全概率法则来解决以下问题。你是一名医生，会见了一位刚刚被诊断患有癌症的患者。你知道患者可能患有两种互斥的癌症类型：A 型和 B 型。他或她患 A 型的概率是 1/3，患 B 型的概率是 2/3。A 型致命：诊断为 A 型癌症的患者一年内五名中会有四名死亡（D）。B 型危险性较小：

在一年内，患有 B 型癌症的患者只有五分之一会死亡（D）。

(a) 画出代表四种可能结果的树状图。

(b) 计算该患者在一年内死亡的概率。

练习 4.41　潜水测试

你要参加一个想成为潜水员必须进行的测试，你非常希望自己能通过（P）。测试可能很容易（E），也可能不容易。测试容易的概率是 60%。如果容易通过，你估计自己通过的概率是 90%；如果很难通过，你估计自己通过的概率是 50%。你通过（P）的概率是多少？

你可能会问另一类问题。假设你从工厂生产的飞盘中拿出一个，并且发现它有缺陷。这个不合格的飞盘是由新机器生产的概率是多少？此时，你所关心的可能性是在 D 条件下飞盘是 B 的概率，即 $\Pr(B \mid D)$。

我们知道不合格的飞盘可能是由两台机器生产的。它要么产自新机器，也就是说 $D\&B$；要么产自旧机器，也就是说 $D\&\neg B$。我们也知道对于任一飞盘（不一定是不合格的）在所有情况下的可能性，那么，$\Pr(D\&B) = \Pr(D|B) \times \Pr(B) = 0.01 \times 0.8 = 0.008$ 和 $\Pr(D\&\neg B) = \Pr(D|\neg B) \times \Pr(\neg B) = 0.02 \times 0.2 = 0.004$。我们想要知道飞盘产自新机器的概率，因为它是不合格的，即 $\Pr(B \mid D)$。通过对比前面的两个数字，你可以看出第一个概率是第二个概率的两倍。这意味着，不合格的飞盘产自新机器的可能性是 2/3。正式的计算如下：$\Pr(D \mid B) = 0.008 / 0.012 = 2/3$。这可能有点出人意料，因为新机器生产不合格飞盘的概率比旧机器更低。但这源于这样一个事实，即新机器也比旧机器生产了更多的飞盘。

你刚刚进行的计算是**贝叶斯法则**（Bayes's rule）或称**贝叶斯定理**（Bayes's theorem）的一个例子，它实际的含义比它看起来要简单许多。

命题 4.42　贝叶斯法则

$$\Pr(B \mid D) = \frac{\Pr(D \mid B) \times \Pr(B)}{\Pr(D)}$$

$$= \frac{\Pr(D \mid B) \times \Pr(B)}{\Pr(D \mid B) \times \Pr(B) + \Pr(D \mid \neg B) \times \Pr(\neg B)}$$

证明　该法则存在两种形式。通过将命题 4.36 方程的两边除以 $\Pr(D)$，可以获得第一种形式。通过将全概率法则（命题 4.39）应用于分母，可以从第一种形式获得第二种形式。□

练习 4.43　癌症（续）

假设练习 4.40 中你的患者在不到一年的时间内死亡，你当时并不知道他或她患有 A 型还是 B 型癌症。鉴于患者在不到一年的时间内死亡，他或她患 A 型癌症的概率是多少？

练习 4.44　潜水测试（续）

你通过了潜水测试！你的朋友说道："我不是扫你的兴，但你显然参加的是容易的测试。"鉴于你通过了测试，你参加的是容易的测试的概率为多大？

贝叶斯法则是一个非常强大的原理。为了说明它有多大用处，请考虑以下问题。如果不能立马明白该如何解答这个问题，可以绘制一个树状图来判断概率。

练习 4.45　约会博弈

你正在考虑邀请 L 去约会，但你有点担心 L 可能已经开始和其他人约会了。你觉得，L 与其他人约会的概率是 1/4。如果 L 已经与其他人约会了，他/她接受与你约会这一邀请的可能性并不大：事实上，你认为接受的概率只有 1/6。但是，如果 L 还没与其他人约会，你认为接受的概率要大得多：大约是 2/3。

(a) L 已经与其他人约会但还是会接受你的约会邀请的概率是多大？

(b) L 并未与其他人约会并且接受你的约会邀请的概率是多大？

(c) L 接受你的约会邀请的概率是多大？

(d) 假设 L 接受了你的约会邀请。鉴于这一点，L 已经与其他人约会的概率是多大？

后面会有更多关于贝叶斯法则的练习。练习 5.34 也是相关的练习之一。

贝叶斯更新

贝叶斯法则通常可以用来解释，我们应该如何根据新的证据来更新自己的信念。我们总是会根据新的证据更新自己的信念。在日常生活中，我们会基于一些关于某位总统候选人的表现的证据，更新自己对于他或她能否赢得大选的信念，这些证据可能包括民意调查结果，也可能包括我们对于他或她在总统辩论中的表现的判断，等等。在科学方面，我们会根据证据更新我们对假设或理论的合理性的评估，这些证据可能来自实验、实地研究或其他来源。例如，一个人对于地球是平坦的这一单纯的信念可能会基于下面这些事实而得以更新：可以观察到地平线、地球在月食期间会向月球投下圆形的阴影，以及人们可以环游世界。科学哲学家们探讨科学理论的**证实问题**（confirmation），因此，关于如何做到这一点的理论被称为**证实理论**（confirmation theory）。贝叶斯法则在证实理论中具有举足轻重的地位。

要了解其中的缘由，可以通过下面的方法思考信念更新这一问题：问题的关键是判断一个给定的假设是真还是假。如果假设是真的，那么就存在一定的概率能够获取证据。如果假设是假的，那么能否获取证据就存在另一种概率。问题是你应该如何改变自己的信念，也就是说，根据获取证据的事实，你会如何分配假设为真的概率？图 4.4 有助于揭示这一问题的逻辑。

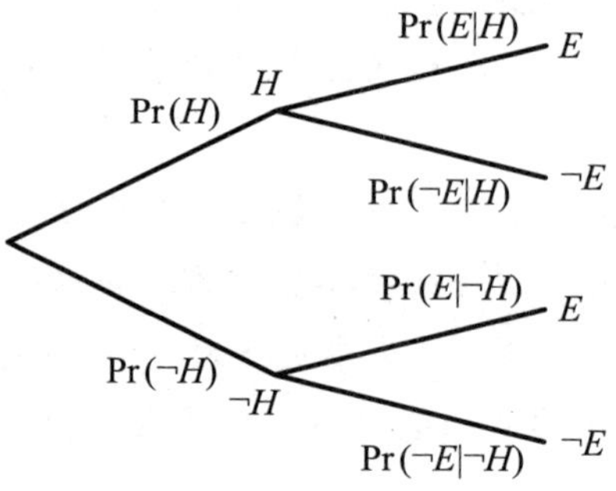

图 4.4　贝叶斯更新

用 H 代表**假设**（hypothesis），E 代表**证据**（evidence）。我们将 H 的概率，即 $\Pr(H)$ 称为**先验概率**（prior probability）：它是在你了解 E 是否为真之前，H 为真的概率。在给定 E 的条件下 H 的概率，即 $\Pr(H \mid E)$ 的概率被称为**后验概率**（posterior probability）：它是在得到证据 E 之后，H 为真的概率。问题的核心是，后验概率应该是多大。

我们可以简单地应用贝叶斯法则来回答这个问题。用 H 代替命题 4.42 中的 B，用 E 代替 D，我们可以将贝叶斯法则表示如下：

$$\Pr(H \mid E)=\frac{\Pr(E \mid H)\times\Pr(H)}{\Pr(E \mid H)\times\Pr(H)+\Pr(E \mid \neg H)\times\Pr(\neg H)}$$

结果会告诉你该如何根据证据 E 的出现更新你对假设 H 的信念。具体来说，贝叶斯法则告诉你，H 的概率应该是从 $\Pr(H)$ 到 $\Pr(H \mid E)$。如果你是根据贝叶斯法则改变自己的信念，我们称你的行为进行了**贝叶斯更新**（Bayesian updating）。

假设约翰和韦斯正在争论一个学生带到课堂上的一枚硬币是被动过手脚的、两面都是正面图案的硬币，还是一枚公平的没有动过手脚的硬币。假设不存在其他可能性。假设带来硬币的学生不让他们检查这枚硬币，但是她允许他们观察掷硬币的结果。用 H 代表这枚硬币的两面都是正面图案这一假设，那么 $\neg H$ 就表示这枚硬币是公平的。我们先来考虑约翰，他认为这枚硬币不太可能被动过手脚：他的先验概率 $\Pr(H)$ 仅为 0.01。现在假设这个学生开始掷硬币，结果出现了正面图案。用 E 表示“这枚硬币出现了正面图案”。问题是：约翰认为 E 为真的概率应该多大?

鉴于贝叶斯法则，我们可以直接计算出约翰的后验概率 $\Pr(H \mid E)$。我们已知 $\Pr(H)=0.01$，因此可以得出 $\Pr(\neg H)=1-\Pr(H)=0.99$。从问题的描述中，我们也知道条件概率：$\Pr(E \mid H)=1$ 并且 $\Pr(E \mid \neg H)=0.5$。接下来将它们代入贝叶斯定理的公式中，如下所示：

$$\begin{aligned}\Pr(H \mid E)&=\frac{\Pr(E \mid H)\times\Pr(H)}{\Pr(E \mid H)\times\Pr(H)+\Pr(E \mid \neg H)\times\Pr(\neg H)}\\&=\frac{1\times 0.01}{1\times 0.01+0.5\times 0.99}\approx 0.02\end{aligned}$$

约翰的后验概率 $\Pr(H \mid E)$ 与他的先验概率 $\Pr(H)$ 并不相同，意味着他根据证据更新了他的信念。观察到正面图案这一证据增加了硬币两面都是正面图案的可能性。需注意的是，后验概率是如何反映先验概率和证据 E 的。

现在，如果约翰获得了更多关于硬币的证据，他也就没有理由坚持原来的信念。假设这名学生又掷了一次硬币，并且再次得到了正面图案。通过简单地将约翰原来的后验概率作为新的先验概率并再次应用贝叶斯法则，我们可以得到约翰在观察到第二次结果后的概率应该是多少：

$$\Pr(H \mid E)=\frac{1\times 0.02}{1\times 0.02+0.5\times 0.98}\approx 0.04$$

需注意的是，在他观察到第二次结果之后，他的后验概率会增加得更多。

练习 4.46　贝叶斯更新

假设韦斯在开始掷硬币之前，认为这枚硬币两面都是正面图案的概率为 50%。

(a) 第一次掷硬币后，他的后验概率是多少？

(b) 第二次之后呢？

图 4.5 表明了当证据出现时，约翰和韦斯的后验概率如何变化。请注意，随着时间的推移，两人都会增加假设成立的概率。另外需注意，他们两人的概率会越来越接近。结果就是，随着时间的推移（在 15～20 次掷硬币之后），他们会不约而同地认为硬币两面都是正面图案的概率接近 100%。我们将在下一章中重新探讨理性更新的问题。下面是最后一个练习。

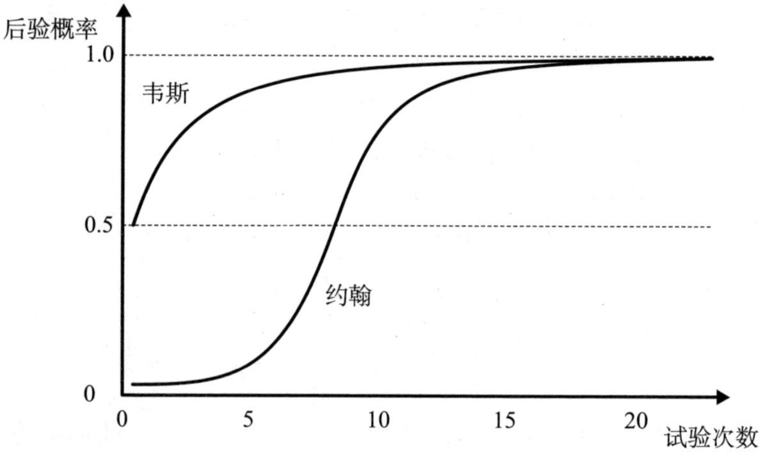

图 4.5　多次掷硬币之后韦斯和约翰认为的概率

练习 4.47　贝叶斯更新（续）

假设在第三次掷硬币后，结果出现了反面图案，而非正面图案。约翰和韦斯的后验概率将是什么？为了解这个问题，用 E 代表“硬币出现了反面图案”。

讨　论

在本章中，我们探讨了概率论。这个理论给人具有神秘力量的感觉。

当你面对一些难以解决的问题，未经训练的直觉出现了自相矛盾或与实际情况相去甚远时，你所要做的就是用正确的方式、以正确的顺序念出咒语（使用法则），答案就会豁然开朗！无论如何，概率论不仅是统计推断的基础理论，它在许多应用领域都具有举足轻重的地位。它之所以在此十分重要，是因为它可以被解释为一种判断理论，即如何根据证据更新信念的理论。关于贝叶斯更新的部分表明了这一过程是如何进行的。只要你遵循概率计算的公理和法则，就可以确信你将（具有数学层面的必要性）与贝叶斯法则一致地更新你的概率。请注意这是何等睿智。虽然该理论并没有探讨你的先验概率是什么或者应该是什么，但它却准确地告诉了你在观察到证据之后，你的后验概率是什么或应该是什么。

这个理论有多合理呢？同样，我们必须将描述性问题与规范性问题分开。事实上，人们是否真的根据贝叶斯法则更新了他们的信念？他们应该这么做吗？无论是从描述性的角度还是从规范性的角度来看，这些公理似乎都很弱，而且不会引起争议。然而，由此产生的理论却十分强大。正如在确定性选择理论中，我们在为数不多的看似弱的公理的基础上建立了一个非常强大的理论。重要的是要记住，理论并不像有些人所认为的那样严格。它并不是要描述你在更新信念时所经历的实际认知过程：理论并没有说你必须在头脑中应用贝叶斯定理。但是，考虑到各种条件概率和无条件概率，它确实具体地表明了你的后验概率与先验概率之间的关系。

在下一章中，我们将看到理论在面对证据时的表现如何。

练习 4.48　SAT 考试

当你参加 SAT 考试时，你可能会认为所有问题的正确答案都是完全随机的。事实上并非如此。考试的出题人希望答案看起来是随机的，因此，他们确保并非所有正确答案都是（d）。考虑以下三个结果：A. 问题 12 的正确答案是（d）；B. 问题 13 的正确答案是（d）；C. 问题 14 的正确答案是（d）。A、B 和 C 三个结果是互斥的、独立的、互斥并且独立的，还是都不是？

练习 4.49　朗福德先生

有多起诉讼指控伯明翰市的赌场曾多次篡改设备，以便给伯明翰市长拉里·朗福德（Larry Langford）行贿数万美元的赌金。已经因腐败相关指控而入狱的朗福德并没有否认赢得这笔赌金，但他矢口否认赌场设备被篡改了。

我们不知道在未经过篡改的机器上赢得赌金的确切可能性是多少，但我们可以做出一些明智的猜测。假设朗福德三次都下注 1 美元并赢得 25 000 美元。对于每个累积奖池，为了实现收支平衡，赌场需要 24 999 人，每人下注 1 美元并且不会中奖。所以，我们可以推断：投注 1 美元时中奖的概率在 1/25 000 左右。如果赌场想要赚钱，那么它的概率必须更低，但在此我们暂不考虑这个事实。

在未经过篡改的机器上玩三次，朗福德连续三次赢得累积奖金的概率是多少？

请注意，当机器未被篡改时朗福德连续三次中奖的概率，不同于给定朗福德连续中奖三次这一条件下，该机器未被篡改的条件概率。

练习 4.50　去往拉斯维加斯的经济学家

根据专业知识，拉斯维加斯并不欢迎经济学家在此组织大型会议。原因是它认为经济学家有疏忽之罪，也就是没有做到自己应当做之事的罪。与大多数普通人不同，据说经济学家在拉斯维加斯不会做什么事情？

练习 4.51　性别歧视

想象一下，编辑委员会的 20 名成员都是男性。

(a) 如果委员会成员是从 1/2 是男性、1/2 是女性的人群中选拔的，那么，发生这种情况的概率是多少？

(b) 也许合格的人才库在性别方面并不完全平衡。如果人才库中 2/3 是男性、1/3 是女性，那么答案是什么？

(c) 如果人才库中 4/5 是男性、1/5 是女性，又将如何呢？

练习 4.52　垒球

垒球运动员的平均打击率被定义为击中数与打击次数的比率。假设一名球员的平均打击率为 0.250 且非常稳定，因此，她每次击球时，击中球的概率都相同。在今天的比赛中，这名球员将击球三次。

(a) 她最终三次都击中的概率是多少？

(b) 她最终三次都没有击中的概率是多少？

(c) 她最终只击中一次的概率是多少？

(d) 她最终至少击中一次的概率是多少？

练习4.53 施瓦辛格州长

2009年在加利福尼亚州州议会否决了一项法案之后，加州州长阿诺德·施瓦辛格（Arnold Schwarzenegger）公开发表了一封信（见图4.6）。人们立即注意到每一行文字的首字母能够组成一句脏话。面对这一事实，一位发言人称："这纯属巧合。"

(a) 假设这封信共有八行，并且字母表中26个字母中的每一个字母都有相同的可能性出现在每一行的开头，那么，这种情况偶然出现的概率是多大？

(b) 州长每年确实会写很多信，这意味着首字母拼出脏话的可能性高于你在(a)中得出的答案。假设州长每年写100封有八行文字的信。至少有一封的首字母能拼成脏话的概率是多大？

```
To the Members of the California State Assembly:

I am returning Assembly Bill 1176 without
[my s . . .]

For some time now I have lamented the fact tha . . .
unnecessary bills come to me for consideration . . .
care are major issues my Administration has br . . .
kicks the can down the alley.

Yet another legislative year has come and gone . . .
overwhelmingly deserve. In light of this, and . . .
unnecessary to sign this measure at this time.

Sincerely,

Arnold Schwarzenegger
```

图4.6 施瓦辛格州长的信

练习4.54 麦克斯的倒霉日

麦克斯将要参加一个测试。这个测试有十道判断题，每道问题的正确答案可能是"正确"或"错误"。麦克斯对于任何问题的正确答案都不太确定。他决定随机挑选答案。

(a) 麦克斯将所有十道问题的答案都猜对的概率是多少？

(b) 麦克斯将第一道问题弄错而其他问题猜对的概率是多少？

(c) 麦克斯将第二道问题弄错而其他问题猜对的概率是多少？

(d) 麦克斯恰好猜对九道问题的答案的概率是多少？

(e) 麦克斯迫切地需要在这一测试中获得A。为了获得A，他需要猜对九道或更多问题的答案。麦克斯获得 A 的概率是多少？

练习 4.55　妊娠测试

你正在推广一项新的妊娠测试。测试很简单：你掷一个公平硬币，如果硬币的正面朝上，你就得出受试者怀孕的结论；如果硬币的反面朝上，就得出受试者未怀孕的结论。

（a）如果你的第一个顾客是男性。这一测试准确预测他怀孕状态的概率是多少？

（b）如果你的第二个顾客是女性。这一测试准确预测她怀孕状态的概率是多少？

（c）在你进行了十次测试后，你一次都没有正确预测任何顾客的怀孕状态的概率是多少？

（d）在你进行了十次测试后，你是否有可能正确预测至少一个顾客的怀孕状态？

请注意正确预测至少一个顾客的怀孕状态的概率有多大。这意味着下面这一致富渠道的可行性。通过发布十条、一百条或者其他任意数量的公告，给出如何挑选股票的建议。无论每条公告给出好建议的可能性多么小，只要你发布的公告数量足够多，就至少会有一条公告恰好给出好建议。然后，你就可以将这条好建议作为证据，进行大肆宣扬，以此兜售自己的服务。你并不是第一个这么做的人。我们将在第 5 章中再次探讨这一问题。

问题 4.56　妊娠测试（续）

练习 4.55 中的妊娠测试可以更加简化。下面是另一个更加简化的测试方法：只报告顾客并没有怀孕这一结果。粗略地来看，在进行简化测试时，你随机地成功预测大学生的妊娠情况的概率是多大？

扩展阅读

介绍概率论的文献有很多。厄尔曼和萨尔曼（Earman and Salmon，1992）在证实理论中引入了概率论，这也是本章飞盘和硬币的故事的来源（pp. 70 - 74）；他们还对概率的含义进行了讨论（pp. 74 - 89）。美国消费者联合会（the Consumer Federation of America，2006）调查了人们对最切实可行的致富方式的看法。汤柏林（Tomberlin，2009）讨论了伯明翰市市长拉里・朗福德的故事，加利福尼亚州州长阿诺德・施瓦辛格的案例源自麦金利（McKinley，2009）的研究。

您答对了吗？

请扫描二维码获取本章练习答案。

第 5 章　风险和不确定性下的判断

引　言

前一章展现了如何在有限数量、相对无争议的公理基础上建立起强大的概率判断理论。虽然这些公理可能看起来比较弱，但最终得出的理论却很强大。事实上，该理论并不排斥对自己的批评，特别是基于描述性理论的批评。在本章，我们将考虑该理论是否可以作为一个描述性充分的理论，即它能否充分描述人们实际上是如何做出概率判断的。此外，我们还将探讨一系列与该理论相悖的现象。这一矛盾表明，描述性充分的判断理论肯定与我们刚刚学到的理论不同。我们也将继续探讨行为经济学理论的基石。特别是，我们将通过引入更多的直觉推断，并讨论这些直觉推断可能导致的偏向继续探讨第 3 章中的直觉推断和偏向。因此，本章将更好地向我们展现行为经济学家会如何应对观察到的行为与标准理论之间的差异。

赌徒谬误

我们在上一章中提到的“独立性”这一概念在经济学和金融学中至关重要。例如，如果你正在管理一笔投资资金，那么应该采取多元化策略。将所有鸡蛋放在一个篮子里，也就是将所有资金都投入如谷歌公司的股票这类单一资产中并不明智。但是，为了实现多元化，仅投资两种或更多资产是不够的：如果你所投资的股票会一起上涨或下跌，那么你实际上并没有实现多元化的投资组合。你应该做的是把自己的钱投资到充分独立的资产上。在现实生活的投资管理中，验证所投资的资产是否独立需要耗费大量精力。

在工程等领域，独立的概念也非常重要。如果你正在设计一座新核电站，你应该设计多个可以防止核泄漏的安全系统。但是，只有当某一系统中的故障与另一个系统中的故障完全独立时，才存在多个安全系统而不是一个安全系统。例如，如果所有安全系统都用一个螺栓固定在一起或连接在同一个插座上，一个系统中的故障就会与另一个系统中的故障相关，那么你的设备将不会像它看起来那样安全。在核电站设计以及其他地方，都需要付出大量精力来确保不同的系统（如果它们对机器的运行都至关重要）彼此足够独立。

练习 5.1　鸡蛋和篮子

利用独立性的概念解释为什么你不应该把所有鸡蛋放在一个篮子里。

练习 5.2　闹钟

因为担心闹钟有时无法启动，有些人会设置多个闹钟以确保自己能准时起床。

(a) 为了达到预期的效果，不同的闹钟之间应该是独立的，还是不是独立的？

(b) 如果你在自己的智能手机上设置了多个闹钟，它们是独立的还是不独立的？

原则上，你对独立的误解可能表现在以下两个方面：一种情况是，你认为两个结果是独立的，而事实上它们并不独立；另一种情况是，你认为两个结果并不独立，但实际上它们是独立的。人们所犯的错误无非这两种。下面我们将依次进行讨论。

有时人们认为两个结果是独立的，但实际上它们并不独立，例如，人们往往认为股票和债券是完全独立的，从而投资于这两种产品，但实际上它们并非如此。最近发生的经济危机的一个重要教训就是，由于现代金融的高度国际化、抵押贷款和类似金融产品打包和出售的复杂方式，大量的金融资产，比如美国的股票、挪威的房地产等资产在概率层面上并不独立。人们在构建核电厂的安全系统时，如果这些系统部分是共享的，或者依赖于同一个管理者的决策，此时人们所犯下的错误就是认为两个结果独立，但实际上并非如此。

有时人们认为两个结果并不独立，但实际上它们是独立的，例如，在轮盘赌中，当人们认为他们可以根据之前的结果预测之后的结果时，就会犯下这种错误。人们不可能预测结果是因为：这些赌局在设计时会保证结果间完全独立。如此设计是因为只有这样，赌场才能保证顾客无法预测结果。然而，许多人都认为他们可以预测轮盘赌的结果。实际生活中能够找到诸多例子，比如网络上提供了很多在玩轮盘赌时如何赢钱的建议：“认真观察轮盘赌桌”，“研发一套模拟轮盘赌系统”，“在实际进赌场赚钱之前，在免费赌桌上练习模拟轮盘赌”，等等。在网上搜索“轮盘赌诀窍”，你会发现一长串网页，鼓励你把各种结果看作是概率上并不独立的，而实际上并非如此。

练习 5.3　彩票中奖者

彩票商店喜欢张贴如图 5.1 所示的标语。他们希望通过这个标语，让你犯下我们在本节中所指出的两个错误中的哪一个？

> 本店售出的彩票
> 曾开中100万美元
> 大奖

图 5.1　本店曾开出大奖

练习 5.4　祸不单行

常言道“祸不单行”，人们有时会列出一些证据，例如，珍妮丝·贾普林、吉米·亨德里克斯、吉姆·莫里森都在 1970 年末和 1971 年初的几个月内死亡。人类犯了什么错误？

认为两个结果是相关的，而事实上它们并非如此的典型例子就是**赌徒谬误**（gambler's fallacy），即认为某些系统中对平均行为的偏离将在短期内得到纠正。有些人认为自己过去几年都没有遇到飓风或者车祸，因而“预计很快会”遭遇飓风或者车祸，此时，他们就犯下了赌徒谬论。此时，我们假设每一年的飓风和车祸都不相关。老是想着自己恐怕很快会遭遇车祸倒是会让你更有可能发生车祸。果真如此的话，没有发生事故的年份越多，实际上可能会使你更容易发生事故。

下面的练习说明了这一想法多么荒谬。

练习 5.5　赌徒谬误

仔细注意下面两个问题之间的区别：

(a) 你打算掷八次硬币。最终八次都正面朝上（H）的概率是多少？

(b) 你刚刚掷了七次硬币，七次都是正面朝上。那么，你最后一次掷硬币时仍然正面朝上的概率是多少？也就是说，此时八次都正面朝上的概率是多少？

赌徒谬论有时可以用**代表性**（representativeness）来解释。我们在第3章中通过锚定和调整介绍了直觉推断。由于直觉推断和偏向，人们会遵循直觉推断或经验法则形成判断，这些判断通常很实用，但是，有时也会使我们误入歧途。**代表性直觉推断**（representativeness heuristic）就是这样一种直觉推断。当你陷入代表性直觉推断时，你会通过某一结果对给定过程的代表程度来估计这一结果是该过程结果的概率。如果这一结果在很大程度上能够代表该过程，那么，估计前者是后者的结果这一概率就较大；如果这一结果非常不具代表性，那么，估计得出的概率就较小。

代表性直觉推断可以解释赌徒谬误，如果我们认为对于掷八次硬币这一过程而言，HHHHHHHH这个序列的代表性不如HHHHHHHT这个序列强，而这两个序列的代表性又都不如HTTTHHTH。如果你利用了代表性直觉推断，就会认为第一个序列相比第二个序列不太可能会发生，而第二个序列发生的可能性又不如第三个。然而实际上，事前来看，这三种结果发生的概率完全一样。

练习5.6　代表性

利用代表性直觉推断的人觉得以下两个结果中的哪一个更有可能发生：掷五个骰子时获得4-3-6-2-1还是6-6-6-6-6？

代表性直觉推断可能在各种各样的情形中起到至关重要的作用。例如，人们利用它可以推断做出友善举动的往往是善良的人，而做出卑鄙举动的更有可能是小人，代表性直觉推断就可以让我们免受不利因素的影响。但是，正如锚定和调整一样，它也会产生可预测的系统性错误，也会导致偏见。作为例子，思考下面的情况：

练习5.7

假设每当有人怀孕时，存在1/100的机会生下双胞胎，并且某次怀上双胞胎不会影响再次怀上双胞胎的可能性。

(a) 你尚未怀孕，打算生育两次。你两次都生双胞胎的概率是多少？

(b) 你刚刚生了一对双胞胎，并打算再生育一次。你后来再次生下双胞胎，也就是两次都生双胞胎的概率是多少？

同样，对于生孩子这一过程而言，两次都生双胞胎的人的生育经历并不具有代表性。因此，人们根据代表性直觉推断认为，第二次生双胞胎的概率是基于第一次已经生了双胞胎的条件概率，因此这一条件概率小于第一次生双胞胎的概率。然而根据假设，两次生双胞胎的概率其实是相等的。

练习 5.8　朗福德先生（续）

假设练习 4.49 中的朗福德连续赢得了两次累积奖池的大奖，并即将进行第三次下注。他第三次获胜从而连续三次获得累积奖金的概率是多少？

赌徒谬论为什么无处不在？一种解释是人们相信**小数定律**（law of small numbers）。也就是说，人们夸大了小样本与总体的相似程度。在硬币的例子中，"总体"是由一半正面和一半反面结果组成的。小数定律的信奉者会夸大小样本（比如掷八次硬币时得到的某一结果序列）与整个总体，即一半正面和一半反面结果的相似程度。

然而，某些机遇游戏的结果存在相关性，注意到这一点十分重要。例如，在二十一点游戏中，从一副牌中抽出某张牌，抽出来的牌并不会放回，这意味着抽取某张牌的概率将随着抽出的扑克牌数量而变化。原则上，你可以通过算牌来赢赌场的钱，这就是为什么如果你算牌的话，赌场有权把你赶出去。

联合谬误与分离谬误

我们在上一章中已经介绍过联合谬误。"A 和 B"是一个联合，当你高估了一个联合发生的概率时，你就会犯下联合谬误。思考在乐透 49 选 6 中赢大奖的概率（参见练习 4.28）。当人们第一次得知答案时，他们常常会感到十分震惊。实际上，他们高估了猜对第一个数字，紧接着猜对第二个数字，然后猜对第三个数字…一直到猜对最后一个数字的概率。因为他们高估了这一联合的概率，所以他们犯下了联合谬误。

例子 5.9　波音飞机

一架波音 747-400 包含了大约 600 万个零件。假设每一个零件都十分牢靠，存在缺陷的概率仅为 0.000 001。假设零件存在缺陷是独立事件，那么，所有零件组装完毕后正常工作的概率是多少？

任何一个零件正常的概率是 0.999 999，因此所有零件都正常的概率为$(0.999\,999)^{6\,000\,000}\approx 0.002\,5=0.25\%$。

基于这些数字，一架波音 747 的所有零件都正常工作的概率仅仅是1%的四分之一！如果这个数字低于你的预期，那么你就有可能犯了联合谬误。尽管如此，由于飞机在制造时考虑了充足的余量，某个零件发生故障并不一定会导致坠机，因此，飞机坠毁的事件极少发生。有一些直升机以依赖于一个转子固定螺母而著名，此时，如果这个螺母出现故障，那么整架飞机就有可能坠毁，然而不必担心，并非所有飞机都是这种构造。名词“耶稣螺母”有时用来表示那些一旦出故障，就会导致整个系统崩溃的零件。当核心螺母出故障时，就只有耶稣能够救你了，这一螺母因此得名。

联合谬误对于**计划**（planning）尤其重要。复杂项目往往是由许多部分组成的综合性难题，并且通常情况下，某个项目要成功落实，需要每一个部分都按部就班地进行。尽管任意一个部分落实到位的概率很高，然而，所有部分都不出差错的概率则可能非常低。如果计划者犯下了联合谬误，他将高估整个项目成功的概率，也就是该项目的第一部分、第二部分、第三部分等等能够顺利开展的概率。

在制订计划时，根据最理想的情况进行不合理的预测，这一错误被称为**计划谬误**（planning fallacy）。许多项目，比如学士学位论文、博士学位论文、水坝、桥梁、隧道、铁路、公路和战争，往往需要耗费比计划更长的时间和更多的成本。（尴尬的是，你正在阅读的这本书也是如此。）以下是两个有名的案例：

例子 5.10　悉尼歌剧院

许多人认为悉尼歌剧院是计划灾难之最。根据 1957 年进行的初始估计，歌剧院将耗资 700 万美元，计划于 1963 年初建成。然而，最终歌剧院不仅规模小于设计规模，而且耗资高达 1.02 亿美元，于 1973 年才得以开放。

例子 5.11　铁路项目

1969—1998 年间全球范围内开展的 90%以上的铁路项目中，计划人员将乘坐铁路的乘客数量高估了 106%，而成本平均超支 45%。更有趣的是，在此期间这种高估并没有改进。也就是说，了解到其他人的预测失误并没有让计划人员变得更加现实。

分离谬误（disjunction fallacy）是一个与联合谬误相关的谬误。“A 或 B”即一种分离；当你低估某一分离发生的概率时，你就犯下了分离谬误。举例来说，我们参考练习 4.26（d），你需要计算当掷两次骰子时，至少得到一个数字 6 的概率。

例子 5.12

计算当你掷下列数量的骰子时，至少得到一个数字 6 的概率。

（a）一次骰子。

（b）两次骰子。

（c）三次骰子。

（d）十次骰子。

（a）掷一次骰子时，至少得到一个 6 的概率等于 1 减去得到的不是 6 的概率，等于 $1-5/6\approx 16.6\%$。

（b）掷两次骰子时，至少得到一个 6 的概率等于 1 减去两次得到的都不是 6 的概率，等于 $1-(5/6)^2\approx 30.6\%$。

（c）掷三次骰子时，至少得到一个 6 的概率等于 1 减去三次得到的都不是 6 的概率，等于 $1-(5/6)^3\approx 42.1\%$。

（d）最后，掷十次骰子时，至少得到一个 6 的概率等于 1 减去十次得到的都不是 6 的概率，等于 $1-(5/6)^{10}\approx 83.8\%$。

可以看到，随着试验次数的增加，至少得到一个数字 6 的概率增长很快。虽然这一概率永远不会达到 100%，但会无限接近它。随着试验次数的增多，这一概率越来越接近 100%。如果最终的数字超出了你的预期，那么你就有可能犯下分离谬误。多次掷骰子时至少得到一个 6 的概率，等于第一次时得到 6，或者第二次时得到 6，或者第三次……根据前面的定义，如果你低估了这一分离的概率，那么你就犯下了分离谬误。

练习 5.13　徒步旅行

尽管你目前处于龙卷风警戒地区，但你仍计划继续进行徒步旅行。国家气象局预报称，你所在地区每小时内遭受龙卷风袭击的可能性为 30%。也就是说，上午 10 点到 11 点之间龙卷风袭击你所在地区的可能性是 30%，上午 11 点到 12 点之间这一可能性也是 30%，依此类推。

（a）在两小时的徒步旅行中，龙卷风袭击你所在地区至少一次的概率是多少？

（b）在三小时的徒步旅行中，龙卷风袭击你所在地区至少一次的概率是多少？

（c）在十小时的徒步旅行中，龙卷风袭击你所在地区至少一次的概率是多少？

练习 5.14　洪水

假设你所生活的地区平均每十年会发生一次洪水灾害。每年发生洪灾的概率都是固定不变的。你正在考虑是应该在这里多住几年以便多存点钱，还是要立即搬家，以避免在下一次洪水中失去全部财产。

（a）在未来两年内，你所在地区不会发生洪水灾害的概率是多少？

（b）在未来两年内，你所在地区只发生一次洪水灾害的概率是多少？

（c）在未来两年内至少会发生一次洪水灾害的概率是多少？

（d）在未来十年内至少会发生一次洪水灾害的概率是多少？

练习 5.15　恐怖主义

假设平均每年有 365.25 天，如果任何一天遭受袭击的概率为 0.000 1，计算在未来十年内至少发生一次大规模恐怖袭击的可能性。

最后一个练习阐明了爱尔兰共和军（the Irish Republican Army，IRA）所发表的臭名昭著的声明，该组织旨在将北爱尔兰从英国独立出来，几十年来持续进行游击战争。1984 年，该组织在英国首相玛格丽特·撒切尔下榻的酒店安装炸弹，在刺杀行动失败之后，爱尔兰共和军发表了一份声明，并在其结尾处写道："你们必须一直很幸运，而我们只需幸运一次。"

在进行**风险评估**（risk assessment）时，分离谬误尤其重要。在评估某些复杂系统失效的风险时，无论是汽车还是一个器官，整个系统的运转通常很大程度上取决于多种因素，任何一种因素的失效往往都会导致整个系统的崩溃。即使任一种因素失效的概率很小，但至少一种因素失效的概率可能很高。犯下分离谬误的评估者会低估分离的可能性，即第一种因素失效，或第二种因素失效，或第三种因素失效，依此类推，这也意味着他们会低估整个系统崩溃的概率。

本节所讨论的两个谬误之间存在明显的对称性。根据狄摩根定律，$A\&B$ 在逻辑上等同于 $\neg[\neg A \vee \neg B]$（参见第 2 章）。因此，如果你高估

了 $Pr(A\&B)$，也就是说你高估了 $Pr(\neg[\neg A\vee\neg B])$。根据对立事件法则，你就高估了 $1-Pr(\neg A\vee\neg B)$，也就是说，你低估了 $Pr(\neg A\vee\neg B)$。在前文琳达的例子中，高估了她是女权主义的银行柜员的概率（根据狄摩根定律），也就是低估了她并非女权主义者或者她并非银行柜员的概率。总而言之，如果你遵守狄摩根定律，那么，当且仅当你犯下分离谬误时，你才会犯下联合谬误。

联合谬误和分离谬误都可以用锚定和调整加以解释（参见第 3 章）。如果人们将任何一种联合的情况作为锚定点，并且向下调整不足，那么人们就会高估联合的概率，因此犯下联合谬误。而如果他们将任何一种分离情况的概率作为锚定点，并且向上调整不足，他们就会低估分离的可能性，因此犯下分离谬误。下面是更多的相关练习。

练习 5.16

当你可放回地从一副扑克牌中抽取（a）1 张牌，（b）2 张牌，（c）10 张牌，以及（d）52 张牌时，至少抽出一张 A 的概率是多大？

练习 5.17　生日问题

假设你参加的行为经济学课程中有 30 个学生。任何两个学生的生日都不相同的概率是多少？为了使事情变得更容易，假设每个学生都出生在同一年，并且婴儿的出生在一年中随机分布。

习题 5.18　序言悖论

你在新书的序言中写道，你确信书中的每一句话都是正确的。然而，你知道每个句子都有 1%的概率出错。

（a）如果书中有 100 个句子，那么至少有一个句子出错的可能性是多少？

（b）如果你的书中有 1 000 个句子，又会如何？

最后是一个关于航空安全的练习。

练习 5.19　购买私人飞机

假设你幸运到能够买得起私人飞机。你需要决定是购买单引擎飞机还是双引擎飞机。用 p 表示引擎在任一次飞行中发生故障的概率。“灾难性引擎故障”是会导致飞机无法飞行的故障。

（a）你考虑购买的某架私人飞机中只有一个引擎。这架飞机在任一次飞行中出现引擎故障的可能性是多少?

(b) 你考虑购买的另一架飞机有两个引擎，但是，如果有一个引擎出现故障也无法正常飞行。假设引擎故障是独立事件。这架飞机在任一次飞行中出现引擎故障的可能性是多少?

(c) 哪一架飞机更安全?

(d) 如果双引擎飞机可以只用一个正常引擎维持飞行，又会如何呢?

如果你觉得练习 5.19（b）的答案并不明朗，可以考虑列出一个如图 4.1 所示的表加以分析。

基率忽略

人们对于概率往往存在一种站不住脚的质疑，这源于对条件概率 $\Pr(A \mid B)$和 $\Pr(B \mid A)$ 二者的混淆。这两者看起来很明显是截然不同的。正如我们从第 4 章中所了解到的，随机选择的人是吸烟者的概率明显不同于随机选择的吸烟者是人类的概率。但是，在某些情况下我们很容易混淆两者。下面我们将考虑将二者混淆的一些情形。

例子 5.20　乳房 X 光检查

医生经常建议超过一定年龄的女性进行常规乳房 X 光检查，以筛查乳腺癌。假设根据以往相关人口的统计数据，可以得知以下信息：在任一时间，患乳腺癌的女性占 1%。在 90%的情况下，所进行的检查是准确的。也就是说，如果某位女性确实患有乳腺癌，检查有 90%的概率显示为阳性，有 10%的概率显示为阴性。如果某位女性并没有患乳腺癌，检查会有 10%的概率显示为阳性，有 90%的概率显示为阴性。假设一位女性在常规乳房 X 光检查中显示为阳性。在未得知其他症状的情况下，她患有乳腺癌的概率是多大?

面对这个问题，大多数人的回答都是接近 90%。毕竟测试的准确性就是如此。幸运的是，我们并不需要依赖模糊的直觉，而是可以计算准确的概率。计算过程参见图 5.2，其中 C 表示患者患有癌症，P 表示检查呈阳性。将数字代入贝叶斯法则（命题 4.42），我们会得到：

$$\Pr(C \mid P) = \frac{\Pr(P \mid C) \times \Pr(C)}{\Pr(P \mid C) \times \Pr(C) + \Pr(P \mid \neg C) \times \Pr(\neg C)}$$

$$= \frac{0.9 \times 0.01}{0.9 \times 0.01 + 0.1 \times 0.99} \approx 0.08$$

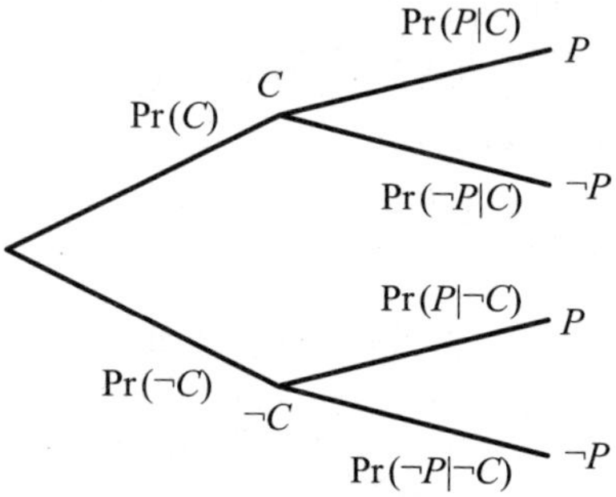

图 5.2　乳腺癌筛查

可以注意到，实际上人们确诊患有癌症的概率并不等于（实际上远不及）测试的准确性（本例中为 90%）。阳性结果的女性患有乳腺癌的概率仅为 8%，这远低于人们的想象。这似乎是矛盾的：因为我们知道这一测试准确率很高，在 90%的情况下都是正确的。但我们忽略了这一事实：只有很少的人实际上患有癌症。在 1 000 人中，只有 10 个人患有癌症。而这 10 人中有 9 个人的测试呈阳性。另外的 990 个人并未患癌症，但仍有 10%的人，也就是 99 个人的测试呈阳性。如此看来，测试呈阳性的 108 个人里只有 9 个人真的患有癌症，这一比例约为 8%。可以注意到，这个例子十分类似我们之前提到的飞盘的例子：尽管新机器的不合格率比旧机器低，但该工厂生产的不合格飞盘大部分来自新机器，这仅仅因为它生产了更多的飞盘。

患有癌症（或具有其他特征）的人占全部人口的比例被称为**基础概率**（base rate）。在癌症的例子中，基础概率仅为百分之一。人们错误估计概率的原因之一就是未能正确考虑基础概率。因此，这种错误有时也被称为**基率忽略**（base-rate neglect）或者**基率谬误**（base-rate fallacy）。我们对此类情形进行判断时应该考虑以下三个因素：一是基础概率；二是相关证据；三是当假设为真或假时，我们得到相关证据的条件概率。当我们未能合理考虑第一个因素时，就会犯下基率谬误。

顺便提一下，这个例子也清楚地表明了为什么年轻女性不必例行接受乳腺癌检查。这是因为对于年轻女性而言，基础概率更低；因此，真正患病的阳性结果占所有阳性结果的比例更低。可以注意到，在前面的例子中，当某位女性的检查结果为阳性时，她患病的概率仅仅从 1%上升为 8%，这种概率的增加并不显著。如果基础概率更低，这种概率的增加就更小了，也就是说，条件概率 $\Pr(C \mid P)$ 与基本概率 $\Pr(C)$ 的差别并不明显。这种情况下，检查结果并不能给医生的诊断提供太多有价值的信息，这种检查就被称为**不具诊断力的**（non-diagnostic）。而如果基础概率很高，检查也会不具诊断力。只有当基础概率居中时，一项检查才具有诊断力。

练习 5.21　乳房 X 光检查（续）

虽然并不常见，但男性也可能患乳腺癌。利用“基础概率”和“诊断力”这类术语解释为什么男性不必接受例行的乳腺癌检查。

如下面的经典案例所示，证言也有可能不具有定案力。

练习 5.22　证言

一家出租车公司涉嫌夜间肇事逃逸。该城市中有绿色公司和蓝色公司两家出租车公司。你可以获得以下数据：城市中 85%的出租车属于绿色公司，余下 15%属于蓝色公司。一名目击者称涉事出租车是蓝色公司的。法院在与事故当晚相同的环境下测试了该证人的可靠性，得到的证据表明，证人在 80%的情况下正确辨认出了出租车的颜色，而在 20%的情况下判断失误。肇事逃逸的出租车是蓝色公司的概率是多大？

练习 5.23　铁碗*

在一场奥本对亚拉巴马的橄榄球比赛中，80%的观众身穿亚拉巴马球衣，20%的观众穿着奥本球衣。比赛期间，一名观众在体育场外抢劫了一个啤酒站。一名目击者（既不是亚拉巴马也不是奥本的球迷）告诉警方，抢劫者身穿奥本球衣。然而，这名证人是啤酒站的常客，他当时能准确辨认球衣的可能性估计为 75%。考虑到目击者的证词，抢劫者身穿奥本球衣的概率是多大？

下面是一个略有不同的问题。

练习 5.24　唐氏综合征

婴儿患有唐氏综合征的概率随着母亲的年龄而增加。假设以下情况是真实的：对于 34 岁及以下的女性，1 000 名婴儿中约有 1 名患有唐氏综合征。对于 35 岁及以上的女性，100 名婴儿中约有 1 名会受到影响。90%的

---

* 铁碗是由美国亚拉巴马州两大公立大学之间进行的每年一次的橄榄球对抗赛，两支球队分别是奥本大学老虎队和亚拉巴马大学深红潮队。——译者注

婴儿是由 34 岁及以下的女性生育的。患有唐氏综合征的婴儿的母亲年龄在 34 岁或以下的概率是多少？

基率忽略有助于解释计划谬误：计划和预测通常无理由地接近最乐观的情形。需注意的是，一旦人们陷入计划谬误的泥沼，尽管他们了解到大多数类似项目都延迟了，但仍然确信自己的项目会按时完成。

从前一章我们学到的理论来看，计划谬误确实出人意料。如果人们按照贝叶斯方式更新自己的信念，他们就会将之前的延迟纳入考虑，并且对于未来的项目做出更好的估计。然而，我们可以将这种乐观估计理解为基率忽略的结果。可以将延迟的项目占全部项目的比例视为基础概率，假设人们在估计时倾向于忽视这一基础概率。

这一节的最后几个练习都与反恐有关。

练习 5.25　尚·查尔斯·德孟尼兹

2005 年 7 月 21 日，伦敦发生了恐怖袭击事件，受此影响，英国警方获得了枪击恐怖主义嫌疑人的权力。7 月 22 日，便衣警察在伦敦地铁开枪打死了一名恐怖主义嫌疑人。让我们利用贝叶斯法则来计算，如果随机选择的人被警方确定为恐怖分子的话，他实际上就是恐怖分子的概率。假设伦敦拥有 1 000 万人口，其中 10 个人是恐怖分子（在任一给定时间）。假设警察非常称职，他们能在 99.9%的情况下准确判断出一个人是不是恐怖分子。

嫌疑人尚·查尔斯·德孟尼兹，27 岁，头部中枪 7 次，肩部中枪 1 次。后来他被认定是无辜的。再一次，我们可以注意到，一个被警察认定为恐怖分子的人实际上就是恐怖分子的概率，并不等于警察判断的准确性，实际上这二者甚至相去甚远。同时，可以注意一下时间线：在这个例子里，警察仿佛迫不及待地想向人们证明自己不能被赋予枪击嫌疑人的权力。

练习 5.26　行为侦察

以下文字摘自《今日美国》(*USA Today*)：

> 道格·金赛站在杜勒斯国际机场的安全线附近，冷静地审视着过往的人群。突然，他的目光锁定了一名身穿牛仔裤、头戴棒球帽的乘客。

这名20多岁的男子左顾右盼，仿佛在寻找着什么。他把登机牌放在嘴边，咬着指甲，看起来忧心忡忡。

美国运输安全管理局侦查员金赛与他的主管韦弗利·考辛斯窃窃私语之后，一致认为：这个男子可能有问题。于是金赛走上前去盘查。

这一场景每天会在乘客中上演数十次，人们有时并未察觉，这是一项名为行为侦察的安全技术，这一技术发展迅速但饱受争议。它源于以色列机场安全部门，主要是从人群中挑选出明显可疑的人，进而盘问他们关于行程安排和所从事的工作等问题。在询问过程中，侦察员会仔细观察人们的面部表情、肢体语言和谈话内容。

美国运输安全管理局已经培训了将近2 000名员工来使用这种技术，这一技术引起了担忧非法逮捕和种族歧视的民主自由主义者和少数族裔的恐慌。这也让包括美国国土安全部的一些研究人员在内的研究者感到担忧，他们认为这一技术未经验证，并且可能是无效的。

政府不太可能透露该技术的实际效果的相关数据，但我们可以进行一些合理的假设。每个月大约有6 000万人搭乘美国航空公司的飞机，假设其中6个人是恐怖分子，同时假设美国运输安全管理局的侦察员技术高超，正确识别恐怖分子的概率为98%。回答以下问题：

(a) 随机选择的乘客是恐怖分子并且由侦察员准确识别的概率是多少?

(b) 随机选择的乘客不是恐怖分子但被侦察员（错误地）识别为恐怖分子的概率是多少?

(c) 一名乘客被侦察员识别为恐怖分子，他实际上确实是恐怖分子的概率是多少?

(d) 这一侦察技术具有诊断力吗?

需注意的是，在《今日美国》提到的故事中，被盘问的那名男子并非恐怖分子，这也意味着该故事无意中表明了这一侦察技术缺乏诊断力。

练习5.27　诊断力

练习5.26让我们了解到行为侦察可能不具有诊断力。但是，在另一种情形中，比如在美国驻阿富汗喀布尔大使馆的检查站中，这一技术可能又具有诊断力。解释其中的缘由。

最近有证据表明，行为侦察员实际上并不擅长解读肢体语言，由此在喀布尔的行为侦察也不具有诊断力，评论者因此将这一技术称为“维安剧场”*。下面是一个相关事件：自 2004 年以来，美国国土安全部启动了 US-VISIT 计划，也就是现在的生物识别身份管理办公室，这一计划通过美国的签证窗口和入境口岸收集国际旅行者的数字指纹和照片。最近，这一数据库中收集到了上亿的指纹数据。如果我们从犯罪现场找到了恐怖分子的指纹，并且发现其与该数据库中的某个指纹匹配，你认为指纹相匹配的人就是恐怖分子的概率是多大呢？如果你不幸地被这种拉网式的搜捕怀疑为嫌疑人，保护你免受死刑的唯一屏障就是陪审团对贝叶斯法则的理解。希望你能好好地跟他们解释清楚什么是贝叶斯法则。

证实偏向

上一章中贝叶斯更新的一个显著特征是：约翰和韦斯会迅速地就硬币的特点达成一致。正如你所记得的那样，在仅仅大约掷了 15 次硬币之后，两人几乎 100%地认定这枚硬币两面都是正面图案。有时人们会将这一现象称为**放弃先验概率**（washing out of the priors）。也就是说，无论最初的先验概率如何，在掷了这么多次硬币之后，约翰和韦斯两人认为初始假设成立的概率会大致相同。这代表了人性中一个充满希望的场景：当理性人看到相同的证据时，无论他们最初的观点如何，只要经过时间的洗礼，他们最终会达成一致。（当然，如果先验概率为零，情况就并非如此，而是会变得棘手，因此，我们一如既往地忽略这种复杂局面。）

不幸的是，在现实生活中，人们通常并不会随着时间的推移达成一致。有时这是因为他们接触到的证据迥然不同：保守派倾向于阅读观点保守的报纸和微博，这些报纸和微博正是因为它们支持保守的观点而受到保守派青睐；而自由主义者则喜欢阅读观点自由的报纸和微博，同样，他们选中这些报纸和微博，正是因为它们提供的信息彰显了自由主义观点。而有时，人们以同样的方式获得了相同的证据（如韦斯和约翰一样），但是，

* “维安剧场”一词是由安全专家布鲁斯·施奈尔（Bruce Schneier）在其专著《超越恐惧：对虚拟世界安全性的感性思考》（*Beyond Fear: Thinking Sensibly about Security in an Uncertain World*）中提出的。它是指煞有介事地布置各种道具、门禁、安检，俨然一副严阵以待随时准备好要应付恐怖袭击的态势，但其实这一切的戏剧效果远大于真正的维安效果。——译者注

随着时间的推移人们却无法达成一致。为什么会这样？

心理学家将这一现象称为**证实偏向**（confirmation bias），这一偏向是指人们将证据过度理解为支持自己先验信念的倾向。在一个经典研究中，对死刑分别持赞成和反对态度的参与者同时阅读了一篇文章，文章提供了死刑的优点和缺点的一些模糊信息，参与者们都认为这些信息支持了自己的观点。也就是说，在读完这篇文章之后，之前反对死刑的人反对态度更加坚决，而之前赞成死刑的人赞成的立场也更加坚定。由于证实偏向的存在，当获取某些证据时，人们的信念变化看起来并不像图 4.5 那样，而是更像图 5.3。

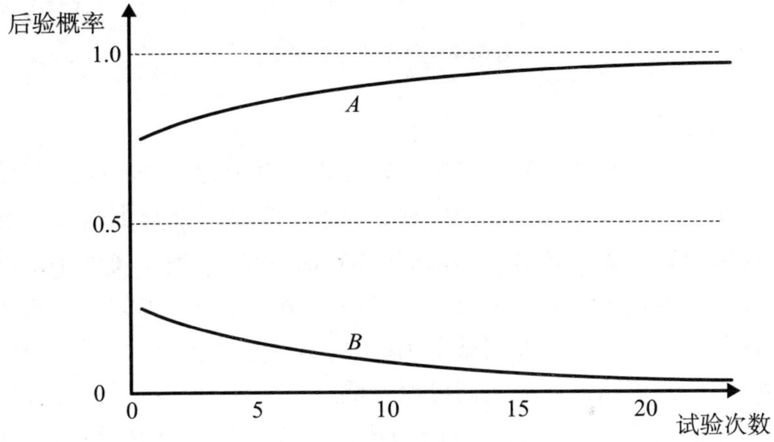

图 5.3　证实偏向

练习 5.28　证实偏向

假设约翰存在证实偏向。图 5.4 中哪条曲线最能代表获得证据时约翰的概率随时间的变化：A、B 还是 C？

例子 5.29　善妒的情人

在文学作品或者生活中，我们常常会发现善妒的情人具有奇妙的性格特点，他（她）们总是拒绝接受爱人跟自己一样忠贞的证据，总会处处发现值得猜忌的细节。正如马塞尔·普鲁斯特（Marcel Proust）在《寻找失落的时间》（*In Search of Lost Time*）一书中所写的那样："人们的嫉妒是可怕的，花费大量时间进行无数细微但错误的猜疑，而在真相面前，你就会发现这些猜疑多么缺乏想象力。"通俗地来说，这些善妒的情人存在证

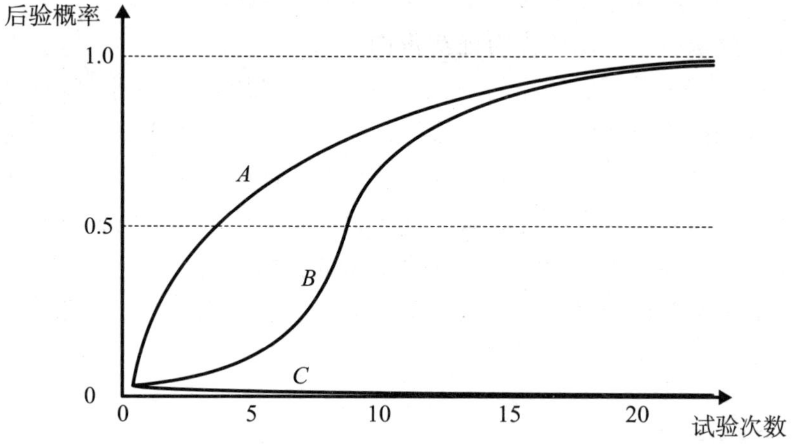

图 5.4　约翰的证实偏向

实偏向。

证实偏向可以解释一系列现象。它可以解释为什么种族主义和性别歧视的刻板印象会持续存在。性别歧视者可能会忽视或淡化那些表明女孩擅长数学，而男性也会照顾孩子的证据，而且会很快发现反面证据。种族主义者可能会对其他种族的人努力工作、养家糊口、缴纳税款、做善事等行为视若无睹，而只会看到那些做不到的人。证实偏向也可以解释为什么人们喜欢赌博。许多赌徒认为他们可以预测下一场比赛的结果，尽管有大量证据证明他们做不到（例如，曾因为错误预测结果而血本无归）。这是因为赌徒牢牢记住了自己准确预测结果的情况（如果结果是随机的，运气好的话会出现这种情况），而忽略了那些自己失败了的情况。同样的思路也可以解释为什么许多人认为自己可以跑赢股市，尽管有证据表明（在没有内幕消息的情况下）你只是随机地挑选了某些股票。最后，证实偏向也可以解释尽管存在有力的矛盾证据，但某些阴谋论仍能占据一席之地。这是因为阴谋理论家极力鼓吹能够支持自己言论的少量证据，而对不利证据视而不见。

练习 5.30　声誉

人们表现出证实偏向这一事实使得管理自己的声誉非常重要，无论你是学生、教授、医生、律师还是某个商品品牌。为什么？

顺便说一下，科学家们也不能免于证实偏向。科学哲学家卡尔·波普尔

(Karl Popper) 指出，一些科学家总是会不遗余力地搜寻支持自己理论的证据。他讲述了自己与精神分析学的先驱阿尔弗雷德·阿德勒（Alfred Adler）的会面。他的原话如下：

> 1919年，我曾向他报告一个患者的病例，在我看来这个病例并不是特别符合阿德勒式的分析，但阿德勒却认为完全可以用他的自卑感理论来分析，尽管他并没有见过病例中的这个孩子。这让我有点吃惊，于是询问他为什么这么笃定。他回答道："因为我已经有过一千倍的相关经验了。"听到这我忍不住说："我觉得有了这个新病例，你的经验会变成一千零一倍。"

波普尔的描述听起来似乎表明阿德勒在很大程度上具有证实偏向。可悲的是，在经济学中也很容易找到类似的例子。由于"证实"某个理论看起来十分容易，波普尔认为科学理论的标志并非它可以被证实这一事实，而是它至少在原则上可以被证伪，即可以通过经验观察表明它是错误的。一个值得扪心自问的好问题是："什么样的证据可能让你改变自己的观点?"如果你想不出任何能改变你观点的事实，那么，几乎可以肯定你具有证实偏向。

问题 5.31 经济学家的证实偏向

(a) 说出两位你认为具有证实偏向的著名经济学家。

(b) 反思你刚刚提到的两位经济学家：如果两位都是跟你持不同观点的经济学家，你对 (a) 的回答可能恰恰说明了你具有证实偏向。

心理学研究表明，证实偏向是由许多不同因素造成的。首先，人们有时候会忽略那些推翻自己信念的证据，而会很快注意到支持自己的证据。其次，当证据含糊不清或模棱两可时，就有可能存在多种解释，此时，人们就倾向于以支持自己信念的方式对其加以解释。最后，相比于支持自己的证据，人们往往会用更高的标准要求推翻自己信念的证据。

练习 5.32 摧毁美国

解释下面的书名如何推动了政治两极分化：《恶魔：自由暴民如何危害美国》(*Demonic: How the Liberal Mob Is Endangering America*)、《美国法西斯主义者：基督教右翼和美国之战》(*American Fascists: The Christian Right and the War on America*)。

问题 5.33　防止证实偏向

你是否在政治、哲学、宗教等问题上向“持有相反观点”的人们敞开心扉，就像你对待“持有相同观点”的人们的态度一样？你能否认真聆听他们所说？你对待他们的证据是否采用了相同的要求标准？如果你对上述问题的回答是肯定的，那么，你就属于极少数能够博采众言的人。如果答案是否定的，你也不妨试试按照上面的建议来行事，这是一个有趣的尝试。

易得性

当医生对患有头痛的孩子进行检查时，脑肿瘤是他们必然会检查的项目之一。这一疾病的基础概率很低。虽然患有脑肿瘤的儿童几乎肯定会头痛，但是，存在诸多其他因素会引起头痛。事实上，在大多数情况下，一个简单的检查就可以成功识别出哪些儿童患有脑肿瘤。也就是说，如果某些儿童经过这一简单检查，诊断出并未患有脑肿瘤的话，他们实际上患有脑肿瘤的概率非常低。

练习 5.34　CT 扫描

在一些人群中，儿童患有脑肿瘤很少见：基础概率仅为 1/10 000 左右。患有脑肿瘤的儿童很可能偶尔会出现头痛：100 个人中会有 99 例头痛。但是让儿童头痛还有许多其他原因：并未患脑肿瘤的人中，有十分之一的人也会偶尔头痛。

(a) 如果某个儿童偶尔会感到头痛 (H)，他或她患有脑肿瘤 (T) 的概率是多少？

(b) 假设头痛的儿童中，999/1 000 实际上是健康的 (F)。假设医生可以通过一个简单的检查正确判断出 95/100 的头痛儿童是否患病。如果医生经过简单检查后认为某个儿童是健康的 (G)，这个儿童实际上是健康的概率是多大？

正如这些练习所表明的，事实上，如果患者已经进行了适当的检查，患者就不太可能患有脑肿瘤。CT 扫描可以确定患者是否患有脑肿瘤，但是它非常昂贵。如果经过医生的检查，认为患者不太可能患有脑肿瘤，人们普遍认为，此时再要求该患者进行 CT 扫描是不合理的。然而，如果医生在检查了某个儿童后认为他并未患脑肿瘤，但是事后证明该儿童碰巧不幸患有脑肿瘤，那么这位医生的行为就会发生巨大变化。自此之后，这位医生就会比从前更倾向于建议进行 CT 扫描。假设这位医生对最后这个儿童的经验并未改变自身进行简单检查时的判断，而一个人行为的巨大变化一定是因为自身的检查判断或者信念发生了改变，如果医生的检查判断未发生改变，那么一定是她的信念发生了改变。基于上述我们了解的所有信息，这位医生是否理性地更新了自己的信念？

当然，实际中的故事比这要复杂得多。值得注意的是，尽管关于脑肿瘤的实际数字在医生中广为人知，然而，这些数字所反映的是众多案例的经验累积，这远超过任何一个医生职业生涯的经历。因此，基于上述单一案例的理性更新不应该对一个医生产生这么巨大的影响。那么到底发生了什么呢？行为经济学家将这种行为称为**易得性**（availability），即做出判断时所采纳的某一信息是否容易获得。当这位医生面对她的下一位病人时，尽管她在一定程度上意识到大量案例表明不必进行 CT 扫描，但事实上，她会忍不住想起最近的这起病例，想起自己没有准确发现那个儿童患有脑肿瘤。这个病例如此突出，既因为它刚刚发生，也因为它给医生带来了巨大的心理负担。

易得性直觉推断（availability heuristic）是直觉推断和偏向中的另一种典型的直觉推断。当我们依赖这种直觉推断方法时，我们会根据事件的易得性来评估某些事件发生的概率。也就是说，易得性直觉推断表明，如果 X 比 Y 更容易出现在我们的脑海中，我们就会认为 X 比 Y 更可能发生。如第 3 章所述，直觉推断通常非常有用。例如，假设你在步行上班途中偶遇一只鳄鱼。相比鳄鱼十分可爱这一画面，你脑海中更有可能浮现出鳄鱼袭击动物或者人的画面。如此，易得性直觉推断会告诉你应该假设鳄鱼是危险的，以你的处境来看，这显然是一个能让你远离危险的假设。然而，易得性直觉推断（作为一种简单的经验法则）有时会让你误入歧途，就像对待儿童的头痛一样。因此，像之前提到的锚定和调整，易得性直觉推断也会导致偏向。

练习 5.35　隐形眼镜

你的验光师告诉你，你新配的隐形眼镜质量非常好，你可以全天佩戴它们 30 天不摘。她提醒你也可能会出现严重的眼部问题，但她又说自己接待过很多佩戴隐形眼镜的客户，出现眼部问题的概率很小。一周后，你果然出现了眼部问题，并且去看一位眼科医生。医生告诉你，他专门为因不正确佩戴隐形眼镜而导致严重问题的人摘除眼球。他也告诉你，出现严重眼部问题的概率很高。

利用易得性偏向这一概念解释，为何验光师和眼科医生对于佩戴隐形眼镜引发严重眼部问题可能性的判断大相径庭。

易得性直觉推断可以用来解释许多现象，包括为什么人们认为暴力犯罪比其他类型的犯罪更常见。这是因为暴力犯罪很容易浮现在人们的脑海中，既是因为暴力的影像特别生动，也是因为媒体会对暴力犯罪进行大肆报道，比如“今天当地一男子未被击毙”这种标题看起来就十分惊悚。易得性还可以解释为什么在发生飞机坠毁、核泄漏和恐怖袭击等事件之后，短期内人们对此类事件的担忧会骤然增加，这显然是因为人们特别容易想起这些事件。这些考虑也有助于我们理解为什么尽管有大量证据表明疫苗是安全有效的，但反对接种疫苗的情绪仍如此强烈。如果你自己的孩子在接种疫苗后不久出现了自闭症的症状，或者你刚刚听说这件事情发生在某个孩子身上，那么，因为疫苗引起的一系列戏剧性事件可能会非常突出，因此，对你的影响远超过实际的真实情况。易得性还可以用来解释各种营销策略。在关于化妆品、香烟、酒以及其他产品的广告中，使用该产品的模特往往特别有吸引力和受欢迎。如果潜在的消费者在设想使用该产品的效果时，脑海中出现了这一场景，那么易得性就开始发挥作用了，让人们认为使用该产品会带来富有吸引力和受欢迎这一结果。易得性也可以解释为什么人们会重复做出某些危险行为。无论出于何种原因，如果人们曾经做过一些危险或鲁莽的事情，比如酒驾、吸毒、无安全措施的性行为等等，结果并没有发生什么不好的事情，这些结果如此显著，以至于他们会认为危险可能被夸大了，这将使他们更有可能再次以身试法。我们将这种自我强化的循环，特别是涉及多个信念和行为彼此增强的个体的情况称为**易得性联动**（availability cascade）。

易得性直觉推断彰显了讲故事的力量。正如每位作家所知道的，故事往往比科学数据更吸引眼球。如果你对此心存怀疑，那就问问狼吧。实际上，狼对人进行的可证实的致命攻击数量屈指可数，因此，对人类构成的威胁微不足道。然而，对狼的恐惧却深入人心。这部分要归功于广为流传的关于狼的故事，比如小红帽和大灰狼。通过这些故事的讲述，狼会袭击人这一观念被大肆渲染，让人们认为它更有可能发生，尽管相关数据并非如此。另一些更为危险的生物，比如沙门氏菌，每年仅在美国就会让 400 人丧生，但并没有给公众留下同样可怕的印象，因此，相比于实际情况，人们对它的恐惧则显得有些轻描淡写了。讲故事的力量可以用来有效地传达关于风险的信息，但也会造成巨大的伤害。某则关于非法移民犯下严重罪行的故事可能会激发强烈的反移民情绪，尽管有证据表明，移民有利于福利提升。

问题 5.36　死亡原因

据世界卫生组织称，世界上主要的死亡原因是缺血性心脏病、中风、下呼吸道感染和慢性阻塞性肺病。而这些死亡的主要原因与日常人们对于死亡的恐惧来源截然不同。结果是，人们花费大量时间应对他们几乎无法解决的威胁，比如恐怖组织和世界范围的流行病，但却用较少的时间解决那些他们本可以解决的问题，比如通过适量运动和改善饮食增进心血管健康。易得性可以解释为什么人们会过高估计前者对他们构成的威胁，并低估后者的危险性。然而，同样有趣的问题是：我们可以利用易得性和其他直觉推断的力量来鼓励人们更多地考虑心血管健康等事情吗？

易得性偏向有助于解释基率谬误。思考一下癌症病例。即使你知道存在错误的阳性结果，也就是说阳性结果并不一定意味着你患有这种疾病，但是，相比于错误的阳性结果（即被误诊为患癌症的人），真正阳性的结果（即正确诊断出患癌症的人）这种可能性更容易浮现在你的脑海中。只要你遵循易得性直觉推断，你就会认为真正阳性的结果比错误阳性的结果更容易发生。而实际上，即使某人得到了阳性结果，他患有癌症的实际概率应该等于真正阳性与所有阳性的比值，那么，过高估计真正阳性的概率将导致高估癌症的患病概率。

过度自信

如你所知，贝叶斯更新可以准确地告诉你，在获得可用证据的情况下应该为该事件分配的概率。这一概率显然与**信心**（confidence）有关，即你对于会发生的各类事情有多么肯定的表述。在做出判断之后，你会补充说："……我90%地确定这件事会发生。"或者，你会说："我认为出现某个结果的可能性是50%。"这意味着你并不确定某个结果相比另一个结果更有可能发生。如果你提供专业预测的咨询服务，你可能会习惯提供95%的置信区间，也就是你认为结果有95%的可能性会出现在你提供的范围内。因此，金融分析师可能会预测某只股票明年会涨到150美元，然后会补充说他们95%地肯定股票价格会介于125美元至175美元之间；劳动经济学家可能预测失业率将达到6%，并会补充说他们95%地确定实际失业率将落在4%～8%的范围内。分析师对自己的预测能力越有信心，提供的置信区间就越窄。

行为经济学家常常用**校准**（calibration）来评价信心。正式地说，你为所有可能发生的命题指定发生的概率，如果从长期看，这些命题为真的比例等于你分配的概率，那么就称你是完美校准的。这意味着，如果你是校准的，而且对某件事的判断有90%的确定性，那么十次中有九次你对这件事情的看法是对的。需注意的是，尽管有时你的大部分预测是错误的，仍可以称你是校准的：如果你是校准的，并且对于你的预测具有33%的信心，那么你在三次中会有两次出错。还有一点需要注意，有时尽管结果无法准确预测，你也有可能是校准的，比如结果是随机的。当你掷一个硬币时，并不知道朝上的是正面还是反面，但是，如果你的预测是有50%的信心会正面朝上，那么你也是完美校准的。

在所有其他因素相同的情况下，校准看起来是件好事。我们肯定希望专业人士是校准的：如果一位结构工程师告诉你，他100%地确定居住在某种类型的房屋中是安全的，而如果这种类型的房屋有一半坍塌了，你肯定会对他感到失望。

然而，现有文献最常反映的是，人们倾向于表现出**过度自信**（overconfidence）。也就是说，与前面的结构工程师一样，人们（包括专家）在判断时，表达的确定性往往超出了判断正确的概率。在早期的研究中，研究者询问本科生如下类型的问题："苦艾酒是（a）一种适合餐后饮用的烈性甜酒，还是（b）一种珍贵的宝石?"然后，让他们评判有多少信心确定自己的回答是正确的。部分被试者认为自己的答案100%正确，而实际上他们的答案只有70%～80%是正确的。为了进一步测试当增加其他动机时，是否会降低过度自信的程度，研究者让被试者用赔率的形式来表示他们的信心，并且提议参与者可以参与一个基于这些赔率的赌局。当参与者称自己正确的赔率为 100：1 时，为了完全校准，他们会说赔率为 4：1；而当参与者称自己正确的赔率为 100 000：1 时，为了完全校准，他们会说赔率为 9：1。尽管对过度自信的研究最早是在实验室中，但随着时间的推移，在物理学家、医生、心理学家、中央情报局分析师以及其他人做出专业判断的过程中，也发现了系统性过度自信的踪影。因此，当知识渊博的专家在他们的专业领域内做出断言，或者他们要提供准确的评估时，过度自信就出现在实验室之外了。

练习 5.37　气象观测

有证据表明，气象学家是经过完美校准的，因此，是过度自信的一个例外。这让许多人感到难以置信。人们往往低估了气象学家提供校准过的预测的能力，这可能是由哪一直觉推断造成的？

研究表明，过度自信会随着信心的增加而增加，因此，在信心膨胀时达到顶峰。当信心较低时，通常会消除过度自信，而在信心等级特别低时，人们甚至会出现信心不足。随着判断任务的难度升级，过度自信也会加重。任务越具有挑战性，判断者越有可能过度自信；当涉及非常简单的判断时，人们则可能会表现出信心不足。有趣的是，当人们的知识储备更丰富时，过度自信似乎并不会减少。在一项著名的研究中，研究人员询问参与者在他研究的问题中，某位真实患者的行为、态度和爱好等问题。参与者了解的关于患者的信息越多，他们对自己的答案就越有信心。然而，他们判断的准确性却几乎没有增加。值得一提的是，参与这项研究的临床心理医师中，大多数都拥有博士学位，他们的判断并不比心理学研究生和高年级本科生更准确，而他们的自信程度更高。实际上，受过更多教育的人比受教育程度较低的人更容易过度自信。套用亚历山大·波普（Alexander Pope）所说的“读书太少很可怕”，读书太多也一样。

例子 5.38　阿波罗 11 号

在人类登月 35 周年之际，美国有线电视新闻网就当时人们最关心的问题采访了阿波罗 11 号的工作人员。宇航员尼尔·阿姆斯特朗（Neil Armstrong）回答道：“我认为我们尽全力避免了过度自信，因为一旦你过度自信，问题就会层出不穷，给你带来麻烦。我们一直对可能出现小问题保持警惕，并且随时准备解决它们。”

你有什么办法可以减少过度自信，并且变得更加校准吗？研究表明，告知人们过度自信的普遍性对他们的校准几乎没有任何影响。然而，当人们做出的是高度可重复的判断，并且定期接收到迅速且明确的反馈时，似乎对减少过度自信有所帮助。此外，思考可能导致自己犯错的原因，也有助于降低过度自信。

为何过度自信如此普遍？对于新手来说，我们的许多判断都是不重复的，也不会定期接收到迅速且明确的反馈。此外，即使能够接收到结果的反馈，从经验中学习也比我们想象的要难。证实偏向使得我们过于看重那些能证实自己预测的证据，并且低估那些反驳自己的证据；如此一来，证实偏向会让我们对自己的失败视而不见。对于易得性偏向同样束手无策。如果某次其他人犯了严重错误而你做出了正确选择，而你总是忍不住想起这一情形，那么你也许会高估这类事情再次发生的概率。知道某件事情曾经发生过的人们倾向于夸大这类事情再次发生的概率，这一现象被称为**后见之明偏向**（hindsight bias），这是我们会陷入的思想上的另一个误区。具有后见之明偏向的人们可能永远不会知道过去的预测对于未来毫无意义，因为他们被自己过去的成功预测一叶障目，并未看到未来需要更谨慎些。最后，人们非常擅长为自己的失败预测找理由，比如，认为自己离正确答案只有一步之遥，或者将自己的失败归咎于那些固有的、不可预见的因素等等。

对于**能力**（competence）的研究间接佐证了过度自信现象。比如，许多研究表明人们高估了自己完成各种实际任务的能力。在某些研究中，绝大部分司机（超过90%）都认为自己的驾驶技术好于一般的司机，这在统计上显然是不可能的。在另一项有趣的研究中，在大学的语法和逻辑测试中，成绩处于最后25%的学生估计自己的成绩高于平均水平。更令人惊讶的是，当参与者得知自己在测试中相对表现的更多信息时，最强的学生变得更加校准，而最弱的学生却变得更加不校准了。这一结果表明，能力最差的人身处双重劣势，他们的能力不足既导致表现不好，又导致无法意识到自己表现不佳：完成一项高难度任务所需的认知能力也许与评价自身表现的元认知能力* 息息相关。这种**邓宁-克鲁格效应**（Dunning-Kruger effect，又

* 元认知能力是对认知的认知，是个体对自己的认知加工过程的自我觉察、自我反省、自我评价与自我调节。——译者注

称“达克效应”）也许正如喜剧演员瑞奇·杰维斯（Ricky Gervais）所说：“当你逝去了，你并不知道自己已经逝去，只是给其他人留下了痛苦。当你犯傻时也是如此。”

直觉推断和偏向的程式

根据直觉推断和偏向的程式，我们在形成判断时会利用**直觉推断**（heuristics）这些极具功能性但并不完美的经验法则或心理捷径，以此帮助我们快速形成观点并做出决策。以下是四类显著的直觉推断：

- **锚定和调整直觉推断**（anchoring-and-adjustment heuristic）。选择一个初始估计（即锚定点）并向上或向下调整初始估计，直到你认为合适为止，以便得出最终答案。因此，做出的估计将（不完美地）与锚定点相关联，即使这些锚定点无关紧要或者与该事件毫不相关。
- **代表性直觉推断**（representativeness heuristic）。通过某一结果对特定过程的代表程度来估计该过程会产生这一结果的概率：这一结果越具有代表性，你就会认为发生的概率越高。
- **易得性直觉推断**（availability heuristic）。你会根据该事件进入脑海的容易程度来评估该事件发生的概率：你越容易想到的事件，发生的概率就越高。
- **情感直觉推断**（affect heuristic）。你会根据自己对原因的感觉来分配结果发生的概率：你对原因的感觉越好，就认为发生良好结果的概率越高，发生不好结果的概率就越低。

直觉推断和偏向的程式并没有说人们是愚蠢的：恰恰相反，它认为遵循直觉推断是一种很有效的方法，让人们可以在关键时刻快速做出决策。然而，由于直觉推断并不完美，它们可能会导致**偏向**（bias），也就是可预测的系统性错误。

卡尼曼提出，我们可以用**替代**（substitution）的方式理解直觉推断的过程。当面对一个我们无法直接回答的问题时，有时我们可以用一个更容易的问题替代它，并且加以回答。比如，当被问到“一架飞机坠毁的可能性有多大?”这一问题时，我们可以用下面这个问题替代：“我想象到一架飞机坠毁的难度有多大?”替代使我们能快速得到答案。但由于我们实际回答的问题与原来的问题不同，答案也可能不同：虽然飞机坠毁的概率很小，但飞机坠毁的场面很容易浮现在我们的脑海里。因此，我们会产生易得性偏向，并且夸大飞机坠毁的概率。其他的直觉推断也可以用同样的方式分析。而棘手的是，我们并没有察觉到替代，因此，难以意识到我们所给出的答案和我们所寻求的答案迥然不同。

练习 5.39　必然性

人们认为许多事情是不可避免的。如果你在谷歌新闻上搜索“这是不可避免的”这一关键词，你可能会获得超过一万条结果。这一表达反映了哪种偏向？

练习 5.40　亚当·斯密

亚当·斯密在谈到“大部分人对自己的能力有过分的过度自信”时，他可能是指什么现象？

讨　论

本章所探讨的众多现象与我们在第 4 章中学到的概率判断理论并不一致。虽然概率论从未意在反映人们进行判断时的精确认知过程，但是，显然在许多情形下，人们对可能性的直觉推断与概率论存在极大的可预测的系统性差异。正如前面的例子所表明的，这些差异可能代价不菲。通常认为这些现象削弱了概率论作为描述性理论的充分性。然而，某些现象同时也挑战了概率论作为规范性标准的正确性。遵循理论行事太过苛刻这一事实，连同为何实际中人们难以做到这一点的诸多解释，都削弱了概率论规范上的正确性。

我们还讨论了行为经济学家用到的一些理论工具，以此描述人们实际中是如何做出判断的。因此，我们深入探讨了直觉推断和偏向程式的更多方面，这对于发展一套具有充分描述性的可能性判断理论十分重要。由于直觉推断具有强大的功能性，企图消除人们对它的依赖将大错特错。但是，直觉推断又会让人们误入歧途，而了解什么情况下直觉推断会出错则会减少人们犯错的可能性。一般而言，无论出于善意还是恶意，我们都可以利用行为经济学的知识，尤其是直觉推断和偏向影响其他人的判断，这一点在市场营销的应用中体现得淋漓尽致。然而，掌握行为经济学的知识也让我们拥有了盔甲，可以预见并抵御他人对自己判断的影响。

练习 5.41 批判的误区

一些针对直觉推断和偏向程式的批评者称，人类愚蠢得无可救药。因此，“我们认为人类非理性的直觉推断和偏向让人类在面对现实世界的复杂性时毫无希望地迷失了，因为他们无法根据经典理性的套路进行推理，即使在实验室的简单实验中的表现也是如此。”解释为什么这些批评者是错误的。

本章并未面面俱到地列出与标准理论不一致的全部现象，也没有列出解释这些现象的全部理论。有一种尚未提到的直觉推断是**情感直觉推断**（affect heuristic）。它意味着你会根据自己对原因的感觉来分配结果发生的概率：你对原因的感觉越好，就认为发生良好结果的概率越高，发生不好结果的概率越低。因此，那些喜欢枪的人就认为枪支对人们有益的情景更常发生，而枪支有害的情景相对不太可能发生。与其他类型的直觉推断一样，情感直觉推断通常十分有用：当你在冰箱深处看到自己确实不喜欢吃的食物时，你会认为自己因为吃它而恶心的概率相对较高，这确实是恰当的反应。但是，情感直觉推断也会让你在建立对收益和风险的信念时仅仅考虑自身的感受，而忽略了其他因素，这显然会让你误入歧途。

本书的下一部分将探讨如何将概率论纳入理性决策理论，并探讨其优缺点。

练习 5.42 概率匹配

假设你的朋友安妮有一枚硬币，掷的时候有 2/3 的概率正面朝上（H），有 1/3 的概率反面朝上（T）。她打算掷三次硬币，如果你正确预测结果就会得到 1 美元。你预测硬币会出现下面哪种结果时更有可能赢钱，HHH 还是 HHT?

如果你的预测是 HHT（或 HTH 或 THH），你可能陷入了**概率匹配**（probability matching），即选择频率以匹配相关事件的概率。概率匹配可能源于对代表性直觉推断的利用，因为像 HHT（或 HTH 或 THH）这样的结果似乎比 HHH 或 TTT 更能代表随机过程。正如这个练习所示，概率匹配是会导致偏向的次优策略。

练习 5.43 性别歧视（续）

在练习 4.51 中，我们计算了仅仅因为偶然，编辑委员会的 20 名成员全为男性的概率。如果一个人对答案并不感到吃惊，他或她可能犯下了什么谬误？

练习 5.44　IVF

体外受精（IVF）是指卵子在子宫外受精的过程。假设任意时候，这一过程成功（也就是成功孕育生命）的概率约为 20%。尽管事实可能并非如此，但是，我们假设进行两次单独的尝试时，成功的概率并不相关。首先，假设一名女性进行了两次尝试。

（a）她两次都能成功的概率是多少？

（b）她两次都不成功的概率是多少？

（c）她至少有一次成功的概率是多少？

假设另一名女性进行了五次尝试。

（d）她至少有一次成功的概率是多少？

练习 5.45　强制性药检

2011 年 7 月开始，佛罗里达州对所有接受福利救济的人使用违禁药物的情况进行强制性药检。统计数据显示，佛罗里达州约有 8%的成年人使用违禁药物；假设接受福利救济的人比例也一样。假设药检的准确度是 90%，这意味着它对 10 个人进行检测后，有 9 个会给出正确结果。

（a）佛罗里达州随机选择的接受福利救济的人，使用违禁药物并检测呈阳性的概率是多少？

（b）佛罗里达州随机选择的接受福利救济的人，未使用违禁药物但检测呈阳性的概率是多少？

（c）佛罗里达州随机选择的接受福利救济的人，检测呈阳性的概率是多少？

（d）如果随机选择的接受福利救济的人检测呈阳性，他或她使用违禁药物的概率是多少？

（e）如果一位佛罗里达州的选民支持强制性药检的法律，原因是他认为（d）的答案为 90%左右，他可能会犯下什么谬误？

练习 5.46　美国中央情报局

情报部门对人们的思考方式非常感兴趣，无论人们进行的思考是正确的还是错误的。下面的内容出自美国中央情报局（CIA）出版的《情报分析心理学》（*Psychology of Intelligence*）一书。

在越南战争期间，一架战斗机在黄昏时对美国的空中侦察机进行了一次非致命的扫射攻击。柬埔寨和越南的战斗机都在该地区活动。你了解到以下事实：

(a) 具体的战况信息：美国飞行员确认该战斗机属于柬埔寨。在适当的能见度和飞行条件下，对美国飞行员的飞机识别能力进行的测试显示，提供的战斗机样本中一半带有越南标记、一半带有柬埔寨标记，飞行员在80%的情况下进行了正确识别，在20%的情况下判断错误。

(b) 基础概率数据：该地区85%的战斗机属于越南，15%属于柬埔寨。

请回答：该战斗机属于柬埔寨而非越南的概率是多少？

练习5.47　理论和观点

补全这句话："如果你的所有观察都支持你的科学理论或政治观点，你可能犯下了……"

练习5.48　《马太福音》

《马太福音》(Matthew) 中的这一内容体现了哪种直觉推断："每棵好树都结出了好果子，而坏树都结出了坏果子。一棵好树不会结出坏果子，一棵坏树也结不出好果子。"

练习5.49　转基因生物

一个转基因生物 (GMOs) 的反对者阅读了一篇关于此类生物的好处的文章，对其中的观点感到深深信服。当被问及转基因的风险时，他改变了原来的想法，认为转基因生物不仅有许多好处，风险也很小。然而，他并未就风险了解到任何新信息。在此起作用的可能是哪一类直觉推断？

练习5.50　熊彼特

奥地利经济学家约瑟夫·熊彼特 (Joseph Schumpeter) 声称他为自己设定了三个目标：成为世界上最伟大的经济学家、奥地利最好的骑士以及维也纳最狂热的拥护者。他坦承自己只实现了三个目标中的两个。假设他错了，事实上他并没有实现任何一个。利用下面的概念解释他为何犯错：(a) 证实偏向，(b) 易得性偏向，(c) 过度自信，(d) 联合谬误。

练习5.51

为下面的情景挑选出最契合的现象：易得性偏向、基率忽略、证实偏向、联合谬误、分离谬误、后见之明偏向和过度自信。如果有疑问的话，选择你认为最合适的。

(a) 阿尔一直相信有吉卜赛血统的人更容易偷窃。事实上，他的几个同事都有吉卜赛血统，他也知道同事们并不是小偷，但他也不会重新考虑自己原有的想法。有一天在聚会时，一位老朋友说起一则两个“看起来像吉卜赛人”的人从杂货店偷东西的故事，阿尔心中暗想：“我早就知道！”

(b) 贝丝的汽车快坏了。一位了解汽车的朋友告诉她，她的车每英里都有10%的可能性会抛锚。贝丝想去10英里外看望一位朋友，她思考了一下每英里有10%的可能性会抛锚的后果，认为全程出现抛锚的可能性不会太高，也许不会超过15%。当车在半路就抛锚时，她感到无比震惊。

(c) 塞西尔非常害怕遭遇暴力犯罪，尽管她所居住的社区很安全，但是她也很少出门。她的身材有些走形，并且患有高血压，如果能经常出门散步会让她身体好些。然而，尽管她也考虑过要出门，但一想到那些在路边安静散步的无辜行人遭遇的不幸犯罪，她就更加肯定糟糕的事情会发生在自己身上。最终，她还是选择待在家里看重播的《法律与秩序》(*Law and Order*)。

(d) 大卫从未离开过自己的国家，突发奇想进行了疟疾检测。测试结果显示他得了疟疾。大卫的心情跌入谷底，深信自己已病入膏肓，开始起草遗嘱。

(e) 伊丽莎白因为早上起床困难，在去学校的路上经常超速。在上周一获得了一张超速罚单后，她整个星期都安守本分没有超速。直到这周她才又开始超速行驶。

(f) 菲兹认为美国并不想发起新一轮反恐战争，因此，她认为美国不太可能轰炸伊朗的核设施。然而，她认为美国会从阿富汗撤军。当被问及美国轰炸伊朗核设施并且从阿富汗撤军的可能性时，菲兹认为这一可能性会大于美国轰炸伊朗核设施的概率。

(g) 乔吉娜的生活离不开苹果电脑和iPad。因此，她认为必然会出现史蒂夫·乔布斯这样的人物来设计这些产品。

(h) 哈利在上次托运行李时丢失了所有行李。他后来就再也不愿意托运自己的行李了，即使这么做会跟乘务员产生争执。

问题 5.52

根据你自己的经历，写出一些类似于练习 5.51 中的故事，说明你在本章中学到的各种观点。

扩展阅读

哈斯提和道斯（Hastie and Dawes，2010）全面介绍了判断中存在的直觉推断和偏向。特沃斯基和卡尼曼（Tversky and Kahneman，1971）探讨了赌徒谬误和相关的错误。特沃斯基和卡尼曼（Tversky and Kahneman，1983）以及特沃斯基和莎菲尔（Tversky and Shafir，1992）提出了联合谬误和分离谬误。比勒等人（Buehler et al.，1994，p.366）讨论了计划谬误和悉尼歌剧院的案例。卡尼曼（Kahneman，2011）列出了关于铁路项目的数据。巴希勒（Bar-Hillel，1980）研究了基率忽略。《今日美国》的故事作者是弗兰克（Frank，2007）。尼克森（Nickerson，1998）对证实偏向进行了广泛的文献回顾。《寻找失落的时间》中的引文摘自普鲁斯特（Proust，2002［1925］，p.402）。在死刑背景下对证实偏向进行研究的是罗德等人（Lord et al.，1979）。波普（Popper，2002［1963］，p.46）描述了与阿德勒的会面。特沃斯基和卡尼曼（Tversky and Kahneman，1974）讨论了易得性、锚定和调整、代表性。关于过度自信的部分借鉴了安格内尔（Angner，2006）的文章，文章认为，作为公共政策问题专家的经济学家在自己的专业领域内也表现出明显的过度自信。尼尔·阿姆斯特朗的话引自奥布莱恩（O'Brien，2004）。对菲施霍夫及其同事进行研究的是菲施霍夫等人（Fischhoff et al.，1977）。对真实患者进行研究的是奥斯坎普（Oskamp，1982），对能力的研究是由克鲁格和邓宁（Kruger and Dunning，1999）进行的。卡尼曼（Kahneman，2011，Chapter 9）讨论了替代，亚当·斯密（Adam Smith，1976［1776］，p.120）讨论了我们的“过分的过度自信”。对直觉推断和偏向的批评者是吉格瑞泽和戈德斯坦（Gigerenzer and Goldstein，1996），情感直觉推断出现在菲纽肯等人（Finucane et al.，2000）的研究中。美国中央情报局的情报分析案例来自霍伊尔（Heuer，1999，pp.157－158），胡安·威廉姆斯事件来自法希（Farhi，2010）。

您答对了吗？

请扫描二维码获取本章练习答案。

3 第 3 部分

风险和不确定性下的选择

第 6 章　风险和不确定性下的理性选择

引　言

在第 2 部分中，我们暂时搁置了决策理论，以便于谈论判断问题。现在是时候回到决策问题了，特别是理性决策。在本章中，我们将探讨风险和不确定性下的理性选择理论。根据传统观点，当相关结果发生的概率完全未知或者根本没有意义时，你将面临**不确定性下的选择**（choice under uncertainty）；当相关结果发生的概率既有意义又已知时，你将面临**风险下的选择**（choice under risk）。我们最终想要探寻一套能够回答人们面临给定的决策问题时应该做出什么选择的理论，当然，得出这套理论需要一定的时间。我们将首先讨论不确定性，然后，再探讨期望值和期望效用。最后，得出的期望效用理论将结合第 2 章的效用概念与第 4 章的概率概念，成为一套精湛有力的探讨风险下的选择理论。

不确定性

假设你现在要出门，需要决定是否带伞（见图 6.1）。你担心可能会下雨。如果你没带伞而且不下雨，你在这一天不会淋湿也会很开心；但是，如果你没带伞却下雨了，你就会被淋湿而且很狼狈；如果你带了伞，无论天气如何你都不会淋湿，但是，带着一把笨重的伞会让你有点扫兴。你的决策问题可以表示为表 6.1（a）。

在这张表中，最左侧的一列代表你的菜单，即你可以选择的选项。除此之外，每一件可能发生的事情都对应了一列，这些事情被称为**现实状态**（state of the world），或简称为**状态**（state），位于最上面一行。菜单和状态共同构成了结果空间。在本例中，显然只有两种状态：要么下雨，要么不下雨。通过使用我们之前在第 2 章中提到的效用函数，能够表达你对这四种结果的偏好。效用支付可以表示为表 6.1（b）。在这种情况下，理性

图 6.1　你对下雨有所准备吗？

插图由古蒂・泰勒绘制。

的做法是什么？假设你将此视为不确定性下的选择，我们可以应用诸多不同的法则解答这一问题。

表 6.1　雨伞问题

(a) 支付

	下雨	不下雨
带伞	干爽，不愉快	干爽，不愉快
不带伞	淋湿，狼狈	干爽，愉快

(b) 效用支付

	下雨	不下雨
带伞	3	3
不带伞	0	5

(c) 风险支付

	下雨	不下雨
带伞	0	2
不带伞	3	0

根据**最大化最小准则**（maximin criterion），你应该选择具有最大的效用支付最小值的选项。如果你带伞的话，支付的最小值是 3；如果你不带伞的话，支付的最小值是零。因此，最大化最小准则认为应该带伞。根据最大化最大准则，你应该选择具有最大的效用支付最大值的选项。如果你带伞的话，支付的最大值是 3；如果你不带伞的话，支付的最大值是 5。因此，最大化最大准则认为你应该不带伞。坚持最大化最小准则的人十分谨

慎，正如坚持最大化最大准则的人十分鲁莽一样。前者只关注了每个行动可能带来的最糟糕的结果，而后者只关注了每个行动可能带来的最乐观的结果。我的一些学生因此戏称最大化最大准则为**"你只活一次"准则**（YOLO criterion）。

练习 6.1　手表

你刚买了一块全新的手表，售货员问你是否需要终身保修服务。

(a) 坚持最大化最小准则的人会购买保修服务吗?

(b) 坚持最大化最大准则的人呢?

此外，还存在其他准则。根据**最小化最大风险准则**（minimax-risk criterion），你应该选择具有最小的**风险**（risk，或称**后悔**（regret））最大值的选项。如果你带了雨伞并且下雨了，或者你没带伞并且没下雨，你都不会感到后悔。如果你带伞了但是并没下雨，你的后悔值可以用这样一个数值表示，即你不带伞时能获得的最大支付（5）减去你的实际支付（3），也就是 2。同理，如果你没带伞但是下雨了，你的后悔值就是 3。这一"风险支付"可以表示为表格的形式，如表 6.1（c）所示。由于带伞的最大后悔值是 2，是最小的，最小化最大风险准则会支持带伞。人们有时用**"后悔厌恶"**（regret aversion）这一术语来表示人们按照最小化预期后悔进行选择这一行为倾向。后悔厌恶也许是由损失厌恶导致的（参见第 3 章），之所以这么说是因为，后悔是由于行为人采取了不同的行为而导致了收益损失。（我们将在第 7 章中再次讨论后悔这一问题。）

练习 6.2　不确定性下的理性选择

根据表 6.2 的效用矩阵，当分别按照以下准则行动时，应该选择哪个选项？(a) 最大化最小准则，(b) 最大化最大准则，以及 (c) 最小化最大风险准则。为了得到 (c) 的答案，请先写出风险支付矩阵。

表 6.2　不确定性下的决策

	S_1	S_2
A	1	10
B	2	9
C	3	6

众多作者都曾就如何最小化后悔提出建议。在《道林·格雷的画像》

（*The Picture of Dorian Gray*）中，奥斯卡·王尔德（Oscar Wilde）写道："如今，大多数人死于一种不知不觉的常识，当他们发现自己从未后悔的事情只是自己的错误时，已经太晚了。"《临终前人生五大憾事》（*The Top Five Regrets of the Dying*）则竭力告诉我们有朝一日可能会后悔：工作太多、试图取悦他人、不允许自己快乐等等。有时被称为"存在主义之父"的索伦·克尔凯郭尔（Søren Kierkegaard）也对如何避免后悔感到束手无策。他在《非此即彼》（*Either/Or*）一书中写道："我诚实的观点和友善的建议如下：无论做还是不做，你都会后悔。"

问题 6.3　不确定性下的约会博弈

假设你正在考虑是否要邀请某人约会。

(a) 根据你的效用函数，当你分别按照下列准则行动时，将会采取何种行动？(i) 最大化最小准则，(ii) 最大化最大准则，以及 (iii) 最小化最大风险准则。

(b) 用阿尔弗雷德·丁尼生爵士（Alfred, Lord Tennyson）的话来说"爱过又失去，总比从未爱过强。"这句话体现了哪一准则？

在不确定性下的所有选择准则中，最大化最小准则最为知名，它是哲学家约翰·罗尔斯（John Rawls）的正义论的重要组成部分。根据罗尔斯的理论，正义的原则就是理性人处于"无知之幕"背后时，与他人互动所共同遵守的合作方式，其中处于"无知之幕"背后意味着摒弃了所有关于自身、所处的社会以及自己的社会地位等关于道德的信息。举例来说，假设你必须就生活在哪种社会中做出选择：是一个更为平等的社会，还是不知道自己会是奴隶主还是奴隶的奴隶制社会。根据罗尔斯的观点，对社会排序的理性做法是应该依据对自己而言最糟糕的结果，即采用最大化最小准则，因此，应选择更为平等的社会。罗尔斯据此认为，相比奴隶制社会，更为平等的社会更加公道。

批评者则反对用最大化最小准则分析这个案例和其他案例。一种反对的声音认为，最大化最小准则并未考虑相关的效用信息，因为对于每个行为而言，它只考虑了最糟糕的情况，而忽略了其他所有支付。对于表 6.3 中的两个决策问题，最大化最小准则在所有情形下都认为应该选择 A。然而，认为相比 B 更喜欢 A，并且相比 A 更喜欢 B^*，这似乎并不完全理性，毕竟 B^* 而非 B，最高可能获得 100 亿的效用。

表 6.3　不确定性下的更多决策问题

(a)

	S_1	S_2
A	1	1
B	0	10

(b)

	S_1	S_2
A	1	1
B*	0	10^{10}

另一种反对意见认为，最大化最小准则并未考虑不同现实状态下能获得的机会。诺贝尔经济学奖得主、经济学家约翰·海萨尼（John Harsanyi）通过下面的例子对罗尔斯的论述进行了著名的批判。

例子 6.4　海萨尼挑战

假设你居住在纽约市并同时得到了两个工作机会：一个是纽约市内的一份枯燥而且收入不高的工作，而另一个是芝加哥的一份非常有趣并且收入丰厚的工作。但问题是，如果你想要芝加哥的工作，你将不得不乘坐从纽约飞往芝加哥的飞机（比如说，这可能是因为这份工作必须转天就开始）。因此，你在飞机失事中丧生的概率非常小但仍然为正。

海萨尼指出，在飞机失事中丧生比纽约街头可能发生的任何事情都糟糕，因此，无论你多么喜欢芝加哥的工作，无论你遭遇飞机失事的可能性多么渺茫，最大化最小准则都认为你应该选择纽约这份枯燥的工作。

也许在某些情况下，相关结果的概率完全未知，甚至没有意义，而且可能在这些情况下，最大化最小准则，或者本节前面讨论的其他准则是恰当的。然而结果是，在可能的情况下，合理的做法应该是关注所有可能的收益以及不同情形发生的可能性。例如，当面对表 6.1 中的是否带伞的问题时，全面考虑支付矩阵中的所有四个单元格以及下雨概率才是合理的。

期望值

从现在开始，假设我们能够为每个结果分配概率，而且这么做是有意义的，也就是说，我们将从关注不确定性下的选择转向探讨风险下的选择。在这一节中，我们将引入期望值这一特别直接的方法，它会综合考虑整个支付矩阵和概率。

一次赌局的**期望值**（expected value）是你参与赌局时，从长期来看期望能赢得的平均金额。假设我向你进行如下提议：我将掷一枚公平硬币，如果硬币的正面朝上（H），我就给你 10 美元，如果硬币反面朝上（T），就什么也不给。这是一个相当划算的交易：你存在 50%的概率会获得 10 美元。这一赌局可以容易地用树状图或者统计表来表示，如图 6.2 所示。很显然，长期来看，你参与这次赌局平均会获得 5 美元；也就是这一赌局的期望值是 5 美元。当你用获胜的概率（1/2）乘以会赢得的金额（10 美元）时，也会得到 5 美元这一结果。

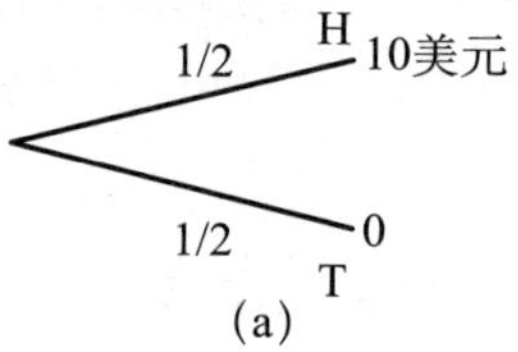

(a)

提议	H	T
支付	10美元	0

(b)

图 6.2　简单赌局

练习 6.5　乐透 49 选 6

用图 6.2（a）和（b）的形式表示参与乐透 49 选 6（参见练习 4.28）的人所面临的赌局。假设大奖是 100 万美元。

例子 6.6　乐透 49 选 6（续）

如果大奖是 100 万美元，一张乐透 6/49 彩票的期望值是多大？

我们从练习 4.28 中了解到，13 983 816 张彩票中会有一张赢得大奖。从长远来看，彩票持有者平均会得到的金额为 1/13 983 816×1 000 000 美元。如果你将获胜的概率乘以赢得的金额，你会得到相同的答案：0.000 000 07×1 000 000=0.07 美元，也就是 7 美分。

问题 6.7

你参与这个赌局会付出什么代价？如果你愿意付钱玩这个游戏，你希望实现什么结果？

有时你可以做出两种或更多种行为，此时你就面临选择。例如，想象一下你可以选择图 6.2 中的赌局，或者确定地得到 4 美元。此时我们可以用图 6.3（a）所示的树状图表示你的决策问题。我们也可以认为，无论赌局中硬币是正面朝上还是反面朝上，你拒绝参与赌局的结果都是 4 美元。因此，我们可以认为该赌局与图 6.3（b）别无二致。后一个决策树让我们很容易将这一赌局表示为表格的形式［见图 6.3（c）]。“拒绝”这一行中对应的数字表示你拒绝参与赌局时的结果，也就是无论赌局结果如何，你都会获得 4 美元。

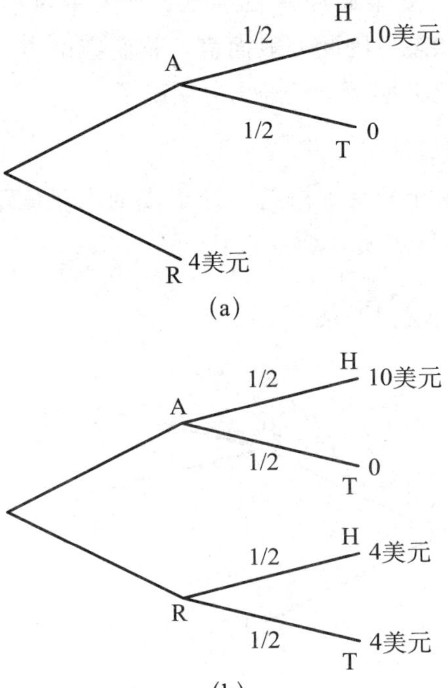

	H	T
接受	10美元	0
拒绝	4美元	4美元

(c)

图 6.3　赌局间的选择

练习 6.8　期望值

参见图 6.3（c）回答下列问题。

(a) 接受此赌局的期望值是多少？(b) 拒绝此赌局的期望值是多少？

你可能想知道是否所有赌局都可以表示为表格的形式：答案是肯定

的。例如，思考一下，如果你赢得了如图 6.2 所示的赌局会发生什么，也就是你掷硬币之后结果正面朝上。此时，你所参与的复杂赌局会如图 6.4（a）所示。分析此类更加复杂的多阶段赌局的关键就在于，利用“乘法规则”构建一个简化版本。在本例中，你有 1/4 的概率赢得 10 美元和 3/4 的概率空手而归。因此，这一赌局也可以表示为图 6.4（b）。这使得如何用表格形式即图 6.4（c）表示一个复杂赌局一目了然。现实中可能存在两个以上的行动，或者不止两种状态。因此一般而言，我们会得出一个如表 6.4 所示的矩阵。至此，如何定义期望值已经十分明确了。

定义 6.9　期望值

给定如表 6.4 所示的决策问题，行动 A_i 的期望值 $EV(A_i)$ 为：

$$EV(A_i) = \Pr(S_1) \times C_{i1} + \Pr(S_2) \times C_{i2} + \cdots + \Pr(S_n) \times C_{in}$$
$$= \sum_{j=1}^{n} \Pr(S_j) \times C_{ij}$$

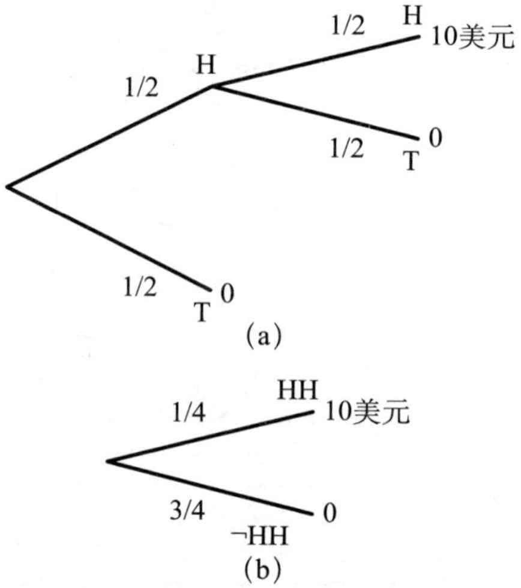

	HH	¬HH
赌局	10美元	0

（c）

图 6.4　多阶段赌局

这个等式看起来很复杂，但实际计算过程很简单。对于每个状态，也就是表中的每一列，可以先用该状态发生的概率乘以它发生时你所获得的值；然后，将所有的数字相加。如果你想要对比两个或多个行动，就按上述方式对每个行动进行计算，然后，对比这几个数字。正如你所看到的，这个公式为支付矩阵中的每个单元格以及不同现实状态的概率都赋予了一定的权重。

表 6.4　一般性决策问题

	S_1	S_2	…	S_n
A_1	C_{11}	C_{12}	…	C_{1n}
⋮	⋮	⋮		⋮
A_m	C_{m1}	C_{m2}	…	C_{mn}

在计算期望值时，表格通常很方便，因为它直观地告诉我们如何应用定义 6.9 中的公式。某些更复杂的赌局也可以表示为表格的形式，这一事实意味着该公式也适用于更复杂的赌局。因此，只要结果可以表示为美元、发生的损失等等，就能很好地定义这个概念。下面介绍一些我们在赌场和其他现实生活场景中可能遇到的决策问题，以此来证明这一知识点的用处。

练习 6.10　轮盘赌

轮盘赌转轮的窄槽编号为 0，00，1，2，3，…，36（见图 6.5）。参与者下注后，赌台的主持人旋转转轮，根据结果进行支付。参与者可以进行多种类型的投注。表 6.5 列出了可以进行的投注类型，以及 1 美元的赌注获胜时可以获得的不同金额。将该表填写完整。

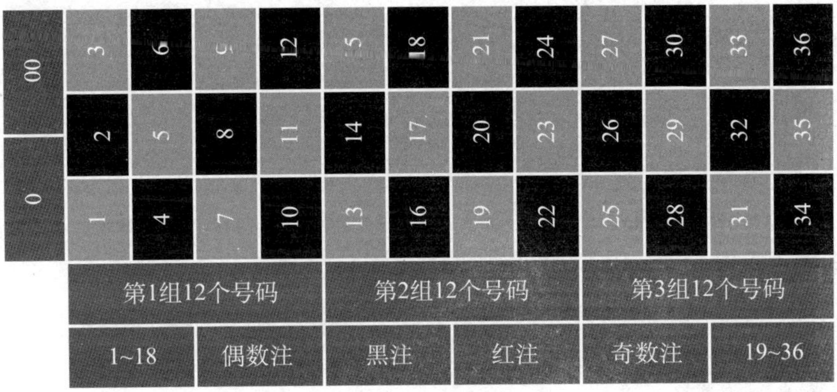

图 6.5　轮盘赌桌

表 6.5　轮盘赌

赌注	描述	支付（美元）	获胜概率	期望值
单一号下注	1 个数字	36		
分开下注	2 个数字	18		
路注	3 个数字	12		
角注	4 个数字	9		
头五位下注	0，00，1，2，3	7		
六数组合注	6 个数字	6		
第 1 组 12 个号码下注	1～12	3		
第 2 组 12 个号码下注	13～24	3		
第 3 组 12 个号码下注	25～36	3		
红注		2		
黑注		2		
偶数注		2		
奇数注		2		
低半区注	1～18	2		
高半区注	19～36	2		

练习 6. 11　停车

你正在纠结是合法停车还是违章停车，并且决定要做出理性选择。用负数表示计算期望值时的成本。

(a) 假设停车罚单为 30 美元，如果你违章停车，被贴罚单的概率是 1/5。违章停车的期望值是多大?

(b) 假设你将期望值作为生活指南，支付合法停车的 5 美元停车费是否值得?

当存在多个非零支付的状态时，完全可以计算期望值。

例子 6. 12

你面临以下赌局：如果（公平）硬币的正面朝上，你将获得 10 美元；如果硬币反面朝上，你需要付给对方 10 美元。这场赌局的期望值是多少?

该赌局的期望值是 $1/2\times10+1/2\times(-10)=0$。

练习 6. 13

假设有人掷一个公平骰子：如果掷出 1 点，她就付给你 1 美元；如果掷出 2 点，她就付给你 2 美元，依此类推。这一赌局的期望值是多少？

练习 6.14 《一锤定音》

你正在参加《一锤定音》(Deal or No Deal) 节目，你面对多个盒子进行选择，每个盒子里装有不同的未知金额（见图 6.6)。现在，你面前有三个盒子，分别装有 900 000 美元、300 000 美元和 60 美元，但是，你并不知道具体每个盒子的金额。规则如下：如果你选择打开这些盒子，你可以按照想要的任何顺序打开它们，但你只能留下最后一个盒子里的钱。

(a) 打开三个盒子的期望值是多少？

(b) 主持人向你提供了一个选择，你可以选择获得确定的 400 000 美元，也可以选择打开三个盒子。假设你想要最大化期望值，你应该做何选择？

(c) 你拒绝了 400 000 美元的选择，并且打开了一个盒子。不幸的是，它装有 900 000 美元。打开剩下的两个盒子的期望值是多少？

(d) 主持人又向你提供了一个选择，你可以获得确定的 155 000 美元，也可以选择打开剩下的两个盒子。假设你想要最大化期望值，你应该做何选择？

图 6.6　《一锤定音》

期望值计算是**成本收益分析** (cost-benefit analysis) 的核心，这一分析常被用来确定各种类型的项目是否值得开展。公司利用成本收益分析决定是否投资新工厂、是否开展新的营销活动等。政府利用成本收益分析决定是否建造桥梁、铁路和机场；决定是否鼓励外商投资建厂；是否彻底改革税制；以及其他很多事情。这一分析的基本思路是将预期收益与预期成本进行比较：如果收益超过或等于成本，就认为该项目值得开展，否则就不值得。

到目前为止，我们已经了解到如何利用概率的相关知识计算期望值。如果我们对期望值的了解足够深入，也可以利用定义 6.9 来计算概率。因此，作为例子，我们可以思考下面的几个问题。

例子 6.15　停车（续）

如果停车罚单为 30 美元，而合法停车需要花费 5 美元，那么，当被贴罚单的概率为多大时，合法停车与违章停车的期望值相等？

我们可以通过建立一个方程来解决这个问题。首先，假设违章停车时被贴罚单的概率为 p。进一步地，假设违章停车的期望值等于合法停车的期望值：$p\times(-30)=-5$。求解 p，可以得到 $p=(-5)/(-30)=1/6$。这意味着如果被贴罚单的概率是 1/6，那么，二者的期望值是相同的。如果 p 大于 1/6，那么，合法停车的期望值大于违章停车的期望值；如果 p 小于 1/6，那么，合法停车的期望值小于违章停车的期望值。

练习 6.16　停车（续）

假设合法停车的费用仍为 5 美元。

(a) 如果罚单为 100 美元，那么，违章停车时被贴罚单的概率是多大时，合法停车与违章停车的期望值相等？

(b) 如果罚单是 10 美元呢？

问题 6.17　停车（续）

给定停车费用以及违章停车的罚款，被贴罚单的概率为多大时，合法停车与违章停车的期望值相等？

法经济学（law and economics）这一领域所研究的就是此类问题，即探讨在什么条件下人们会违反法律，以及如何设计法律以实现最优的犯罪水平。

练习 6.18　乐透 49 选 6（续）

假设乐透 49 选 6 的彩票价格为 1 美元，获胜者将获得 1 000 000 美元。获胜的概率需要为多大，才能使这个彩票是**精算公平**（actuarially fair）的？也就是说，它的价格等于其期望值？

练习 6.19　保修

一台平板电脑的售价为 325 美元；可以选择一年保修期，也就是说，如果一年内损坏就无偿换新，这一保修服务的售价为 79 美元。平板电脑损坏的概率需要为多大，才能让购买保修服务的期望值等于不购买它时的期望值?

正如上述例子所表明的，相比于产品损坏的概率，保修服务的价格通常定得过高。

不幸的是，期望值在被用作生活指南时有其缺陷。显然，我们只能在用美元、现实损失或类似方式描述后果时计算期望值。如果某一结果 C_{ij} 不能用数字表示，那么，期望值的定义毫无意义。此外，在许多情况下，期望值这种思考方式可能会得出明显不合理的建议，因此，并不能作为在现实生活中进行决策的通用指南。举例来说，假设你身处赌场，讨债的黑手党在30分钟后就会找到你，你该怎么办呢？如果你不立马交出10 000美元的话，后果会十分严重，那么，此时参与赌博就是一个十分理性的做法，尽管这么做的期望值很低。最后，思考下面这个著名的案例。

例子6.20　圣·彼得堡悖论

一种赌局是：抛一枚普通硬币多次，如果出现正面朝上就会获得奖励。如果抛了一次就出现正面朝上，会获得2美元；如果抛了两次才出现正面朝上，会获得4美元；如果抛了三次出现正面朝上，会获得8美元；依此类推（见表6.6）。这一赌局的期望值是多少?

可以注意到，抛第一次就出现正面朝上（H）的概率是1/2；抛第一次时反面朝上并且第二次正面朝上（TH）的概率是1/4；前两次反面朝上并且第三次正面朝上（TTH）的概率是1/8；依此类推。因此，这一赌局的期望值是：

$$\frac{1}{2}\times 2+\frac{1}{4}\times 4+\frac{1}{8}\times 8+\cdots=1+1+1+\cdots=\infty\text{（美元）}$$

总的来看，这一赌局的期望值是无限大。这意味着如果想要最大化期望值，你愿意为这一赌局支付任何（有限的）价格。无论发生什么，你都会得到相应的收益。这似乎不对，这一结果也因此得名**圣·彼得堡悖论**（St Petersburg paradox）。

表6.6　圣·彼得堡赌局

	H	TH	TTH	…
圣·彼得堡赌局	2美元	4美元	8美元	…

期望效用

我们在第 4 章中的计算表明，像乐透 49 选 6 之类的博弈并不值得参与（参见练习 4.28）。但是，事情并非如此简单。原因之一在于，正如我们在本章进行深入探讨时所发现的，奖金的多少十分重要（参见例子 6.6）。同样重要的是，一张 1 美元钞票的价值并不等同于其他的 1 美元钞票。相比第十张 1 美元钞票，你可能更在乎装进你钱包里的第一张 1 美元钞票。再或者，如果黑手党在向你追讨一笔 10 000 美元的欠债，不全部还清的话后果就会很严重，那么最初的 9 999 张 1 美元钞票对你而言完全没有用，而真正挽救你的是第 10 000 张 1 美元钞票。

为了解释这一现象，并同时解决圣·彼得堡悖论，我们重新引入第 2 章中的效用概念。货币的效用通常可以用这样的图表示：x 轴表示货币（或财富，或收入），y 轴表示效用。举例来说，图 6.7 中，如果 $u(x)=x$，那么，你的货币期望值可以表示为短线段虚线；如果黑手党在向你追债，货币的效用可以表示为实线；如果你得到的货币越多，从 1 美元钞票中获得边际效用越来越少，也就是货币的边际效用递减时，就可以表示为点虚线。正如图中的点虚线所示，当沿着横轴向右移动时，曲线逐渐向下弯曲，我们称之为**凹的**（concave）。

对于大多数商品而言，边际效用都是递减的。当你从自动售卖机里购买

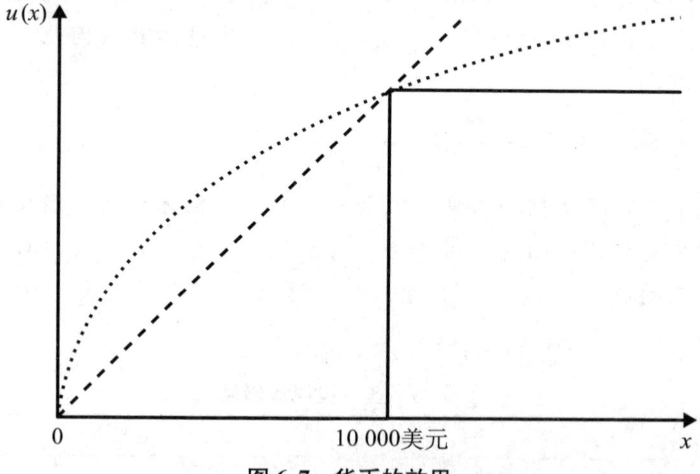

图 6.7　货币的效用

报纸时，如果将硬币投入投币口，门就会打开，你可以从一沓报纸中取出报纸。没有什么能阻止你拿走两份或者更多的报纸，但大多数人并没有这么做，为什么呢？对于报纸售卖机来说能够行得通，是因为报纸的边际效用是锐减的。你能从第一份《华尔街日报》中得知市场上的资讯信息，但其他报纸除了用来叠搞笑的帽子或者包鱼之外，毫无用处。然而，这一规则也存在例外情况。啤酒的自动售卖方式就不同于报纸，背后的理由十分充分：啤酒的边际效用非但不递减，甚至有可能递增。你可能在书中读到过类似的情景，当人们喝过一杯啤酒之后，再来一杯的雅兴就会随之而来，第二杯啤酒似乎比第一杯更可口，随后的每一杯都是如此。因此，当人们说"一起喝一杯啤酒"时，只喝一杯啤酒就像独角兽一样，只是一种神话动物罢了。

了解这一概念有什么用呢？思考表 6.6 中的圣・彼得堡赌局。我们假设货币的边际效用是递减的，这一假设看起来很合理。

从数学的角度来看，货币金额 x 的效用可能等于 x 的对数，因此，$u(x)=\log(x)$。如此一来，我们可以将表 6.6 转换为另一个表（见表 6.7），其中的结果不是用美元而是用效用表示。现在，我们可以计算这一赌局的**期望效用**（expected utility）。赌局的期望效用指的是当你参与某一赌局时，从长远来看平均可以获得的效用。对于圣・彼得堡赌局而言，期望效用为：

$$\frac{1}{2}\times\log(2)+\frac{1}{4}\times\log(4)+\frac{1}{8}\times\log(8)+\cdots\approx 0.602<\infty$$

表 6.7　圣・彼得堡赌局的效用

	H	TH	TTH	…
圣・彼得堡赌局	log(2)	log(4)	log(8)	…

由此可见，我们可以明确定义圣・彼得堡赌局的期望效用，并且，这一效用是有限的。（在例子 6.37 中，我们将用美元的形式计算赌局的价值。）以下是我们对期望效用的正式定义。

定义 6.21　期望效用

给定如表 6.4 所示的决策问题，某一行动 A_i 的期望效用 $EU(A_i)$ 可定义如下：

$$\begin{aligned}EU(A_i) &= \Pr(S_1)\times u(C_{i1})+\Pr(S_2)\times u(C_{i2})+\cdots+\Pr(S_n)\\&\quad\times u(C_{in})\\&=\sum_{j=1}^{n}\Pr(S_j)\times u(C_{ij})\end{aligned}$$

如果一个人所选择的选项具有最大化期望效用，我们称之进行了**期望效用最大化**（expected-utility maximization）。诸如圣·彼得堡悖论的例子表明，相比于期望值最大化，期望效用最大化既是一种更好的行为指南，也能够对实际行为进行更好的描述。也就是说，相比期望值理论，期望效用理论既是一种更好的规范性理论，也是一种更好的描述性理论。期望效用的计算并不比期望值的计算困难太多，你只是需要将每一种结果的效用乘以它们的概率即可。

例子 6.22　期望效用

重新思考图 6.3（c）中的赌局。假设你的效用函数是 $u(x)=\sqrt{x}$ 。你是否应该接受赌局？

拒绝赌局的效用是 $EU(R)=u(4)=\sqrt{4}=2$ 。接受赌局的效用是 $EU(A)=\frac{1}{2}\times u(10)+\frac{1}{2}\times u(0)=\frac{1}{2}\times\sqrt{10}\approx 1.58$ 。显而易见应该拒绝参与赌局。

练习 6.23　期望效用（续）

假设你的效用函数是 $u(x)=x^2$ 。

(a) 拒绝赌局的期望效用是多大？

(b) 接受赌局的期望效用是多大？

(c) 你应该怎么做？

如果在横轴上从左向右移动，曲线向上弯曲，我们称之为**凸的**（convex），比如 $u(x)=x^2$ 就是凸的。

例子 6.24　乐透 49 选 6（续）

假设你的效用函数为 $u(x)=\sqrt{x}$ ，赢得乐透 49 选 6 大奖的概率为 1/13 983 816，大奖金额是 100 万美元。

(a) 一张乐透彩票的期望效用是多少？

(b) 为了获得这张乐透彩票，你所放弃的美元的期望效用是多少？

(c) 你更喜欢哪一个？

练习 6.25　期望效用（续）

假设你面临三种赌局。A 赌局中你存在 1/3 的概率赢得 9 美元。B 赌局中你存在 1/4 的概率赢得 16 美元。C 赌局中你存在 1/5 的概率赢得 25 美元。

(a) 如果你的效用函数为 $u(x) = \sqrt{x}$ ，你应该选择哪个赌局？

(b) 如果你的效用函数为 $u(x) = x^2$ ，你应该选择哪个赌局？

练习 6.26　期望值和期望效用

假设你的效用函数是 $u(x) = \sqrt{x}$ 。计算下列赌局的 (i) 期望值和 (ii) 期望效用：

(a) G 赌局：你存在 1/4 的机会赢得 25 美元和 3/4 的机会赢得 1 美元。

(b) G^* 赌局：你存在 2/3 的机会赢得 7 美元和 1/3 的机会赢得 4 美元。

期望效用分析的另一个主要优点是：它可以用于分析那些结果并不表示为美元、实际损失等形式的决策。只要所有的结果都对应了一定的效用，就可以广泛地应用期望效用公式。这也就是说，只要你是理性的，就会对不同的结果存在偏好，那么，就可以计算期望效用。因此，期望效用理论至少潜在地适用于所有决策。下面的练习表明了当结果无法量化时，可以如何应用期望效用推理。

练习 6.27　听力受损

一名听力受损的患者正在考虑是否接受手术治疗。如果她不接受手术治疗，她的听力既不会好转也不会恶化。而如果她接受了手术治疗，她听力改善的概率为 85%，但存在 5%的可能性会恶化。如果她没有进行手术，她的效用为零。如果她进行手术后听力确实改善了，她的效用为 10；如果手术后听力没有变化，她的效用为 −2；而如果手术后听力恶化，她的效用为 −10。

(a) 绘制表示该决策问题的树状图。

(b) 绘制一张表格表示该问题。

(c) 不进行手术的期望效用是多少？

(d) 进行手术的期望效用是多少？

(e) 这名患者应该如何选择？

练习 6.28　感恩节的纠结

假设你正在纠结是否回家过感恩节。你想看到家人，却担心你的姨妈可能在，而你不太喜欢她。如果你不回家的话，希望跟你的室友一起过节，但她也有可能离开你回家过节。假设你姨妈出现的概率是 1/4，你的室友回家过节的概率是 1/3。姨妈不在场时，你与家人庆祝感恩节的效用是 12，而姨妈在场的话是 −2。不回家跟室友一起过节的效用是 9，而自己过节的效用是 3。

（a）绘制决策树。

（b）分别计算回家和不回家的期望效用。

（c）你应该怎么做？

练习 6.29　帕斯卡的赌局

17 世纪法国数学家和哲学家布莱斯·帕斯卡（Blaise Pascal）提出了以下对信仰上帝的讨论。这个讨论通常被称为**帕斯卡的赌局**（Pascal's wager）。上帝要么存在（G），要么不存在（¬G）。我们可以选择信仰上帝（B）或者不信仰上帝（¬B）。如果上帝不存在，那么我们是否信仰无关紧要：效用是等同的。然而，如果上帝确实存在，就另当别论了：如果我们信仰，就会享受到永恒极乐；而如果不信仰，就会遭受地狱之火。

（a）选取适当的效用，以表格形式表示这一决策问题。

（b）用 p 表示 G 实现的概率。那么 B 和 ¬B 的期望效用分别是多少？

（c）你应该怎么做？

需注意的是，p 的大小并不重要。无论如何，B 都对应着更高的期望效用，这也意味着 B **占优**（dominate）于 ¬B。

当然，如果我们得知期望效用的大小，定义 6.21 也可用于计算概率。为了深入理解这一点，我们提出了下列问题。

例子 6.30　雨伞问题（续）

这一问题可参见表 6.1（b），即前面的雨伞问题。如果下雨的概率是 p，当 p 为多大时，带伞和不带伞的期望效用相等？

要回答这个问题，需要列出以下等式：EU(带伞)$=EU$(不带伞)。给定表 6.1（b）中的效用，这意味着 $3=p\times 0+(1-p)\times 5$，可以得出 $p=2/5$。

练习 6.31　无差异

参考表 6.2。用 p 表示结果为 S_1 的概率。

(a) 如果一个期望效用最大化的人认为 A 和 B 无差异，那么此时 p 多大？

(b) 如果另一个期望效用最大化的人认为 B 和 C 无差异，那么此时 p 多大?

(c) 如果第三个期望效用最大化的人认为 A 和 C 无差异，那么此时 p 多大?

对于风险的态度

你可能已经注意到了，期望效用理论会影响人们对风险的态度。你是会拒绝赌局（如例子 6.22 所示）还是会接受赌局（如练习 6.23 所示），在某种程度上取决于你的效用函数的形状。这意味着我们可以根据人们的效用函数的特征来解释人们对于风险的态度。

期望效用理论可以解释，为什么人们通常愿意接受一个确定的金额，而会拒绝一个期望值等于该金额的赌局。为了理解这一点，我们只需在期望效用理论中纳入货币的边际效用递减这一辅助假设。

例子 6.32　风险厌恶

假设你拥有 2 美元，有人向你提供了一个赌局，你存在 50%的概率赢得 1 美元，也存在 50%的概率输掉 1 美元。这一决策问题可以表示为图 6.8。你的效用函数为 $u(x)=\sqrt{x}$，也就是说边际效用是递减的。你是否应该接受这个赌局?

这个问题也可以表示为表 6.8。计算期望效用后可以发现，你应该拒绝这个赌局，因为 $EU(\text{接受})=\frac{1}{2}\times\sqrt{3}+\frac{1}{2}\times\sqrt{1}\approx 1.37$，而 $EU(\text{拒绝})=\sqrt{2}\approx 1.41$。

表 6.8　另一个赌局

	赢（1/2）	输（1/2）
接受（A）	$\sqrt{3}$	$\sqrt{1}$
拒绝（R）	$\sqrt{2}$	$\sqrt{2}$

一个期望值最大化的人会认为，接受还是拒绝这个赌局无差异，因为这两个选择的期望值都是 2 美元。那么，显而易见，如果你的效用函数为 $u(x)=x$，那么，你对于接受还是拒绝也是无差异的。为了进一步比较，思考下列问题。

练习 6.33　风险爱好

再次思考图 6.8 中的赌局。此时假设效用函数是 $u(x) = x^2$ 。不同于前一个效用函数，当货币数量增加时，这一效用函数会变得更加陡峭。分别计算接受和拒绝这一赌局的期望效用。你应该怎么做？

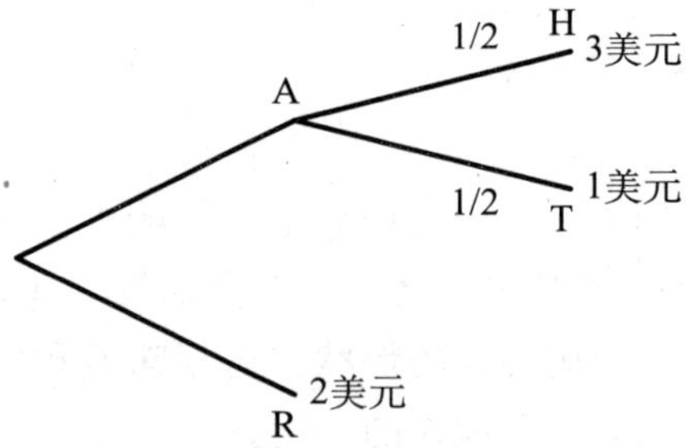

图 6.8　风险厌恶

正如上述所有例子所表明的，你对于风险的态度（或者说你的**风险偏好**（risk preference））与效用函数的形状有关。也就是说，你应该拒绝还是接受一个期望值为零的赌局取决于你的效用函数是愈发平坦还是更加陡峭（即向下还是向上弯曲）。一般来说，如果你愿意选择某个确定金额，而拒绝一个期望值等于该金额的赌局，那么，我们称你是**风险厌恶的**（risk averse）；如果你愿意接受赌局，就称你是**风险爱好的**（risk prone）；如果你感到无差异，那么，就称你是**风险中性的**（risk neutral）。因此，如果你的效用函数向下弯曲（当你沿横轴从左向右移动时），你就是风险厌恶的；如果你的效用函数向上弯曲，你就是风险爱好的；如果你的效用函数是直线，你就是风险中性的。

需注意的是，这一理论本身并没有强调你的效用函数应该是什么形状。在大多数情况下，经济学家都会假设货币效用是递增的，也就是钱越多越好。但这只是一个辅助假设，并非该理论的一部分。这没有约束你对于风险的态度；它甚至并未提到当你获得更多（或者更少）货币时，对于风险的态度必须始终如一。举例来说，你的效用函数也许看起来类似于图 6.9 中的实线。此时，你在小于 x^* 时是风险爱好的，而在大于 x^* 时是风险厌恶的。再者，你的效用函数也许看起来很像图中的虚线。此时你在小于 x^* 时是风险厌恶的，而在大于 x^* 时是风险爱好的。下一个练习表明了现实世界中，人们在各式各样的行为中如何体现出他们对于风险的态度。

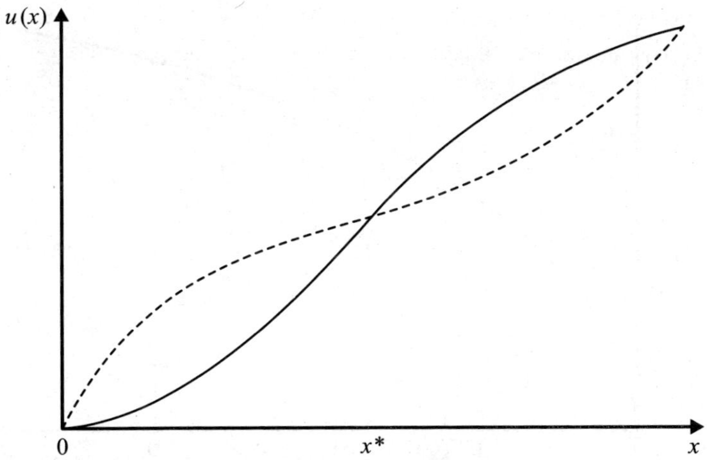

图 6.9 S形的效用函数

练习 6.34 对风险的态度

判断下面的人是风险爱好的、风险厌恶的还是风险中性的。

(a) 投资股票市场而不是储蓄账户的人。

(b) 投资债券而非股票的人。

(c) 购买彩票而不持有现金的人。

(d) 购买家庭保险的人。

(e) 玩轮盘赌的人。

(f) 始终最大化期望值的人。

(g) 有不安全的性行为的人。

有时，计算赌局的**确定性等价**（certainty equivalent）十分有用。如果你对于接受某个确定金额和参与某个赌局感到无差异，那么，这笔金额就是这个赌局的确定性等价。

定义 6.35 确定性等价

赌局 G 的确定性等价就是满足下列方程的金额 CE：$U(CE)=EU(G)$。

确定性等价代表了某个赌局对于你的价值。确定性等价决定了你的支付意愿（WTP）和接受意愿（WTA）。用图形的形式来看，给定如图6.10所示的效用函数，假设某个赌局中，你存在50%的机会赢得A、存在50%的机会赢得B，你可以通过下面的步骤得到这个赌局的确定性等价。

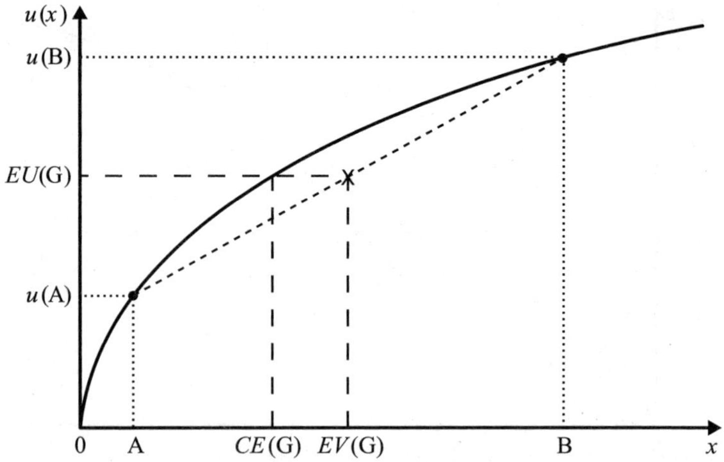

图 6.10　找到确定性等价

（1）在 A 正上方的效用曲线上画一个点。这个点代表 A 的效用（对应 y 轴）。

（2）在 B 正上方的效用曲线上再画一个点。这个点代表 B 的效用（对应 y 轴）。

（3）在这两个点之间画一条直线。

（4）将这条直线的中点标记为×。×代表这个赌局的期望效用（对应 y 轴）和赌局的期望值（对应 x 轴）。

（5）从×向左引出一条虚线，与效用曲线相交于一点。

（6）从交点处向下引出虚线，直线对应的 x 轴上的金额即为确定性等价。

这一过程如图 6.10 所示。同样的方法也可以用于概率不是 50－50 的赌局。唯一变化的是×在图 6.10 中直线上的位置。如果赢得 A 的概率为 3/7，赢得 B 的概率为 4/7，那么，你应该将×自左向右放在离 A 点距离为 AB 间线段总长的 4/7 处。如果赢得 B 的概率不断增加，那么×会随之向右移动到 B，赌局的期望效用将接近 B 的效用；如果赢得 A 的概率不断增加，×将随之向左移动到 A，该赌局的期望效用会接近 A 的效用。

练习 6.36　确定性等价

演示如何在效用函数向上弯曲的情况下，找到同一赌局的确定性等价。确认此时确定性等价大于期望值。

需记住的是：当效用函数向下弯曲时，你是风险厌恶的，虚线落在效用函数的下方，确定性等价小于期望值。当效用函数向上弯曲时，你是风险爱好的，虚线落在效用函数的上方，确定性等价大于期望值。反复阅读这一段，确保你理解了这一点。

用代数的方法，可以通过计算某一赌局的期望效用 x，然后求解方程 $u(CE)=x$，就可以得到某一赌局的确定性等价，也就是说，你可以通过计算 $CE=u^{-1}(x)$ 得到答案。只要 $u(\cdot)$ 随着货币是严格增加的，通常情况也是如此，那么一定可以得出反函数。思考表 6.8 中的赌局。我们知道该赌局的期望效用约等于 1.37。你可以通过求解 $u(CE)=1.37$ 得到确定性等价。给定效用函数 $u(x)=\sqrt{x}$，这意味着 $CE=1.37^2\approx 1.88$。因为你是风险厌恶的，这一赌局的确定性等价要低于它的期望值 2。

例子 6.37　圣·彼得堡悖论（续）

我们从前面了解到，如果一个行为人的效用函数为 $u(x)=\log(x)$，那么圣·彼得堡赌局的期望效用大约为 0.602。这个赌局的确定性等价是多大？

我们可以通过求解下面这个方程来计算确定性等价：$\log(CE)=0.602$。因此，确定性等价 $CE=10^{0.602}\approx 4.00$。也就是说，圣·彼得堡赌局价值为 4 美元。

练习 6.38

当效用函数为 $u(x)=x^2$ 时，计算如图 6.8 所示的赌局的确定性等价。

我们以下面的一系列练习结束本节内容。

练习 6.39

假设你可以选择 4 美元或者下列赌局 G：以 1/4 的概率赢得 9 美元和以 3/4 的概率赢得 1 美元。

(a) 假设你的效用函数为 $u(x)=\sqrt{x}$。4 美元的效用是多大？赌局 G 的效用是多大？确定性等价是多大？你会选择哪一个？

(b) 假设你的效用函数是 $u(x)=x^2$。4 美元的效用是多大？赌局 G 的效用是多大？确定性等价是多大？你会选择哪一个？

练习 6.40

假设你的效用函数是 $u(x)=\sqrt{x}$，并且你面临一个赌局：如果你幸运的话可以赢得 4 美元，如果不幸运的话会赢得 1 美元。

（a）假设赢得 4 美元的概率是 1/4，赢得 1 美元的概率是 3/4。这个赌局的期望值是多大？

（b）假设赢得 4 美元的概率仍然是 1/4，赢得 1 美元的概率是 3/4。这个赌局的期望效用是多大？

（c）假设赢得 4 美元的概率仍然是 1/4，赢得 1 美元的概率是 3/4。赌局的确定性等价是多少？也就是说，如果确定地给你金额为 X 的一笔钱，你觉得这个赌局和这笔钱二者无差异，金额 X 是多大？

（d）现在假设赢得 4 美元的概率是 p，赢得 1 美元的概率为 $1-p$。如果这一赌局的效用等于 3/2，p 是多大？

练习 6.41

假设你的效用函数是 $u(x)=\sqrt{x}$，并且你面临一个赌局：如果幸运的话可以赢得 16 美元，如果不幸运的话可以赢得 4 美元。

（a）假设赢得 16 美元的概率是 1/4，赢得 4 美元的概率是 3/4。这个赌局的期望效用是多大？

（b）假设赢得 16 美元的概率仍然是 1/4，赢得 4 美元的概率是 3/4。这个赌局的确定性等价是什么？

（c）现在假设赢得 16 美元的概率是 p，赢得 4 美元的概率是 $(1-p)$。如果这个赌局的期望效用等于 9/4，p 是多大？

（d）给定上述效用函数的形式，你是风险厌恶的还是风险爱好的？

练习 6.42　乐透 49 选 6（续）

如果效用函数为 $u(x)=\sqrt{x}$，计算练习 4.28 中的乐透 49 选 6 彩票的确定性等价。

讨　论

在本章中，我们探讨了在风险和不确定性条件下进行理性选择的原则。正如本章引言中所指出的，根据传统观点，当概率未知或者完全没有意义时，你将面临不确定的选择。我们接下来探讨了这种情况下可能适用的理性选择原则。当有可能得知相关现实状态的概率并且这么做有意义时，就可以计算期望值，此时，你就可以应用期望值和期望效用理论。

风险和不确定性二者的区别并非泾渭分明。在现实生活中，应该将一个决策视为哪种情况可能并不明显。思考对一种未经审查的新化学材料的管制。尽管关于这些新材料我们知之甚少，但它们总存在一定的可能性是有害的。某些人认为这意味着政策制定者面临一种不确定性下的选择，此时应该适用最大化最小准则，也就是新材料应该被禁止或者严格管制，直到它的安全性能够得到证实。而另一些人认为我们能够并且必须判断所有可能的情况出现的概率，也就是说，如果证明新材料有害的概率很低，那么期望效用计算就支持新材料的使用（除非或者直到证明了它们的有害性）。因此，我们将一个决策视为不确定的还是风险下的决策，可能会产生实质性的后果。如何审慎地解决此类问题并不显而易见。（我们将在第 7 章中探讨模糊概率时重新讨论这个问题。）

需要注意的一点是，你不能只通过结果来评判一个决策是否理性。如你所知，所谓理性决策指的是，在你进行决策时，根据自己当时的信念，能够最大化期望效用的决策。这一决策可能会导致不利的结果。如果你的决策导致了一些不好的事情发生，这并不意味着你的行为是非理性的：你只是运气欠佳罢了。有时，决策理论家们用“正确”这一术语表示那些带来了最好可能结果的决策。好的决策可能会产生糟糕的结果，这意味着决策可能是理性但错误的。某些决策也可能是非理性但正确的，比如你做出某些特别鲁莽但是却发生了好结果的事情；例如，为了暴富而买彩票，结果真的中了大奖就属于这种情况。毫无疑问，我们总是想做出正确的决定。当然，问题在于我们无法提前得知哪个决策是正确的。这就是为什么我们的目标是做出理性的决策，即成为一个最大化未来期望效用值的人。

例子 6.43　生孩子的合理性

有时人们无法做出理性决策。例如，哲学家 L. A. 保罗（L. A. Paul）认为，在生孩子这件事情上，做出理性的决策是天方夜谭，因为你无法提前得知养育孩子对你而言意味着什么。但这样的观点可能会混淆理性和正确这两个概念。的确，你无法得知什么是正确的决策：你可能对自己的孩子很满意，也许会很痛苦。但你永远无法提前得知什么是正确的决策。幸运的是，根据我们对“理性”的理解，无知并不会阻碍人们做出理性决策。理性并不要求你知道任何事情是什么样的，只要求你在进行决策时，基于自己的信念，选择能够最大化期望效用的任意选项。

我们将在第 7 章中再次讨论正确的和理性的这一问题。

我们对于风险下的选择理论的研究，进一步揭示了加里·贝克尔所理解的行为经济学的研究方法，尤其是他对于最大化行为的观点（见第 2 章）。回想一下（见第 4 章），标准方法并未假设人们会有意识地在头脑中进行计算：所有对于最大化（或最优化）的讨论都是满足偏好的简化情况。还需注意的是，标准方法也没有假设人们是无所不知的，即人们并不知道会发生哪种现实状态。它假设的是人们会根据概率计算的系列公理，为不同的现实状态设定对应的概率，也假设人们会为不同的结果赋予效用，在给定了概率和效用之后，选择能够带来最大期望效用的选项。

在下一章中，我们将讨论这些假设不成立时的情况。

练习 6.44 《一锤定音》(续)

你正在参加《一锤定音》节目，在你面前有三个盒子。其中，一个里面有 1 000 000 美元，还有一个装有 1 000 美元，另一个装有 10 美元。如果你放弃打开这些盒子，将会获得 250 000 美元。

(a) 假设你以期望值为准则，会选择接受确定的金额，还是保留打开这些盒子的权利？

(b) 假设你的效用函数为 $u(x)=\sqrt{x}$，并且你将期望效用作为准则，你会选择接受确定的金额，还是保留打开这些盒子的权利？

(c) 给定效用函数，要让你放弃打开箱子的权利，最少需要给你多少金额？

练习 6.45 恶搞综艺

你正在参加一个恶搞综艺节目，在节目中人们为了得到一辆新车可能被恶搞。你需要选择按下面前的蓝色按钮还是红色按钮。

(a) 如果你按下蓝色按钮，可能发生下面两件事情之一：存在 2/3 的概率你会得到一只活蹦乱跳的青蛙（效用为 −1），存在 1/3 的概率你会获得一辆自行车（效用为 11）。计算按下蓝色按钮的期望效用。

(b) 如果你按下红色按钮，可能发生下面三件事情之一：存在 1/9 的概率你会赢得一辆小汽车（效用为 283）；存在 3/9 的概率你会获得一幅装饰画，画着一名芭蕾舞者在日落时哭泣（效用为 1）；存在 5/9 的概率你会被浇上一身绿色的黏液（效用为 −50）。计算按下红色按钮的期望效用。

(c) 你应该怎么做？

练习 6.46　错误的批评

某些批评家认为，新古典主义经济学家认为，无论问题多么复杂，人类都能够在头脑中或者用计算机算出每个最大化问题的解决方案。例如，批评者会说："认知科学、经济学和动物行为研究中，关于无限理性和最优化的传统模型，倾向于将决策者视为拥有超自然的理性力量、无限的知识和无穷的时间。"解释为什么这种批评并未切中要害。

参见练习 7.34。

扩展阅读

对于不确定性下的选择的经典定义和讨论来自露丝和莱福（Luce and Raiffa，1957，Chapter 13）；罗尔斯（Rawls，1971）论证了罗尔斯的正义论，而海萨尼（Harsanyi，1975）对其进行了批判。阿林汉姆（Allingham，2002）和彼得森（Peterson，2009）对期望效用理论进行了有益的介绍。关于不后悔的妙语出现在王尔德（Wilde，1998［1890］，p. 34）；维尔（Ware，2012）提出了人们最后悔的五件事情；基克格德（Kierkegaard，2000［1843］，p. 72）对于如何避免后悔感到无能为力。保罗和希利（Paul and Healy，2013）提出人们无法理性地决定是否生孩子这一观点。评论家是托德和吉格瑞泽（Todd and Gigerenzer，2000，p. 727）。

您答对了吗？

请扫描二维码获取本章练习答案。

第 7 章　风险和不确定性下的决策

引　言

期望效用理论结合了第 2 章中效用的概念和第 4 章中概率的概念，形成了一套严密而且强大的关于风险下的选择理论。这一理论应用广泛，我们在上一章中已经进行了探讨。然而，在某些情况下，人们的行为会背离这一理论的预测。甚至在某些情形下，对理论的背离看起来似乎才是理性的。在这一章中，我们将对这些情形加以讨论。我们还将继续探讨行为经济学家是如何应对这些对标准经济理论的系统性背离的。为了准确反映实际中人们是如何在风险下进行决策的，我们将对在第 3 章中首次提到的值函数做出进一步的假设，并且引入概率加权函数，这两类函数都是前景理论的基础组成部分，而分析风险下选择的最主要的行为理论非前景理论莫属。

风险下决策中的框定效应

假设你是一名公共卫生部门的官员，考虑一下下列问题。

例子 7.1　亚洲疾病问题 1

假设美国正在应对某种突发的亚洲罕见疾病，该疫情可能会导致 600 人丧生。目前，有两种应对该疫情的可选方案。假设对两种方案的效果进行的准确、科学预测如下：如果采用 A 方案，会治愈其中 200 人；如果采用 B 方案，存在 1/3 的概率治愈全部 600 人，存在 2/3 的概率无人生还。你会选择哪种方案？

当首次向实验参与者提出该问题时，72%的人选择 A，28%的人选择 B。

例子 7.2　亚洲疾病问题 2

假设美国正在应对某种突发的亚洲罕见疾病，该疫情可能会导致 600

人丧生。目前，有两种应对该疫情的可选方案。假设对两种方案的效果进行的准确、科学预测如下：如果采用 C 方案，会导致 400 人丧生；如果采用 D 方案，存在 1/3 的概率没有人丧生，存在 2/3 的概率全部 600 人丧生。你会选择哪种方案？

当首次向实验参与者提出该问题时，只有 22%的人选择 C，78%的人选择了 D。

我们所观察到的反应模式让人困惑。除了表述方式存在差异外，选项 A 与选项 C、选项 B 与选项 D 实质上是一样的。

在分析原因之前，我们先简要讨论为什么这一反应模式难以契合期望效用理论。正如我们在上一章中所了解到的那样，期望效用理论本身并未提到你应该选择安全还是存在风险的选项，因为该理论并未讨论你的风险偏好。但该理论明确提出你的选择应该是自身效用函数的反映。重要的是，图 7.1 中标记为×的点是位于效用函数上方还是下方。如果点×位于效用曲线下方，你将选择安全选项。如果你的效用函数是凹的（如曲线 1 所示），并且是风险厌恶的，就会发生这种情况。如果×位于效用曲线上方，你就会选择赌一把。如果你的效用函数是凸的（如曲线 2 所示），并且是风险爱好的，就会发生这种情况。而如果×位于效用曲线上，那么你认为这两个选项无差异。如果你的效用函数是一条直线（如图中的虚线所示），就会发生这种情况。关键在于，只要你按照期望效用理论行事，无论如何表述这些选项，你要么更偏好安全选项，要么更偏好风险选项，要么认为二者无差异。你的偏好绝对不应该取决于这些选项的表述方式。

既然如此，我们又该如何解释上述研究中人们表现出的行为呢？关键在于该行为可以用框定加以解释。在第 3 章中提到过，当选项的表述方式（特别是该选项是被表述为收益还是损失）会影响人们的偏好和行为时，就会产生框定效应。选项 A 和 B 都以正面的方式加以框定，表述为可能挽救的生命数量；也就是将它们在收益框架内加以展现。而选项 C 和 D 都以负面的方式加以框定，表述为可能丧生的生命数量；也就是说将它们在损失框架内加以展现。

对于收益与损失的这一讨论可能会让你想起我们所熟悉的前景理论中的值函数，我们已经在第 3 章中利用该函数针对框定效应建立了模型。那时我们就了解到，不同于针对全部禀赋的效用函数，值函数关注的是禀赋

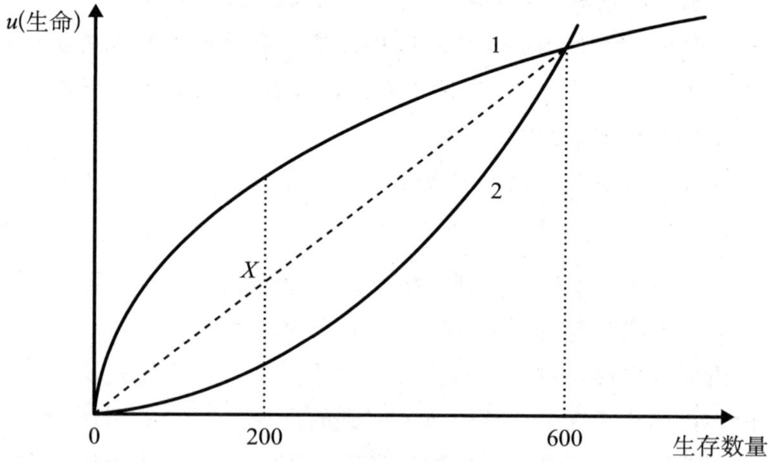

图 7.1　人生存的效用

的变化。我们已经了解到，在对许多行为现象进行建模时，可以假设值函数关于损失相比收益更为陡峭。在此，我们进一步假设对于损失和收益，值函数具有不同的曲率。在损失区域内，我们假设这一曲线向上弯曲（沿横轴从左向右移动时），对应了人们是风险爱好的，而在收益区域内，我们假设这一曲线向下弯曲，对应了人们是风险厌恶的。换句话说，值函数在损失的区域内是凸的，在收益的区域内是凹的。这就产生了一条如图 7.2 所示的 S 形的值函数。

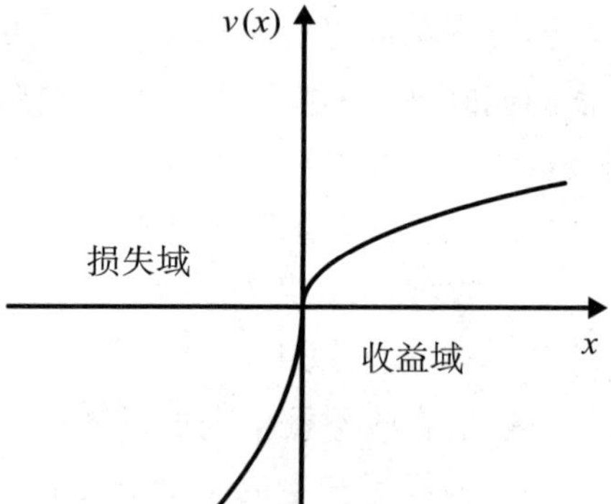

图 7.2　值函数

值函数的曲率含义十分有趣。一方面，它导致了 $v(\pm 0)$ 与 $v(+10)$

之间的绝对差大于 $v(+1\ 000)$ 与 $v(+1\ 010)$ 之间的绝对差，并且对于损失和收益都是如此。如下面的例子所示，我们可以通过代数式分析这一结果。

例子 7.3　曲率

一条 S 形的值函数 $v(\cdot)$ 的定义可以表述为以下两部分：一部分对应收益区域，一部分对应损失区域。例如：

$$v(x)=\begin{cases}\sqrt{\dfrac{x}{2}},\text{对于收益}(x\geqslant 0)\\ -2\sqrt{|x|},\text{对于损失}(x<0)\end{cases}$$

根据这一表达式，± 0 的值为 $v(\pm 0)=0$，$+10$ 的值为 $v(+10)=\sqrt{10/2}=\sqrt{5}\approx 2.24$，二者之差为 $v(+10)-v(\pm 0)\approx 2.24-0=2.24$。同时，$+1\ 000$ 的值为 $v(+1\ 000)=\sqrt{+1\ 000/2}\approx 22.36$，而 $+1\ 010$ 的值为 $v(+1\ 010)=\sqrt{+1\ 010/2}\approx 22.47$。二者之差为 $v(+1\ 010)-v(+1\ 000)\approx 22.47-22.36=0.11$。可见，$v(\pm 0)$ 与 $v(+10)$ 之间的差值远大于 $v(+1\ 000)$ 与 $v(+1\ 010)$ 之间的差值。

该例子中我们所取的都是正数，因此一直处于收益域，这意味着用到的是等式的上半部分。接下来的练习你将会用到等式的下半部分，也就是将会面对负数和损失域的情况。顺便提一下，$|x|$ 是 x 的绝对值：也就是去掉了负号的 x（如果前面有负号的话）。

练习 7.4　曲率（续）

给定相同的值函数，下面哪个差值更大：$v(\pm 0)$ 与 $v(-10)$ 之间的差值还是 $v(-1\ 000)$ 和 $v(-1\ 010)$ 之间的差值？

练习 7.5　再思考夹克/计算器问题

再次思考第 3 章中关于夹克/计算器的经典例子。回想一下，相比于为了 125 美元的夹克节省 5 美元，许多人更愿意为了 15 美元的计算器节省 5 美元而开车去更远的店铺。利用同一值函数，说明 $v(+10)$ 与 $v(+15)$ 之间的差异远大于 $v(+120)$ 与 $v(+125)$ 之间的差异。

练习表明，S 形的值函数实际上可以解释在夹克/计算器情况下观察到的行为。

我们现在可以重新思考亚洲疾病问题。值函数在损失区域中是凸的，而在收益区域中是凹的，这一假设有助于说明人们面临这一问题时的行为。基本的分析过程是：以收益框架向参与者展示这一问题时（如例子7.1所示），参与者将他们的参考点设定为没有人得救的情况（即600人丧生），而以损失框架向参与者展示这一问题时（如例子7.2所示），参与者将他们的参考点设定为没有人丧生的情况（即600人全部获救）。我们可以利用两个值函数反映两类参与者采用了不同的结果作为参考点，从而用一个图形反映这一分析过程。在图7.3中，左上方的凹形值函数描述的是处于收益框架中的人们，而右下角的凸形值函数描述的是处于损失框架中的人们。正如你从该图中所发现的那样，处于收益框架中的人们相比B更偏好A，但处于损失框架中的人们相比C更偏好D。

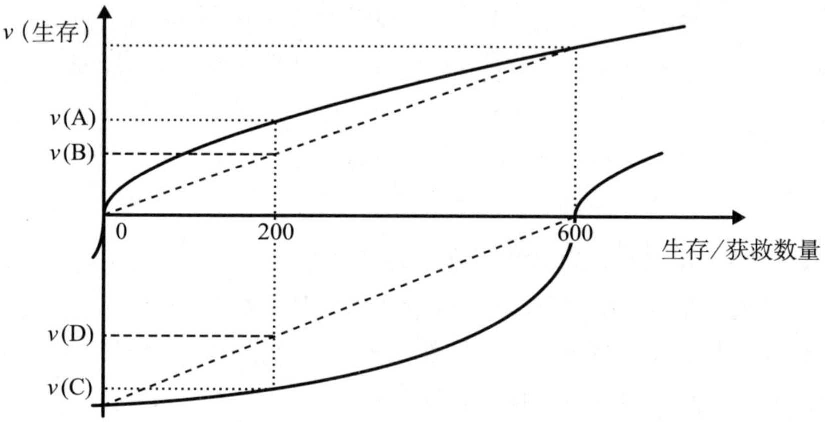

图7.3　人生存的值

练习7.6　鸵鸟养殖场

珍和乔经营了一个鸵鸟养殖场。他们刚刚得知养殖场遭到了一种罕见的病毒侵袭。据他们的兽医称，如果放任不管，那么600只鸵鸟中只有200只能幸存。然而，兽医也提供了一种实验性药品，如果采用该药品，兽医认为存在2/3的可能性鸵鸟会无一生还，但也存在1/3的可能性所有鸵鸟都能得以存活。珍认为："这种药物不值得一试。确定能保住200只鸵鸟比无一幸存好。"但乔说："我认为值得一试，虽然存在风险，但这也是我们保住所有鸵鸟的机会。冒这个风险总比肯定要失去400只鸵鸟要好。"画图解释为什么虽然两人具有相同形状的值函数，但却难以达成共识。

下面的例子很好地从另一个侧面诠释了这一现象。

例子 7.7 前景评估

思考下面两个问题：

(a) 除了你所拥有的财产外，额外给你 1 000 美元。然后，要求你在下面两个选项之间进行选择：（A）存在 50%的可能性获得 1 000 美元，(B) 直接获得 500 美元。

(b) 除了你所拥有的财产外，额外给你 2 000 美元。然后，要求你在下面两个选项之间进行选择：（C）存在 50%的可能性损失 1 000 美元，(D) 直接损失 500 美元。

就最终结果而言，（A）显然等同于（C），（B）等同于（D）。然而，有 84%的参与者在第一个问题中选择了（B），而 69%的参与者在第二个问题中选择了（C）。

例子 7.7（a）和（b）的区别在于，前者是在收益框架中描述结果，而后者是在损失框架中描述结果。因此，在（a）中，赌一把代表了赢得大奖的机会，而在（b）中，赌一把代表了避免损失的机会。我们可以用代数式分析这一问题，从而得出为何会出现所观察到的反应模式。

练习 7.8 前景评估（续）

这一练习延续了例子 7.7。假设你的值函数 $v(\cdot)$ 定义如下：

对于收益（$x \geqslant 0$）而言，$v(x)=\sqrt{x/2}$；对于损失($x \leqslant 0$) 而言，$v(x)=-2\sqrt{|x|}$。

(a) 画出在-4至$+4$之间的值函数曲线。确认值函数曲线在收益范围内是凹的，在损失范围内是凸的。

(b) 假设你已经将 1 000 美元纳入你的禀赋之中，（A）选项的值是多少？

(c) 假设你已经将 1 000 美元纳入你的禀赋之中，（B）选项的值是多少？

(d) 假设你已经将 2 000 美元纳入你的禀赋之中，（C）选项的值是多少？

(e) 假设你已经将 2 000 美元纳入你的禀赋之中，（D）选项的值是多少？

需注意，(B) 为何优于（A)，而（C）为何优于（D)？

人们在收益域内是风险厌恶的，而在损失域内是风险爱好的，这一观点有助于解释一系列现象。它能够解释为什么有些人难以戒掉赌瘾：一旦人们发现自己赔本了（在开始轮盘赌之类的赌局后不久，很快就会出现这种局面），他们就会进入损失区域，此时，人们相比平时更容易冒险。有证据表明，人们在进行赌马等赌博时，在一天比赛接近尾声时，更愿意投入高风险的赌注。人们通常用已经遭受损失的人更容易冒险这一说法来解释此类现象。类似地，这一观点也能够解释为什么政客们会对失败的项目执迷不悟，而将军们会陷入大势已去的战争中难以自拔：一旦最初的努力失败了，为此负责任的一方就进入了损失区域，此时，他们就愿意投入更加冒险的赌注，从而采取更加孤注一掷的行动。因此，这一分析会得出一个看似矛盾的结论，即个人、国家或者企业往往是在自身最弱的时候表现出最激进的状态，而非通常人们认为的最强的时候。

下面是更多的练习。

练习 7.9

一个人的值函数如下：对于收益（$x\geqslant 0$）而言，$v(x)=\sqrt{x/2}$；对于损失（$x\leqslant 0$）而言，$v(x)=-2\sqrt{|x|}$。这个人面临两个选择：要么确定获得 2 美元；要么参与一个有 50%的概率会赢得 4 美元、50%的概率会赢得 0 美元的赌局。

（a）用代数形式表示此人是损失厌恶的，也就是说，她损失 4 美元时所遭受的痛苦要多于获得 4 美元时所获得的好处。

（b）如果她将可能的最坏结果（0 美元）作为参考点，那么，确定的金额和该赌局的值分别是多少？她更想要哪一个？

（c）如果她将最好的结果（4 美元）作为参考点，那么，确定的金额和该赌局的值分别是多少？她更想要哪一个？

练习 7.10

另一个具有相同值函数的人面临如下两个选择：要么确定获得 2 美元；要么参与一个有 50%的概率会赢得 5 美元、50%的概率会输掉 1 美元的赌局。

（a）如果他将可能的最坏结果作为参考点，那么，确定金额和该赌局的值分别是多少？他更想要哪一个？

（b）如果他将最好的结果作为参考点，那么，确定金额和该赌局的值分别是多少？他更想要哪一个？

练习 7.11　相对收入

众所周知，穷人本最没有能力负担购买彩票的开支，但是，往往穷人却最愿意购买彩票。在 2008 年的一项研究中，研究人员想要知道，操纵人们对收入的看法是否会影响他们对彩票的需求。研究人员为了让其中一半参与者感到自己很富有，会用如下方式询问他们的年收入，将年收入的范围划定为"＜1 万美元"，"1 万～2 万美元"，依此类推，直至"＞6 万美元"。而对另一半参与者则将年收入范围划定为"＜10 万美元"，"10 万～20 万美元"，依此类推，直至"＞100 万美元"，让他们感到自己很贫穷。研究结果表明，感到自己相对贫穷的人更倾向于接受彩票而非确定的金额作为参与实验的报酬。这一发现是否与本节的分析一致？

我们不应将框定效应与财富效应混为一谈。财富效应是指当人们从穷人变为富人时（或者相反时）风险厌恶发生改变，而且可以用单一效用函数加以表示。例如，如果你的曲线随着财富的增长变得越来越平坦，从而使你减少了对风险的厌恶，这是正常的。然而，并非所有数据都可以轻而易举地纳入此框架中。许多情况需要用一个在损失域表现为凸的而在收益域表现为凹的值函数才能得以更好地解释。在下一节中，我们将探讨这一观点的更多应用。

捆绑与心理核算

值函数在收益域为凹的而在损失域为凸的，这一事实还存在其他有趣的应用，其中之一是，结果的**捆绑**（bundle）方式很重要（参见第 3 章）。假设你在一次慈善活动中购买了两张彩票，第一张赢了 25 美元，第二张赢了 50 美元，人们可以从多个角度来认识这件事情（如图 7.4 所示）。你可以**整合**（integrate）这两个结果，认为自己刚刚赢得了 75 美元，从值的形式来看获得了 $v(+75)$。你也可以**分离**（segregate）这两个结果，认为自己先赢了 25 美元，然后又赢了 50 美元，从值的形式来看获得了 $v(+25)+v(+50)$。捆绑可被视为框架的一个实例，关键在于你是将这两张彩票框定为一笔较大的收益还是两笔较小的收益。

图 7.4　收益的整合与分离

插图由古蒂·泰勒绘制。

根据标准经济学的观点，是否捆绑无关紧要。效用函数涵盖了总禀赋，无论如何描述这一结果，你最终都获得了 75 美元。从效用的形式来看，如果你的初始效用 为 $u(w)$，最终都会是 $u(w+25+50)=u(w+75)$。

然而，根据前景理论，捆绑至关重要。假设你的初始财富为 w，并且将现状作为参考点。当整合两笔收益时，赢得 75 美元的值如图 7.5（a）所示。但是，当将这两笔收益分开时，情况就迥然不同了。这是因为在评估第二笔收益的值之前，你有时间调整自己的参考点。当这两笔收益分离时，你的情况更接近图 7.5（b），其中虚线表示新参考点下你的值函数。从这两张图中可以明显地看出，一笔 25 美元收益的值加上一笔 50 美元收益的值大于一笔 75 美元收益的值，也就是说，$v(+25)+v(+50)>v(+75)$。这个结果缘于值函数在收益域内是凹的。结论就是：当人们将两笔收益分离时获得的值大于将其整合时的值。

打个比方可能有助于理解。如果你身处一个黑暗的房间，此时打开一盏灯会产生巨大的不同：你能够看见东西了，如果你不愿意待在黑暗里的

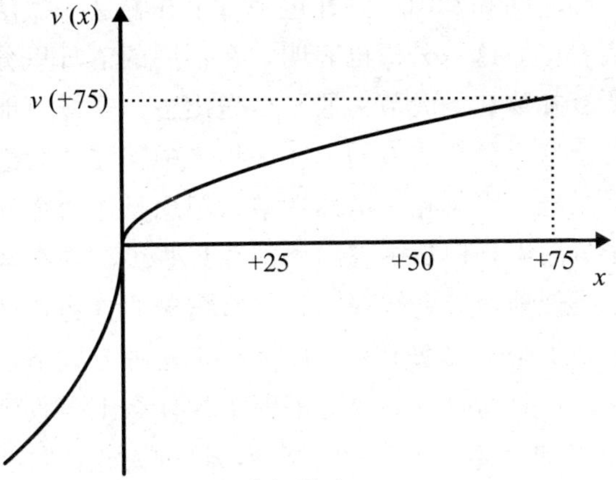

(a) 整合

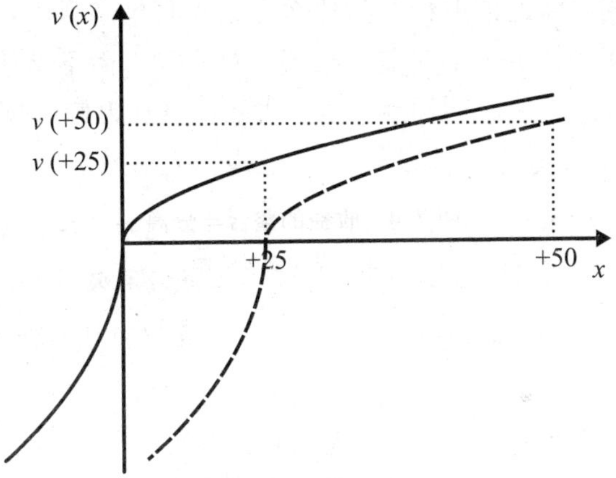

(b) 分离

图 7.5　两笔收益的评估

话，开灯会让你欢欣雀跃。如果此时你再打开另一盏相同瓦数的灯泡，你感受到的亮度会产生一个小变化，但是这一变化并不会十分明显，肯定不如在黑暗里亮起第一盏灯带来的亮度变化大，也就是说，从一盏灯到两盏灯的亮度变化远不如从零盏灯到一盏灯的亮度变化。金钱上也存在类似的情况。赢得一笔小钱让人心生欢喜，能赢得十倍的钱显然肯定更好，但这种喜悦感并非之前的十倍。结果就是，十笔小额收益带来的喜悦远胜于金额为十倍的一笔收益。

收益被分离看待时值更大，这一事实有助于解释诸多现象。举例来说，它有助于解释为什么人们不简单地把全部礼物放进一个大箱子里，尽管这会节省包装的时间和费用：分开包装每个礼物这一做法会让收到礼物的人将礼物分离看待。这一分析也表明，在不同的节日里分别赠送礼物更好，而不是将所有礼物在圣诞节一股脑全送出去，这样更能够让人们将这些礼物分离看待。这一分析还表明，在一年之中陆陆续续送给别人多份小礼物要好于一年只送一次大礼，虽然在结婚纪念日送给你的另一半一份精致昂贵的礼物十分感人，但从中省出一些钱买些小礼物在其他日子里送给对方更加贴心。类似地，分离解释了为什么精美的食物是被一盘一盘地端上桌的，而不是一下子全部摆上来：原因在于这种方式下，进餐者会觉得食物更美味。此外，分离收益的效应解释了为什么工人收到年终奖时，是 50 000 美元的工资加上 5 000 美元的奖金，这种方式让收益能够以分离的方式出现，而一下子得到 55 000 美元的工资这种方式则无法达到这一效果。最后，分离收益的值解释了为什么在电视直销节目中，主播在销售厨具时总是一样接一样地拿出锅盖、菜刀、菜板等，而不是简单地将所有厨具放在一个礼包里销售。同样地，这一做法能够让人们将收益分离看待。

练习 7.12　收益评估

你昨天的运气不错：先是收到了一笔 48 美元的退税，然后一位老朋友归还了之前向你借的 27 美元，而你早就不记得这笔欠款了。假设你的值函数 $v(\cdot)$ 为：对于收益（$x\geqslant 0$）而言，$v(x)=\sqrt{x/3}$；对于损失（$x<0$）而言，$v(x)=-3\sqrt{|x|}$。

（a）如果你将两笔收益整合，总的值是多少？

（b）如果将这两笔收益分离来看，总的值是多少？

（c）从值的角度来看，整合还是分离更好？

同时，相比于分离，当整合多种损失时，人们的不满意程度更小。通过绘制与图 7.5 类似的图，你可以发现，从值的角度来看，一笔 25 美元的损失加上一笔 50 美元的额外损失比一笔 75 美元的损失更糟；即 $v(-25)+v(-50)<v(-75)$。

这一结果源于以下事实：值函数在损失域内是凸的。值得注意的是，如果你真的通过电视直销购买了厨具，一次性购买了全部想要的东西，付钱时你只需要刷一次信用卡，这意味着损失被整合了。这一切并非巧合：销售人员通过整合损失、分离收益吸引顾客，将这些效应利用得淋漓尽致。

例子 7.13　名人之言

据称苏联有位名人曾说过："一个人的死亡是一场悲剧；而一百万人的死亡就变成了一个数字。"这句话反映了对整合的重要见解：从我们的角度来看，一百万人死亡的糟糕程度远不及一个人死亡的一百万倍。

当损失被整合时人们的不满意程度更低，这一事实有助于解释一系列现象。它解释了为什么出售汽车、房子和其他昂贵商品的商家常常会搭售一些价值不菲的配件。尽管你永远不会为汽车音响支付 1 000 美元，但是，当它跟一辆价值 25 999 美元的汽车搭配在一起时，就显得不那么昂贵了：一方面，根据之前的理论，一笔 26 999 美元的费用看上去比一笔 25 999 美元的费用并没有贵太多。另一方面，因为它们是截然不同的商品，你也许会发现很容易将汽车和音响的收益分离来看，而这会进一步推动你接受汽车的报价。类似地，婚庆公司也极大地利用了这种整合，它们会附加某些相比总花费而言单价并不十分昂贵的项目，但是，这些项目汇总起来也是一笔不菲的开支。"如果你已经为礼服花了 3 000 美元，那么，还在乎为每张邀请函花 10 美元吗?"整合损失的效应也有助于解释为什么人们在花钱时，相比现金更愿意用信用卡，尽管月账单可能会令人震惊，但它只是每个月一次，因此会让你整合当月所有的花费。相反地，你每次收到所购买的东西时的喜悦却散布在一整个月里，因此，鼓励了收益的分离。

练习 7.14　相反的安排

假设现实中的事实完全相反：每次购买商品时，你都必须当场支付现金，但是，要到月底，你在过去四周内购买的所有商品才会装在一个巨大的盒子里一起送达。

(a) 在这种方式下，你会购买得更多还是更少?

(b) 用分离和整合的理论解释原因。

练习 7.15　机票

如果你年纪够大，也许还记得过去的美好时光，那时候机票价格中包括各种各样的便利服务。而如今航空公司在降低票价的压力下，开始不断降低机票本身的价格，但是却形成了对行李托运、食物和饮料以及提前登机收费的惯例。通过这种方式也许会售出更多的机票，但却让客户的满意度大打折扣。为什么?

这一分析也可以解释为什么人们即使知道长期来看打车更省钱，但仍选择购买私家车。一个月在私家车上的实际花销（包括维修、车贷、车险、汽油、洗车等等）如此之高，以至于对许多人来说卖掉自己的汽车、选择打车更经济。然而，人们往往难以如此行事（尤其在大城市之外的地方），这也许是因为汽车相关的费用往往是每个月或者每周付一次，而出租车费用则是每次乘坐都要付一次。因此，出租车公司可以通过允许乘客先乘车再月结这一方式扩展自己的业务。这一分析还解释了为什么人们更愿意按月支付固定的手机套餐费、网络费用和健身房会员费，如此一来，人们可以把多笔分散的费用整合起来。如果一家健身房按照你在跑步机上运动的公里数收费，你肯定不想去。在某种程度上，这部分是出于激励相容的原因，没有人愿意去一家为锻炼提供负面激励的健身房。但是，在某种程度上，这也许是因为你想要整合自己的健身房会员费。

练习 7.16　损失评估

昨天你很不走运，在去歌剧院的路上，因为超速被开了一张 144 美元的罚单，而且，你原来以为门票免费，实际上却不得不付 25 美元买了一张票。假设你的值函数与练习 7.12 中的一样。

(a) 如果你整合了两笔损失，总的值是多少？

(b) 如果你将两笔损失分离看待，总的值是多少？

(c) 从值的角度来看，整合和分离哪个更好？

练习 7.17　在线书商

如果你在某个大型在线图书零售网站搜索这本教材，也许会看到一个这样的小广告："许多人在购买这本书时，通常会一并购买卡尼曼的《思考：快与慢》。两本一起买的话，价钱是两倍。"看起来这个小广告并没有提供任何新信息：你早就知道花两倍的钱就可以买到两本书。那么，这条广告是如何起作用的呢？

类似的现象也会发生在下面两种情况中：遭受一笔大的损失时顺带获得了一笔小收益，或者在获得一笔大收益时遭受了一笔小损失。当人们将小额损失与大额收益整合时会获得更多的值，整合之后，遭受损失的痛苦就不再那么刻骨铭心了。这一现象被称为**删减**（cancellation）。假设你赢得了 100 万美元，但是必须缴纳 10%的税收。这一理论认为，相比于认为自己赢得了 100 万美元，然后又损失了 10 万美元，你认为自己赢得了 90

万美元会获得更大的值。

练习 7.18　纳税的痛苦

上一段的分析表明，你对纳税的感觉取决于你是否将这笔费用与所赚的收入整合看待。

(a) 如果你是支持高税率的政治家，你应该鼓励选民整合还是分离？你应该如何传达你的信息？

(b) 如果你是支持低税率的政治家，你应该鼓励选民整合还是分离？你应该如何传达你的信息？

同时，当人们将大额损失与小额收益分离看待时会获得更多的值。小额收益通常被称为**一线希望**（silver lining）。这一分析解释了为什么商家在销售汽车、商品房和其他昂贵商品时会进行现金返还。在购买同一辆汽车时，相比于标价为 26 000 美元，当标价为 27 000 美元并且进行 1 000 美元的现金返还时，人们更愿意购买。当将二者分离看待时，1 000 美元的收益有助于抵消 27 000 美元的损失带来的痛苦。这一分析也能够解释为什么信用卡公司通常会对信用卡消费进行积分奖励。尽管相比于每个月的花费而言，奖励的积分价值微不足道，但信用卡公司仍然希望你能够将二者分离看待，由此抵消较大损失的痛苦。最后，一线希望现象也可能有助于解释为什么在你投稿或者找工作时，收到的拒信中常常会提到对你的投稿或者应聘表现让人印象深刻之类的话语，原因在于当分离来看时，假意的奉承能够在一定程度上抵消与文章发表或者与工作失之交臂的痛苦。

练习 7.19　一线希望

假设你的值函数为：对于收益而言，$v(x)=\sqrt{x/2}$；对于损失而言，$v(x)=-2\sqrt{|x|}$。昨天晚上，你在赌局中输掉了 9 美元。然而，却出现了一线希望：你在回家的路上从路边捡到了 2 美元。

(a) 如果你将损失和收益整合来看，总的值是多少？

(b) 如果你将损失和收益分离来看，总的值是多少？

(c) 从值的角度来看，整合还是分离更好？

人们会在何时进行整合，又会在何时进行分离呢？一种可能性也许是，人们按照能够最大化值的方式对结果进行捆绑。这被称为**享乐编辑假说**（hedonic-editing hypothesis）。根据这一假说，人们会（1）分离收益，

（2）整合损失，（3）从大额收益中删减小额损失，（4）将小额收益与大额收益相分离。然而事与愿违，数据表明，该假说通常是不成立的。特别是人们似乎常常无法整合接连发生的损失。如果你思考一下，就会发现享乐编辑假说不成立不足为奇，因此，我们总是需要父母、心理医生、男友或者女友来开导自己如何看待事物，才能获得内心的平衡。

捆绑可能部分源于**心理核算**（mental accounting）：人们在心理上倾向于将金额划分为不同的类别。心理核算往往十分有用，因为它可以让你避免在某一类别上超支。但是，心理核算也会导致人们在特定类别的商品上过度消费或者消费不足：如果心理上的“娱乐账户”中仍有余额，而心理上的“衣服账户”已经超支，人们就会花更多的钱在娱乐上，即使购买衣服能够带来最大化的效用。这种行为违反了**可替代性**（fungibility），也就是金钱本身并没有标签。心理核算也可能会影响不同商品的捆绑方式。比如，将不同商品视为同一类别可能会鼓励整合，而将不同商品视为不同类别则可能会鼓励分离看待。

阿莱问题和确定事件原则

下面的决策问题被称为**阿莱问题**（Allais problem）。

例子 7.20　阿莱问题

假设你面临以下选择，必须首先在（1a）和（1b）之间进行选择，然后在（2a）和（2b）之间进行选择。你会选择什么？

（1a）确定会获得 100 万美元。

（1b）89%的概率获得 100 万美元，10%的概率获得 500 万美元。

（2a）11%的概率获得 100 万美元。

（2b）10%的概率获得 500 万美元。

一个常见的选择是（1a）和（2b）。对于第一个选择，人们的理由可能如下：“500 万美元肯定比 100 万美元好，但是如果我选择（1b），就可能一无所获，而如果真是这样，我肯定会后悔为什么没有选择确定的 100 万美元。因此，我会选择（1a）。”也就是说，选择（1a）而不是（1b）可能是由于后悔厌恶所致（参见第 6 章）。对于第二个选择，人们可能会说：“11%的概率可能比 10%的概率要大，但这种差异很小，而且 500 万美元要比 100 万美元好得多，因此我会选择（2b）。”对于第二个选择，后悔的可能性大打折扣。

不幸的是，这种选择模式与期望效用理论背道而驰。为了看清楚这一点，思考一下选择（1a）而不是（1b）意味着什么。这意味着前者的期望效用肯定大于后者的期望效用。因此：

$$u(1M) > 0.89 \times u(1M) + 0.10 \times u(5M) \tag{7.1}$$

选择（2b）而不是（2a）意味着前者的期望效用肯定大于后者的期望效用。因此：

$$0.10 \times u(5M) > 0.11 \times u(1M) \tag{7.2}$$

由于 $0.11 \times u(1M) = (1-0.89) \times u(1M) = u(1M) - 0.89 \times u(1M)$，式（7.2）等价于

$$0.10 \times u(5M) > u(1M) - 0.89 \times u(1M) \tag{7.3}$$

调整式（7.3）可以得到：

$$0.89 \times u(1M) + 0.10 \times u(5M) > u(1M) \tag{7.4}$$

可以发现，式（7.4）与式（7.1）相矛盾。这也表明，我们正在分析的选择模式实际上与期望效用理论背道而驰。

我们可以通过另一种方式了解，为什么人们的选择模式与期望效用理论相悖。假设你转动一个有 100 个插槽的轮盘：其中有 89 个黑色、10 个红色和 1 个白色。我们可以用表格形式表示这四个选项，如表 7.1 所示。

表 7.1 阿莱问题 单位：美元

	黑色（89%）	红色（10%）	白色（1%）
（1a）	1M	1M	1M
（1b）	1M	5M	0
（2a）	0	1M	1M
（2b）	0	5M	0

我们首先考虑第一个决策问题：（1a）与（1b）之间的选择。从表中可以看出，当出现黑色时，你选择什么都无关紧要。因为无论如何你都会获得 100 万美元。从这个层面上看，出现黑色时所获得的 100 万美元可以称为**确定事件**（sure thing）。从表达式上看，在计算（1a）的期望效用时，出现了 $0.89 \times u(1M)$，同时由于它也出现在（1b）的期望效用的计算表达

式中，因此，它不会对决策产生影响。接下来，我们思考第二个决策问题。再一次，该表表明，当出现黑色时，无论你选择什么都会一无所获，因此，0 美元也是一个确定事件，不应该影响（2a）和（2b）之间的选择。综上，“黑色”对应的一列完全不会影响你的选择。你的选择取决于另外两列的情况。但是一旦你忽视了“黑色”对应的一列，只是对比表 7.1 中的阴影部分，就可以发现（1a）等同于（2a），而（1b）等同于（2b）。因此，如果你严格偏好（1a），那么你应该理性地选择（2a）；如果你严格偏好（1b），那么你应该理性地选择（2b）。

确定事件原则（sure-thing principle）表明你的决策不应该受到确定事件的影响。正如上述分析所表明的那样，这一原则隐含在期望效用理论之中。下面的练习能够让这一原则更加明朗。

练习 7.21　确定事件原则

(a) 假设你面临表 7.2（a）中的选择。确定事件原则告诉你要忽略哪种情况？

(b) 假设你面临表 7.2（b）中的选择。对于该决策问题，确定事件原则会告诉你什么？

练习 7.22　确定事件原则（续）

假设你面临表 7.2（c）中的选择，并且首先必须在（1a）与（1b）之间进行选择，然后在（2a）与（2b）之间进行选择。确定事件原则排除了哪种选择模式？

表 7.2　确定事件原则

(a)

	A	B	C
(1)	2	1	4
(2)	3	1	3

(b)

	P	Q	R	S
(1)	3	2	4	1
(2)	3	1	4	2

(c)

	X	Y	Z
(1a)	80	100	40
(1b)	40	100	80
(2a)	40	0	80
(2b)	80	0	40

作为一个规范性原则，确定事件原则独具魅力，但并非毫无争议。有人认为违反确定事件原则也是完全理性的，因此，期望效用理论作为规范标准，存在一定的问题。其他人则坚持认为，确定事件原则在规范上是正确的原则。但是，显然它在描述实际行为时却错漏百出；人们似乎总是会违背这一原则，而且，我们往往能够预测到这一偏离。（我们将在随后的部分中重新探讨这一问题。）

描述阿莱悖论的另一种说法是，人们过于看重确定的结果，认为它们100%会发生。这一倾向被称为**确定性效应**（certainty effect）。正如上文的分析所示，确定性效应可能源于后悔厌恶：一旦你放弃了一个确定选择，转而选择了一个风险选项，就存在一定的可能性会后悔。因此，想要最小化后悔的愿望会让人们抗拒存在不确定性的选项。

当表达上存在细小差别时，确定性效应也很明显，正如下面的例子所示。

例子 7.23　确定性效应

你更喜欢以下哪个选项：（A）确定赢得 30 美元；（B）有 80%的概率赢得 45 美元？你更喜欢以下哪个选项：（C）有 25%的概率赢得 30 美元；（D）有 20%的概率赢得 45 美元？

在这项研究中，有 78%的参与者相比（B）更偏好（A），但 58%的参与者相比（C）更偏好（D）。

所观察到的行为模式是确定性效应的一个例子是：对人们而言，相比于从 80%降低到 20%，从 100%降低到 25%感到的差异更明显。

练习 7.24　确定性效应（续）

论证在例子 7.23 中选择（A）而不是（B），并且选择（D）而不是（C），这一选择模式违反了期望效用理论。注意，可以将（A）和（B）的概率除以 4 得到（C）和（D）的概率。

确定性效应会出现在现实世界中吗？有可能。在一项对参与加利福尼亚医学协会会议的 72 位医生的研究中，实验人员询问医生，他们希望采用哪种治疗方法来治疗肿瘤患者，是愿意采用诸如大手术之类的根治疗法（如选项 A 和 C，这一类治疗方法虽然能根治但可能伴随着大概率的即时死亡），还是愿意采用诸如化疗之类的温和疗法（如选项 B 和 D）？医生们面临以下四种选择。

A　有 80%的概率活得更久
（伴随 20%的概率会即时死亡）

B　有 100%的概率活得较短
（即时死亡的概率为 0）

C　有 20%的概率活得更久
（伴随 80%的概率会即时死亡）

D　有 25%的概率会活得较短
（即时死亡的概率为 75%）

确定性效应显而易见：存在 65%的人相比 A 更支持 B，而存在 68%的人相比 D 更支持 C，这显然与期望效用理论相去甚远。医生也会表现出与普通人相同的行为方式，我们不应该对此大惊小怪。无论你是不是医生，意识到这一点都是有益无害的。

埃尔斯伯格问题与模糊厌恶

以下决策问题被称为**埃尔斯伯格问题**（Ellsberg problem）。这个问题是由美国军事分析家丹尼尔·埃尔斯伯格（Daniel Ellsberg）提出的，他以公开所谓的五角大楼文件而引人关注。2009 年的纪录片《美国最危险的人》（*The Most Dangerous Man in America*）即是以埃尔斯伯格为主角进行拍摄的。

例子 7.25　艾尔斯伯格问题

假设丹给了你一个罐子，里面装有 90 个球，共有红、黑、黄三种颜色。你从一个权威人士那里得知，其中 30 个球是红色的，但是，你并不知道其余的 60 个球中有多少是黑色的，多少是黄色的，它们都有可能是 0～60 中的任一数量。表 7.3 展示了罐子中球的组成情况。

表 7.3　丹的罐子

	红色	黑色	黄色
罐子中球的数量	30	60	

丹请你从罐子中随机取出一个球。并且向你提供了两个不同的赌局：(Ⅰ) 如果球是红色的，你能得到 100 美元；(Ⅱ) 如果球是黑色的，你也得到

100 美元。你会选哪一个？接下来，丹又向你提供了以下两个赌局：（Ⅲ）如果球是红色或黄色的，你能得到 100 美元；（Ⅳ）如果球是黑色或黄色的，你也得到 100 美元。你会选哪一个？

面对埃尔斯伯格问题，很多人会选择（Ⅰ）而非（Ⅱ），这显然是因为他们知道获胜的概率是 1/3；如果选择（Ⅱ），获胜的概率在 0 到 2/3 之间。同时，许多人会选择（Ⅳ）而非（Ⅲ），显而易见是因为他们知道获胜的概率是 2/3；如果选择（Ⅲ），获胜的概率会在 1/3 到 1 之间。

然而遗憾的是，从前两个赌局中选择（Ⅰ）并且从后两个赌局中选择（Ⅳ），有悖于上一节中介绍的确定事件原则。如果我们用表 7.4 的形式表示这一问题，这种背离就更加明显了。表 7.4 列出了四个赌局中三种不同结果对应的收益情况。

如表 7.4 所示，当取出黄色球时所发生的收益与你的选择无关。无论你从前两个赌局中选择了（Ⅰ）还是（Ⅱ），取出黄色球时你都会一无所获。也就是说，取出黄色球时获得 0 美元就是一个确定事件。无论你从后两个赌局中选择了（Ⅲ）还是（Ⅳ），取出黄色球时你都会获得 100 美元，同样，100 美元也是一个确定事件。因此，确定事件原则认为你的选择不应该取决于你取出黄色球时会发生什么。也就是说，你的选择应该无关乎表 7.4 中的最后一列，而是应该只取决于表 7.4 中左侧两列的情况。当忽略“黄色”那一列，只比较表中的两个阴影区域时，你会发现（Ⅰ）和（Ⅲ）、（Ⅱ）和（Ⅳ）别无二致。因此，除非你对四个赌局感到无差异，否则你要么会选择（Ⅰ）和（Ⅲ），要么会选择（Ⅱ）和（Ⅳ）。

表 7.4　埃尔斯伯格问题

	红色（R）	黑色（B）	黄色（Y）
Ⅰ	100	0	0
Ⅱ	0	100	0
Ⅲ	100	0	100
Ⅳ	0	100	100

我们还可以通过另外一种方式证明选择（Ⅰ）和（Ⅳ）这种模式有悖于期望效用理论。相比于（Ⅱ）严格偏好（Ⅰ）意味着 $EU(\text{Ⅰ})>EU(\text{Ⅱ})$，也就是说：

$$\Pr(R)\times u(100)+\Pr(B)\times u(0)+\Pr(Y)\times u(0)>$$

$$\Pr(R) \times u(0) + \Pr(B) \times u(100) + \Pr(Y) \times u(0)$$

同时，相比于（Ⅲ）严格偏好（Ⅳ）意味着 $EU(\text{Ⅳ}) > EU(\text{Ⅲ})$，也就是说：

$$\Pr(R) \times u(0) + \Pr(B) \times u(100) + \Pr(Y) \times u(100) >$$

$$\Pr(R) \times u(100) + \Pr(B) \times u(0) + \Pr(Y) \times u(100)$$

我们假设 $u(0)=0$，并且 $u(100)=1$，这一假设仅仅是为了表明相比于一无所获，你更偏好 100 美元。如此一来，上面两个式子就可以简化为下面的形式：

$$\Pr(R) > \Pr(B)$$

$$\Pr(B) > \Pr(R)$$

这两个式子显然不可能同时成立。也就再一次说明，这一选择模式有悖于期望效用理论。

我们应该如何解释人们表现出的这种不一致呢？（Ⅱ）和（Ⅲ）这两个被拒绝的选项具有一个共同点，即人们无法得知获胜的准确概率。我们称这样的概率是**模糊的**（ambiguous）。与之相反，人们偏向的选择（Ⅰ）和（Ⅳ）的概率并不模糊。我们所观察到的选择似乎表明，人们不愿意置身于具有模糊概率的赌局，我们称这一现象为**模糊厌恶**（ambiguity aversion）。某些人也许相比他人对模糊性具有更高的容忍度，但是，只要对模糊表现出厌恶，就会导致对期望效用理论的背离。目前来看，只要人们事实上是模糊厌恶的，那么，期望效用理论就无法诠释人们是如何决策的；而且，只要在决策时考虑模糊是理性的，期望效用理论也无法诠释人们应该如何决策。

练习 7.26　硬币

假设你得到一次机会来押注硬币掷出的结果。如果硬币正面朝上，你就赢了；如果反面朝上，你就输了。此外，假设你是模糊厌恶的。你更愿意掷一枚公平硬币（也就是出现正面和反面的概率相等的硬币），还是一枚被动过手脚的硬币（也就是出现正面和反面的概率未知的硬币）？

练习 7.27　网球

有人邀请你对三场网球赛进行打赌。第 1 场比赛是两位非常出色的网球选手进行对决；第 2 场比赛是两位水平较差的选手对决；第 3 场比赛是一位高手对决一位水平较差的选手，但是，你并不知道具体哪位是高手，哪位水平较差，结果就是，以你当前的了解，任一位选手赢得比赛的概率都是50%。假设你是模糊厌恶的，你最不愿意在哪一场比赛下注？为什么？

对于为什么人们是模糊厌恶而不是**模糊偏好的**（ambiguity prone），并不存在什么原则性的理由能够加以解释。实际上，有证据表明，面对模糊概率时，人们的行为与身处的环境有关。根据**能力假说**（competence hypothesis），比如，当人们自认为知识渊博时，对模糊的厌恶更少。因此，一个足球迷可能在埃尔斯伯格问题上是模糊厌恶的（对他而言结果是完全随机的），但是，在预测某一场足球赛时却是模糊偏好的（此时他觉得自己是足球专家）。

练习7.28　内华达州的繁荣与萧条

拉斯维加斯的企业家安德鲁·唐纳（Andrew Donner）从不在赌场赌博。相反，他会投资这座城市市中心的房地产。唐纳在接受《市场》（*Marketplace*）杂志的专访时说道："一旦人们了解了赌场，就多多少少地了解了赢得赌博的概率。而我认为在商业市场中，你无从得知自己获胜的概率，在某种程度上这一点让人无法自拔。这会让你不断进取，并且希望自己的成功比失败更多。"

（a）唐纳是模糊厌恶还是模糊偏好的？

（b）他的观点是否符合能力假说？

尽管如此，埃尔斯伯格悖论和模糊厌恶仍然具有广泛的应用。它们认为人们通常不会按照概率计算的公理来认识具有模糊概率的事件发生的概率。并且在现实生活中，模糊概率并不鲜见。人们可以估计企业破产、石油泄漏以及核电站泄漏的概率，但是除了概率游戏之外，一定程度的模糊性几乎总是如影随形。因此，从实证角度来看，人们的选择确实反映了人们是模糊厌恶的还是模糊偏好的，而且，从规范角度来看，也许人们的选择也应该反映概率的模糊性。

例子7.29　已知的已知

在2002年的一次新闻发布会上，美国国防部长唐纳德·拉姆斯菲尔德（Donald Rumsfeld）说道："我们知道存在已知的已知，也就是我们知道自己了解哪些事情。我们也知道存在已知的未知，也就是我们知道自己不了解哪些事情。但同时还存在着未知的未知，也就是我们并未意识到自己其实并不了解的事情。”发布会后拉姆斯菲尔德遭到了尖锐的嘲讽，但是，他试图进行的区分仍然是很有意义的。

概率加权

正如我们在本章前面所了解到的，值函数在收益范围内是凹的而在损失范围内是凸的，这一观点有助于我们分析诸多现象。然而，我们仍能观察到许多这一框架也无法解释的诸多行为。比如，某些人在参与赌博的同时，也会购买保险，从期望效用理论的角度来看，这是自相矛盾的：如果人们是风险厌恶的，就应该购买保险而不应该赌博；如果人们是风险爱好的，他们就应该只参与赌博而不会购买保险；如果人们是风险中性的，就应该既不赌博也不买保险。理论上，如果人们的效用函数如图 6.9 所示为倒 S 形的，而拐点（图中标记为 x^* 的点）刚好是人们当前的禀赋，这种情况就可能存在，然而，这么多人都是这种情况也未免太过巧合了。

根据我们到目前为止在本章中所学到的理论，人们同时参与赌博和购买保险是自相矛盾的。人们愿意接受可能会赢得一大笔钱的赌局这一事实表明，他们在收益域内是风险爱好的，而人们拒绝可能会损失自己房子的赌局这一事实表明，他们在损失域内是风险厌恶的。这使得人们的值函数在收益域内是凸的，而在损失域内是凹的，这显然与我们迄今为止的假设完全相反。在原有理论框架内解释这一现象的唯一方法就是，假设人们在赌博时将赢得大奖之后的状态作为参考点，而在购买保险时将遭受损失后的状态作为参考点。然而，这种解释似乎十分牵强，因为有大量证据表明，人们通常会将自己的现有禀赋作为参考点。

另一种理解所观察到的行为模式的方式是，认为参与赌博同时购买保险的人容易过度关注不太可能发生的事情。你对于中彩票的概率赋予的权重越大，你就越有可能买彩票。你对于失去房子、汽车、生命的概率赋予的权重越大，你就越有可能购买保险。这一角度为解释人们为什么会同时购买彩票和保险提供了更加系统的方法。

前景理论通过引入**概率加权**（probability weighting）的概念来解释这种行为。从定义 6.21 中我们可以知道，期望效用理论认为行为人会最大化下面的表达式：

$$EU(A_i) = \Pr(S_1) \times u(C_{i1}) + \Pr(S_2) \times u(C_{i2}) + \cdots + \Pr(S_n) \times u(C_{in})$$

不同的是，前景理论认为行为人在最大化上述表达式时，会用值函数 $v(\cdot)$ 代替效用函数 $u(\cdot)$，并且会用**概率加权函数**（probability-weighting function）$\pi(\cdot)$ 对概率进行加权。

定义 7.30　值

给定一个如表 6.4 所示的决策问题，行动 A_i 的值（或者称加权值）$V(A_i)$ 如下所示：

$$\begin{aligned} V(A_i) &= \pi[\Pr(S_1)] \times v(C_{i1}) + \pi[\Pr(S_2)] \times v(C_{i2}) + \cdots + \pi[\Pr(S_n)] \\ &\quad \times v(C_{in}) \\ &= \sum_{j=1}^{n} \pi[\Pr(S_j)] v(C_{ij}) \end{aligned}$$

概率加权函数 $\pi(\cdot)$ 为概率分配了从 0 到 1 的权重。并且假设 $\pi(0)=0$，$\pi(1)=1$。但是，如图 7.6 所示，对于严格介于 0 和 1 之间的权重并非与 45°线重合。对于较小的概率，我们假设 $\pi(x)>x$；对于居中或者较大的概率，假设 $\pi(x)<x$。

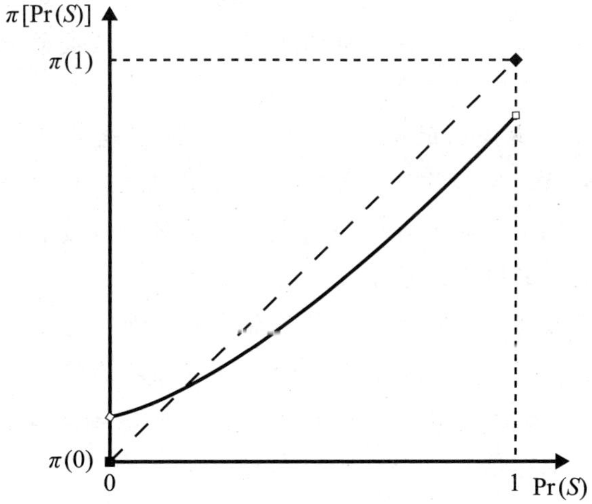

图 7.6　概率加权函数 π(・)

概率加权函数有助于解释某些人同时购买彩票和保险的悖论。一个知识渊博的行为人在期望效用最大化时，会用中大奖的概率为赢得彩票的效用赋予权重，这一权重非常小。因此，期望效用理论认为我们在决策时不应该格外重视中彩票这类结果。前景理论则做出了截然不同的预测。中彩票和失去房子、汽车或者生命是可能发生的小概率事件，概率加权函数认为这些概率会被人们放大。而当人们将这些事件的概率放大到足够大时，就会愿意购买彩票和保险。这也有助于解释为什么人们会如此担心飞机失事、恐怖袭击以及许多其他小概率事件。概率加权同样可以解释，为什么人们会为电脑等设备购买延期保修服务，尽管事实上简单的期望值计算已经表明，对大多数人而言，延期保修服务并不划算（参见练习 6.19）。

例子 7.31 《魔鬼经济学》

《魔鬼经济学》（*Freakonomics*）一书探讨了可卡因经济学。与许多人的想象截然不同，绝大多数毒贩的收入很低，通常低于联邦政府规定的最低工资水平。据《魔鬼经济学》的作者称，毒贩们仍从事这一行的原因在于，未来有可能成为该组织的高层管理人员，虽然这一可能性较小，然而，所谓的“董事会成员”收入十分可观。

即便如此，这似乎仅仅解释了一部分。毕竟董事会成员所赚的钱也并非天文数字，成为高层的可能性非常小，而遭遇枪杀或者被捕入狱的可能性非常高。此时，我们可以用概率加权完善这一解释，这些野心勃勃的毒贩也许对一路晋升成为董事会成员的小概率赋予了过高的权重。这也是前景理论所做出的预测。

正如该书作者所提出的那样，相同的分析可能适用于胸怀大志的模特、演员、钢琴演奏家和首席执行官。成功实现上述任何一种抱负的可能性都很低，但人们仍然笃定自己必然成功。在某种程度上，他们的坚持也许源于他们对成功的概率赋予了过高的权重。

概率加权函数还可以解释确定性效应，即为确定结果赋予过高的权重这一倾向。如图 7.6 所示，当概率趋近 1 时存在不连续性，即当 $x \to 1$ 时，$\lim \pi(x) < \pi(1)$。因此，相比于确定事件，即使不确定事件的概率很大，也会被赋予较低的权重。

前景理论

前景理论将决策过程描述为两个阶段。在**编辑阶段**（editing phase），决策者会编辑选项以便于评估。编辑过程可能涉及许多不同的操作，包括：

● **编码**（coding）：将结果描述为相对于某个参考点的收益或损失，该参考点可能是当前的禀赋、其他人的当前禀赋或未来禀赋的期望值。

● **组合**（combination）：将相同的结果组合成一个更简单的结果。比如，有 25%的概率赢得 1 美元，以及有另外 25%的概率赢得 1 美元，代表了有 50%的概率赢得 1 美元。

● **化简**（simplification）：对选择进行化简，例如，通过凑整概率和结果进行化简。特别是，极小的概率可以四舍五入为零并从考虑中剔除。

在随后的**评估阶段**（evaluation phase），决策者会评估编辑后的选项。评估基于两个要素：值函数和概率加权函数。值函数 $v(\cdot)$ 是 S 形的，意味着它在损失域是凸的，在收益域是凹的（见图 7.2）。概率加权函数 $\pi(\cdot)$ 通常满足以下条件：$\pi(0)=0$ 和 $\pi(1)=1$；此外，对于小概率，$\pi(x)>x$；对于居中或者较大的概率，$\pi(x)<x$（见图 7.6）。某一行为 A_i 的值（或者加权值）$V(A_i)$ 可通过下面的公式计算得到：

$$
\begin{aligned}
V(A_i) &= \pi[\Pr(S_1)]\times v(C_{i1})+\pi[\Pr(S_2)]\times v(C_{i2})+\cdots \\
&\quad +\pi[\Pr(S_n)]\times v(C_{in}) \\
&= \sum_{j=1}^{n}\pi[\Pr(S_j)]v(C_{ij})
\end{aligned}
$$

在特殊情况下，当 $\pi(x)=x$ 且 $v(x)=u(x)$ 时，这一选择的值等于它的期望效用（见定义 6.21）。

如此一来，人们面对风险时采取的行为，不仅取决于结果相对于某个参考点而言是收益还是损失，还取决于相应概率的大小。在损失域内，人们往往表现为风险爱好，除非面临的赌局发生巨大损失的概率很小，此时，人们会表现出风险厌恶。在收益域内，人们则往往表现为风险厌恶，除非面临的赌局产生巨额收益的概率很小，此时，人们会表现出风险爱好。表 7.5 列出了对相应情况的总结。

表 7.5　根据前景理论得出的风险态度

		区域	
		损失	收益
概率	小	风险厌恶	风险爱好
	中等	风险爱好	风险厌恶
	大	风险爱好	风险厌恶

例子 7.32　俄罗斯轮盘赌

假设你不得已参与到一次俄罗斯轮盘赌之中，你在扣动扳机之前可以付钱获得从弹夹中取出一颗子弹的机会，对比将弹夹中的子弹数量从 4 减少到 3 和将子弹数量从 1 减少到 0 两种情形，在哪种情形下你愿意花更多钱？根据卡尼曼和特沃斯基的研究，大多数人愿意为从 1 颗子弹减少到 0 颗付更多的钱，也许你也跟大多数人一样，为什么呢？

将子弹的数量从 4 减少到 3，会将中枪的概率从 4/6 降低到 3/6。在这一区域内，概率加权函数相对平坦，这意味着人们对基础概率的变动几乎没有反应。而将子弹的数量从 1 减少到 0，可以将中枪的概率从 1/6 减少到 0。此时，产生了一个从 $\pi(1/6)>1/6$ 到 $\pi(0)=0$ 的跃变。因此，将子弹从 1 颗变为 0 颗的值超过了从 4 颗变为 3 颗的值。

练习 7.33　作为报酬的彩票

行为经济学家发现，用彩票作为报酬是激励行为变化的有效方式。也就是说，相比于获得 1 美元的现金报酬，当用一张中奖概率为 1/1 000、奖金为 1 000 美元的彩票作为报酬时，人们更愿意参与某项调查或者药品实验。鉴于人们通常是风险厌恶的，这貌似有悖于常理。请利用概率加权函数解释彩票的魔力从何而来。

讨　论

在第 6 章中我们提出了期望效用理论的标准推论，而在本章中我们探讨了人们违背期望效用理论的诸多情形。关键并非人们未能在脑海中最大化某些数字化的效用函数，而在于所观察到的决策与该理论的预测相去甚远。虽然这种背离并不普遍，但往往十分显著、表现出系统性并且可预测，可能会对人们的决策产生实际的有时甚至是不利的影响。行为经济学家认为，这一背离削弱了期望效用理论描述上的充分性。显然，本章并非意在列出所有背离期望效用理论的情形。此外，我们还探讨了人们关于理性行为的坚定直觉对期望效用理论的背离，比如存在模糊概率时即是如此。这让我们得以对理性的本质进行更深入的思考。

此外，我们还探讨了行为经济学家为了研究人们的实际决策方式所提出的更多理论工具。其中，我们探讨了前景理论的其他方面，包括S形的值函数和概率加权函数，至此，我们完成了对前景理论的全部概览。行为经济学家提出的这些理论工具不仅可以用来解释、预测甚至影响他人的值评估。在某些情形下，似乎只需简单地改变相关选项的框架，就能够影响某个人的风险偏好。这使得行为经济学家掌握了更多的可用工具，对于心理医生、销售人员、公共卫生部门官员以及其他想要影响人们行为的群体来说，这些工具的重要性不言而喻。但是，同样地，对这些工具的了解也让我们能够预见并且阻止他人对这些工具的滥用。

在第6章中，我们讨论了理性与正确之间的区别，以及你不能仅仅通过结果来判断决策是否理性这一观点。实际上，我们常常会看到，人们会通过结果来判断决策是否理性。这一现象被称为**结果偏向**（outcome bias），似乎并不鲜见。体育评论就提供了很多此类案例：只要教练的决定达到了预期的效果，就会大获褒奖，人们并不在乎这些决策起初是否理性。（当然，得到正确的结果往往能够佐证个人决策的理性。）公元6世纪初的罗马哲学家波埃修斯（Boethius）最早意识到了结果偏向，他指出："世界不依据美德来评判行为，而是依据偶然的结果。人们认为只有结局完满的事情才是经过深思熟虑的。"波埃修斯深谙评判之道。他曾经是位高权重的官员，但因巫术及其他罪名获罪入狱，他在死囚牢房内写下这些言论后不久就被处以死刑。他的作品《哲学的安慰》（*The Consolations of Philosophy*）则成为中世纪盛极一时的著作。

在第4部分中，我们将通过引入时间这一概念，提高分析的复杂程度。

练习7.34　储蓄决策

你很幸运地拥有100万美元的银行存款。你面临三种投资选择：将钱藏在床垫底下、投资股票或者投资债券。你对于总财富的效用函数为 $u(x)=\sqrt{x}$，假设不存在通货膨胀。

(a) 如果你将钱藏在床垫底下（假设它绝对安全），那么到年末你将获得多少效用？

(b) 一般而言债券非常可靠，但近来债券市场有些波动。你估计将有90%的概率会获得4%的收益，但存在10%的概率不会获得任何收益（0）。将100万美元投资于债券的期望效用是多大？

（c）最近股票市场波动剧烈，如果你投资股票，存在40%的概率获得21%的收益，存在40%的概率没有收益（0），同时，存在20%的概率会损失10%的本金。将100万美元投资于股票的期望效用是多大？

（d）如果你希望最大化期望效用，明智的选择是将钱投资于什么？

（e）如果你是极端的损失厌恶者，并非一味追求期望效用最大化，又该做何选择？

练习 7.35　零期望值

前景理论认为人们通常会拒绝期望值为零的赌局。假设你面临赌局G：存在1/2的概率赢得10美元，也存在1/2的概率输掉10美元。根据前景理论，你更愿意参与这个赌局还是维持现状？假设你的值函数为：对于收益而言，$v(x)=\sqrt{x/2}$；对于损失而言，$v(x)=-2\sqrt{|x|}$。

练习 7.36　生活导师

生活导师是受雇帮助你应对个人生活和职业挑战的人。

（a）如果你花钱太多，生活导师有时会建议你少刷信用卡并用现金购买所有物品。利用整合和分离的思路分析，为何这一做法会帮助你控制开支。

（b）为了帮助你更明智地花钱，生活导师有时会建议你将钱分装在贴着“食物”“饮料”“交通”等标签的多个信封里。可以用什么专业术语来描述这一行为？

（c）尽管采用信封的方法可能会有好处，但也暗藏着问题。列出这种做法可能带来的某些负面影响。

练习 7.37

下面描述的情景对应着哪一现象：模糊厌恶、删减、确定性效应、能力假说、一线希望和心理核算？如果不确定，就选择最合适的。

（a）最近亚伯拉罕因为交往多年的女友离开了自己而感到十分沮丧。他的心理医生告诉他，每当一扇门关上时，就会有另一扇门打开。亚伯拉罕意识到自己可以找到其他女朋友时，心里感觉好受些了。

（b）贝丽特试图通过减少外出就餐来省钱。她告诉自己，每周在餐厅的花费绝不能超过100美元。到了周日晚上，贝丽特意识到在过去的一周，她在餐厅的花费没超过60美元。她不太想出去吃饭，但是，她转念一想，绝对不能错过一次享用40美元大餐的机会。

(c) 查尔斯不是好赌之人，也很少参与赌局。但是，对他而言政治是个例外。他认为自己是一名富有真知灼见的政策专家，每当举行地方或全国性选举时，他都会跟别人对选举结果打赌。他的朋友们注意到，他赌赢的次数还不到一半。

(d) 常言道："明枪易躲，暗箭难防。"

(e) 艾丽莎非常想读医学院，但一想到不确定自己能否通过严格的课程就头疼。因此，她决定报名参加自信可以通过的较简单的护理课程。

问题7.38

根据自己的经验，编一些如练习7.37中的故事，阐明你在本章中学到的诸多观点。

扩展阅读

作为前景理论的一部分，框定效应和概率加权是由卡尼曼和特沃斯基(Kahneman and Tversky，1979)进行探讨的，特沃斯基和卡尼曼(Tversky and Kahneman，1981，p. 453)还探讨了亚洲疾病问题的根源。最初前景理论文献中的例子来自卡尼曼和特沃斯基(Kahneman and Tversky，1979，p. 273)，确定性效应的两个例子来自特沃斯基和卡尼曼(Tversky and Kahneman，1986，pp. S266－69)。操纵人们对收入的看法的研究是由海斯里等人(Haisley et al.，2008)进行的。塞勒(Thaler，1980，1985)探讨了捆绑和心理核算，塞勒和约翰逊(Thaler and Johnson，1990)探讨了享乐编辑。阿莱问题源于阿莱(Allais，1953)。特沃斯基和卡尼曼(Tversky and Kahneman，1986)讨论了确定性效应。埃尔斯伯格问题源于埃尔斯伯格(Ellsberg，1961)；能力假说是由希瑟和特沃斯基(Heath and Tversky，1991)提出的。唐纳的引述来自加德纳(Gardner，2012)，拉姆斯菲尔德的引证来自美国国防部(US Department of Defense，2002)。卡尼曼和特沃斯基(Kahneman and Tversky，1979)讨论了概率加权。俄罗斯轮盘赌的例子来自泽克豪泽(Zeckhauser)。《魔鬼经济学》的作者是莱维特和杜伯纳(Levitt and Dubner，2005)。结果偏向是由巴伦和赫尔希

(Baron and Hershey，1988）加以探讨的。《哲学的安慰》中的内容片段来自波埃修斯（Boethius，1999 [c 524]，p. 14）。

您答对了吗?

请扫描二维码获取本章练习答案。

4

第 4 部分

跨期选择

第 8 章　贴现效用模型

引　言

到目前为止，我们在分析决策问题时，往往将所有可能的行动结果都看作瞬间发生的。也就是说，我们假设所有结果几乎都是立即发生的，或者发生在同一时间。有时这是一个完美的合理假设。比如，如果你正在玩轮盘赌，所有结果差不多都发生在同一时间。

然而，时间往往是一个不可忽视的因素。当你在决定是否为新购入的平板电脑买一年期质保时（参见练习 6.19），你不仅是在确定选项（购买质保）和风险选项（不购买质保）之间进行选择，也是在一个当前的确定性损失（因为现在就必须支付质保费用）和一个未来的可能性损失（未购买质保的话，就存在一段时间后维修电脑的可能性）之间进行选择。

大多数决策的结果可能会发生在不同的时间。有些决策具有即时的收益和滞后的损失：比如拖延症，就是相比滞后的收益（干净的房子）更偏好当前的好处（跟朋友吃饭或者看电影）。另一些决策具有即时的损失和滞后的收益：比如储蓄，就是相比当前的好处（买一辆新车）更偏好未来的收益（舒适的退休生活）。我们将在这一章和下一章中探讨如何将时间纳入决策模型。

利　率

在探讨这一理论之前，我们先讨论一下利息。大家对利息并不陌生，但是应该如何认识利息十分重要，所以，我们先对利息进行简要介绍。从练习 1.3 中，我们可以发现实际上许多人对利息只是一知半解。

例子 8.1　利息

假设你以 9%的年利率借款 100 美元，最终你需要付给债权人多少利息？

答案是 100×0.09=9（美元）。

正式地来看，用 r 表示利率，P 表示**本金**（principal）（也就是你的借款金额），I 表示利息。那么：

$$I=Pr \tag{8.1}$$

这一公式可以用来评估不同的信用卡费用。表 8.1 是某个网站列出的向信用不佳的顾客提供的信用卡费用。根据这一信息，我们可以计算用信用卡借钱时的费用。

表 8.1　向信用不佳的顾客提供的信用卡业务

信用卡类别	年利率（APR,%）	年费（美元）
Ⅰ（Axxess Visa 银卡）	19.92	48
Ⅱ（财务万事达金卡）	13.75	250
Ⅲ（欧洲万事达铂金卡）	19.92	49
Ⅳ（金版 Visa 卡）	17.75	36
Ⅴ（美国运通 Archer 金卡）	19.75	99
Ⅵ（美国运通 Total Tribute 卡）	18.25	150
Ⅶ（极好信用欧洲标准卡）	22.25	72

例子 8.2　信贷成本

假设你为了买一辆新车需要借款 1 000 美元，为期一年。如果你利用信用卡Ⅱ借款的话，这笔贷款的总成本是多少？注意：你不仅要偿还利息，还要支付年费。

给定年利率（APR）r=19.92%=0.199 2，你可以算出 $I=Pr$=1 000×0.199 2=199.20（美元）。年费为 48 美元，所以总成本为利息加上年费，即 199.20+48=247.20（美元）。

如果将利息表示为占本金的比例，近似于为 25%。如接下来的练习所表明的，这还不是最糟糕的报价。

练习 8.3　信贷成本（续）

利用表 8.1 中的其他信用卡借款 1 000 美元，为期一年，成本是多少？如果想要借 100 美元或者 10 000 美元呢？

年费和年利率会波动，因此，借款时应该查看最近的信息之后再做决策。

到了年底，债权人会收回本金。在例子8.1中，债权人会与9美元一起收回100美元的本金，总共是109美元。用L表示**负债**（liability），也就是你到年底欠债权人的全部金额。那么：

$$L=P+I \tag{8.2}$$

将式（8.1）中的I代入式（8.2），可以得到：

$$L=P+I=P+(Pr)=P(1+r) \tag{8.3}$$

有时，将$1+r$定义为R更方便，即：

$$R=1+r \tag{8.4}$$

结合式（8.3）和式（8.4）可以得到：

$$L=PR \tag{8.5}$$

回顾例子8.1，我们可以用这一公式来计算负债：$L=100\times(1+0.09)=109$（美元）。在已知负债和本金时，这一公式也可以用来计算利率。

例子8.4　隐含利息

假设有人愿意借给你105美元，条件是你必须在一年后偿还115美元，隐含在这一借款中的利率是多少？

我们已知$P=105$美元，$L=115$美元，式（8.5）意味着$R=L/P=115/105=1.095$。因此，这个债权人实际上是以9.5%的隐含年利率向你提供了一笔贷款。

练习8.5　发薪日贷款

发薪日贷款机构提供短期贷款，借款人可以在下一个发薪日偿还。费率是波动的，如果贷款机构在本月的15日借给你400美元，你需要在两周后偿还480美元。这笔贷款的隐含利率是多少？

在美国的一些州，发薪日贷款机构的数量甚至超过了星巴克和麦当劳的总和。练习8.5的答案解释了这一机构遍地开花的原因。（也可参见练习8.9。）

我们也可以分析更长时间内的情况。总的来说，我们需要注意区分两种情况。下面是第一种情况：

例子8.6　单利

假设你通过信用卡借款100美元，信用卡公司每个月会向你收取本金的18%作为利息。你每个月只需支付利息，但需要在年底偿还100美元的本金。全年的利息总额是多少？占本金的比例是多少？

根据式（8.1），你每个月都必须付给信用卡公司的利息为 $I=Pr=100\times 0.18=18$（美元）。由于你必须偿还 12 次，利息累计为 $18\times 12=216$（美元）。占本金的比例为 $216/100=2.16=216\%$。

这就是**单利**（simple interest）的情形。你可以用 18%乘以 12 得到同样的答案。另一种情况是：

例子 8.7　复利

假设你通过信用卡借款 100 美元，月利率是 18%。但是，不同于前一个例子，你不必按月支付利息。相反地，每个月你的利息都会累计到本金上。此时，一年的利息总额是多少？占本金的比例是多大？

根据式（8.3），到第一个月月底，给定 $r=0.18$，你的负债为 $L=P(1+r)=100\times 1.18=118$（美元）。到第二个月月底，你的负债 $=118\times 1.18=139.24$（美元）。可以注意到，通过计算 $L=100\times 1.18\times 1.18=100\times 1.18^2$，你可以得到相同的答案。到第三个月月底，你的负债将为 $L=100\times 1.18\times 1.18\times 1.18=100\times 1.18^3\approx 164.30$（美元）。到第十二个月月底，你的负债为 $L=100\times 1.18^{12}\approx 728.76$（美元）。年底的负债中包括 100 美元的本金，因此根据式（8.2），你的利息累计为 $I=L-P=728.76-100=628.76$（美元），占本金的比例为 $628.76/100=6.2876=628.76\%$。

例子 8.7 答案中的利息比例子 8.6 多得多，因为前者使用了**复利**（compound interest）。不同于单利，按复利计算时，第一个月的利息被累加到了本金之中，因此，在后续的每个月份中，你还需要为累积的利息支付利息。需注意的是，在复利的情形中，你不能像对待单利一样，简单地将第一个月的利息乘以期数。在复利计算中，经过 t 期之后，你的负债的计算公式如下：

$$L=PR^t \tag{8.6}$$

这一公式给出了练习 1.3（c）部分的答案，即 $200\times(1+0.10)^2=242$（美元）。

人们有时会引用阿尔伯特·爱因斯坦（Albert Einstein）的话，称复利是宇宙中最强大的力量之一。如果爱因斯坦确实说过这样的话，那么这一引用可谓十分恰当，但遗憾的是，并没有证据表明爱因斯坦曾这样说过。即便如此，你在按照复利进行储蓄时，仍能够感受到复利的强大力量。

练习 8.8　储蓄

假设你今天将 100 美元存入一个储蓄账户，银行承诺年利率为 5%。

(a) 1 年后银行的负债是多少?

(b) 10 年后呢?

(c) 50 年后呢?

最后，我们再次回到发薪日贷款机构。

练习 8.9　发薪日贷款（续）

假设你向发薪日贷款机构借了 61 美元。一周后，你需要归还本金加上 10%的利息。可是你无力偿还，于是，你去了另外一家贷款机构借钱还给第一家，你一年内都是如此拆东墙补西墙。假设每个贷款机构每周的利率都一样。

(a) 年末你的欠款是多少钱?

(b) 用美元的形式表示年末你一共需要还多少利息?

(c) 用占本金百分比的形式表示年末你一共需要还多少利息?

(d) 对于发薪日贷款，你从这个练习中能得到什么教训?

发薪日贷款机构引起了广泛的争议，一些州的立法机关规定了它们能够收取的利率上限。这样的质疑并不鲜见，基督教传统教义认为放贷收息［即放**高利贷**（usury）］是违反天性的罪行。但丁在《神曲》（*Divina Commedia*）里把放高利贷者与亵渎神明的人一起判入第七层地狱，使之遭受无尽的痛苦。另外，理性且具备完全信息的人也有可能需要发薪日贷款机构所提供的服务，毕竟父母为了能够在圣诞节给孩子们买礼物，而不是等到 1 月再买，愿意支付一定的费用。

无论如何，正如这些练习所表明的，了解利率的基本知识十分有用。接下来，我们继续探讨决策理论。

指数贴现

今天的 100 美元和明天的 100 美元哪个更好? 今天的 1 000 美元和明年的 1 000 美元呢? 你可能更偏好今天的钱。当然，也有例外（下一章中我们将探讨这些例外情况），但是，通常对于金钱，人们都会觉得宜早不宜迟。这并不是说你今天花钱时的感受好于明天。而是说，站在今天的角度来看，今天的 1 美元给你带来的效用大于明天的 1 美元。

让你产生这种感受的原因有很多。你越早拿到钱，就拥有越多的选择：某些选择可能是有时限的，而且，你至少可以把钱存起来，等以后再做选择。此外，你越早拿到钱，就能存得越久，从而赚到更多的利息。无论出于何种原因，如果站在今天的角度来看，相比于今天发生的事情，未来发生的事情给你带来的效用略逊一筹，我们称你在**贴现未来**（discount the future）。更规范的术语是**时间贴现**（time discounting）。你对未来的贴现程度取决你的个人偏好，因此，我们称之为**时间偏好**（time preference）。

指数贴现模型（the model of exponential discounting）简洁地反映了人们认为得到金钱宜早不宜迟的这一基本观点。假设你今天得到 1 美元的效用为 $u(u>0)$。那么正如我们所指出的，你站在今天的角度来看，明天将得到 1 美元这件事给你带来的效用会小于 u，我们可以将 u 乘上某一比例来表示这一效用。再次，利用希腊字母 δ 表示这一比例，我们称之为**贴现因子**（discount factor）。因此，站在你今天的角度，明天的 1 美元的当前价值为 $\delta \times u = \delta u$。根据我们的一般性假设，只要 $0<\delta<1$，就意味着 $\delta u<u$。因此，从今天来看，相比于明天的 1 美元，你更偏好今天的 1 美元。站在今天的角度来看，后天的 1 美元的当前价值为 $\delta \times \delta \times u = \delta^2 u$。由于 $\delta^2 u<\delta u$，不出所料，相比于后天的 1 美元，你更偏好明天的 1 美元。

一般而言，我们希望可以评估整个效用序列，也就是**效用流**（utility stream）。用 t 表示时间时，$t=0$ 表示今天，$t=1$ 表示明天，依此类推。同时，我们用 u_t 表示你在时间 t 获得的效用，那么 u_0 表示你在今天获得的效用，u_1 表示你在明天获得的效用，依此类推。我们用 $U^t(\mathbf{u})$ 表示从时间 t 中获得的效用流 $\mathbf{u}$。在此，我们探讨的是整个效用流 $\mathbf{u}=\langle u_0, u_1, u_2, \cdots\rangle$ 对应的效用 $U^0(\mathbf{u})$。

定义 8.10　δ 函数

根据 **δ 函数**（delta function），从 $t=0$ 的角度来看，效用流 $\mathbf{u}=\langle u_0, u_1, u_2, \cdots\rangle$ 对应的效用 $U^0(\mathbf{u})$ 为：

$$U^0(\mathbf{u}) = u_0 + \delta u_1 + \delta^2 u_2 + \delta^3 u_3 + \cdots = u_0 + \sum_{i=1}^{\infty} \delta^i u_i$$

由此，你在评估不同的效用时，就可以将现在获得的效用 u_0、δ 乘以下一期获得的效用 u_1、δ^2 乘以再下一期获得的效用 u_2，依此类推，全部代

入 δ 函数中。我们将这一模型称为 **δ 模型**（delta model）。

效用流可以表示为如表 8.2 所示的表格形式。空格表示在该时间点上得到的效用为零。为了从当前或者其他任意时间点的角度计算效用，你只需知道贴现因子 δ。只要给定了贴现因子，我们就可以利用定义 8.10 决定你应该进行什么选择。

表 8.2　简单时间贴现问题

	$t=0$	$t=1$	$t=2$
a	1		
b		3	
c			4
d	1	3	4

例子 8.11　指数贴现

假设 $\delta=0.9$，并且每个效用流都是从 $t=0$ 的角度进行评价。如此一来，$U^0(\mathbf{a})=u_0=1$，$U^0(\mathbf{b})=\delta u_1=0.9\times3=2.7$，$U^0(\mathbf{c})=\delta^2 u_2=0.9^2\times4=3.24$，$U^0(\mathbf{d})=u_0+\delta u_1+\delta^2 u_2=1+2.7+3.24=6.94$。所以，如果可以在四个选项中选择，你会选择 **d**；如果只能在 **a**、**b**、**c** 中进行选择，你会选择 **c**。

练习 8.12　指数贴现（续）

假设 $\delta=0.1$。

(a) 站在 $t=0$ 的角度分别计算以上 4 个效用流的效用。

(b) 你会选 4 个选项中的哪一个？

(c) 如果只能在 **a**、**b** 和 **c** 之间选择呢？

正如从这些计算中所看到的，你的贴现因子会极大地左右你的选择。如果你的贴现因子很大（接近 1），未来发生的事情就格外重要。也就是说，你表现出了**耐心**（patience）：未来对你而言并未折损太多；如果你的贴现因子很小（接近 0），未来发生的事情就显得无足轻重。也就是说，你表现出**缺乏耐心**（impatience）：未来对你而言大打折扣。这十分明确地表明了 δ 是如何反映人们的时间偏好的。

练习 8.13　蚱蜢和蚂蚁

一则寓言故事里，整个夏天蚂蚁都在收集食物，而蚱蜢却在蹦蹦跳跳地玩耍。冬天来临，蚂蚁因储存了丰富的食物而得以安全过冬，而蚱蜢却饿死了。你认为它们的 δ 是怎样的？

经济学家认为贴现因子可以用于解释很多行为。如果你的贴现因子很小，你就更有可能进行过度消费、拖延、吸毒以及进行不安全性行为。而如果你的贴现因子较大，你就更有可能进行储蓄、谋划未来、拒绝毒品、采取保护措施。需注意的是，这种观点认为上述行为都有可能是理性的。即使对于一个对未来漠不关心的人而言，吸毒也称不上不理性。实际上，加里·贝克尔（我们曾在第 2 章中提到过）就以极力主张**理性成瘾**（rational addiction）理论而闻名（见图 8.1）。

图 8.1　时间偏好

播图由古蒂·泰勒绘制。

练习 8.14　贴现因子

对于下面各情形中的主人公，贴现因子 δ 可能很大（接近 1）还是很小（接近 0)？

（a）抛售信托基金购买可转换债券的人。

（b）选择攻读硕士/博士学位的人。

（c）出门前认真涂防晒霜的人。

（d）逃课去攀岩的人。

(e) 美洲易洛魁族土著人，他们认为每一个决定都必须考虑到对第七代子孙的影响。

练习 8.15　公正无私的旁观者

在亚当·斯密的《道德情操论》(*Theory of Moral Sentiments*) 中，“公正无私的旁观者”与我们真实的自我存在天壤之别。对于公正无私的旁观者，斯密写道：“旁观者感受不到我们目前的欲望对我们的诱惑。对他来说，我们将在一个星期或一年后享受的那种快乐，和我们在这一刻享受的快乐，完全一样地诱人。”而相比之下，对于我们真实的自我而言，“我们将在十年后享受的那种快乐，相较于可以在今天为我们所享受的那种快乐，我们是这么地不感兴趣。”如果我们用 δ 来解释这种差别，对于 (a) 公正无私的旁观者和 (b) 我们真实的自我而言，δ 如何呢？

贴现还可以表示为图形的形式。用 x 轴表示时间，y 轴表示效用。一个时间为 t、高度为 u 的条形柱表示了当你在时间 t 时得到的效用为 u。曲线表示站在 t 之前的时间来看，在 t 时获得的效用对你而言的价值。正如我们从定义 8.10 中所了解到的，在 $t-1$ 时，价值为 δu，在 $t-2$ 时为 $\delta^2 u$，依此类推。由此，我们最终会得到图 8.2。如果你沿着横轴从 t 向左移动，这笔收益就会逐渐变远，因此，效用的价值也就变得越来越小。

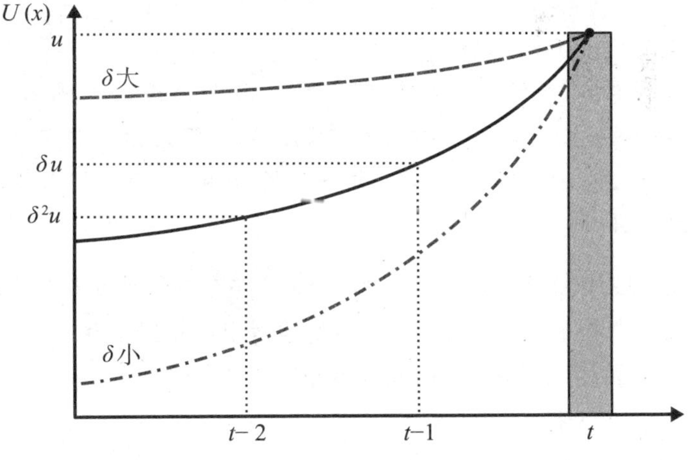

图 8.2　指数贴现

我们可以利用这个图形来表示 δ 较大的人和 δ 较小的人之间的差异。如果 δ 较大，δu 与 u 之间差别很小，这条曲线就相对平坦：当你沿着横轴

从 t 向左移动时，它只是缓慢地接近 x 轴，如图 8.2 中的短划线所示。如果 δ 较小，δu 与 u 之间差别很大，这条曲线就相对陡峭：当你沿着横轴从 t 向左移动时，它会快速地接近 x 轴，如图 8.2 中的点虚线所示。总的来看，如果 δ 很大，未来对你而言并未折损太多，这条曲线就平坦一些；如果 δ 很小，未来对你而言大打折扣，这条曲线就陡峭一些。

到此为止，我们可以通过 δ 确定一个人对效用流的偏好。定义 8.10 也让我们能够换个角度解决问题，如果已知某人对效用流的偏好，我们可以反推出贴现因子 δ 的大小。

例子 8.16　无差异

假设亚历山德拉在当前 $t=0$ 这一时间点上，对于效用流 **a**（在 $t=0$ 时获得 2 单位效用）和效用流 **b**（在 $t=1$ 时获得 6 单位效用）感到无差异。她的贴现因子 δ 是多少？

已知亚历山德拉在当前 $t=0$ 这一时间点上对于 **a** 和 **b** 感到无差异，我们可以得到 $U^0(\mathbf{a})=U^0(\mathbf{b})$，这意味着 $2=6\delta$，那么 $\delta=\frac{2}{6}=\frac{1}{3}$。

当实验经济学家在实验室里研究时间贴现时，他们十分依赖这种计算。一旦实验对象对于当前的报酬和一份未来的报酬感到无差异，实验经济学家就很容易估算他或她的贴现因子。

练习 8.17　防患于未然

有一句谚语："一针不补，十针难逢"，这句话是让你现在主动预防，而不是事后补救。但是，并非所有人都能做到。假设你能够在当前缝一针和事后缝十针之间进行选择，事后每一针的效用为 -1。什么条件下你会选择当前缝一针？

无差异可以用图形加以表示。例子 8.16 中在效用流 **a** 和 **b** 之间感到无差异可以表示为图 8.3。我们可以很容易地得出，相比于 **b**，严格偏好 **a** 意味着 $\delta<1/3$，而相比于 **a**，严格偏好 **b** 意味着 $\delta>1/3$。

练习 8.18

利用图 8.3 回答下列问题：

(a) 如果 $\delta<1/3$，曲线是什么样的？

(b) 如果 $\delta>1/3$，曲线是什么样的？

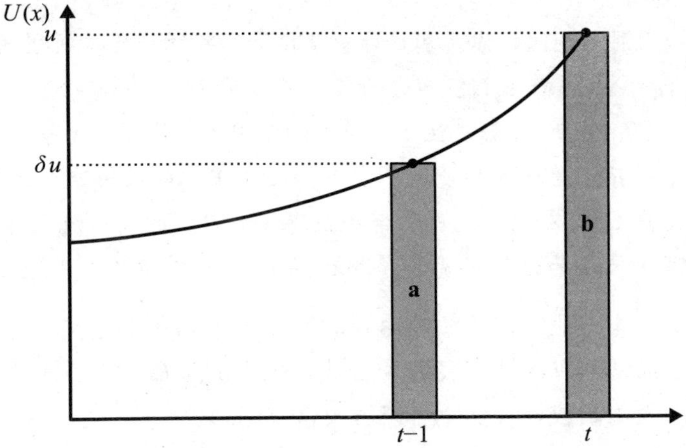

图 8.3　无差异的指数贴现

练习 8.19

参考表 8.2 中的效用流。计算下面每个人的 δ。

(a) 在 $t=0$ 时，安米德认为效用流 **a** 和 **b** 之间无差异。

(b) 在 $t=0$ 时，贝拉认为效用流 **b** 和 **c** 之间无差异。

(c) 在 $t=0$ 时，凯西认为效用流 **a** 和 **c** 之间无差异。

(d) 在 $t=1$ 时，戴伦斯认为效用流 **b** 和 **c** 之间无差异。

练习 8.20

对于表 8.3 中的每一个决策问题，假设某人在时间点 0 上认为 **a** 和 **b** 之间无差异，计算下面每个人的 δ。

表 8.3　时间贴现问题

(a)

	$t=0$	$t=1$
a	3	4
b	5	1

(b)

	$t=0$	$t=1$	$t=2$
a		6	1
b		3	4

(c)

	$t=0$	$t=1$	$t=2$
a	1		1
b			5

练习 8.21

作为一名财务顾问，你为客户计算了投资某项资产后将获得的收益，该资产今年（$t=0$）会产生 1 个单位的效用流，明年（$t=1$）会产生 0 个单位的效用流，后年（$t=2$）会产生 1 个单位的效用流。计算下面每个客户的 δ。

（a）客户 P 认为这笔投资和明年获得 2 个单位的效用流无差异。

（b）客户 Q 认为这笔投资和今年获得 1 个单位的效用流无差异。

（c）客户 R 认为这笔投资和今年获得 1.25 个单位的效用流无差异。

到目前为止，我们在本章中遇到的所有决策问题都定义为效用矩阵的形式。但是通常，有些结果表现为金钱、拯救的生命或者其他形式。只要给定恰当的效用函数，我们就可以解决这些问题。

例子 8.22

假设你对表 8.4（a）中的效用流 **a** 和 **b** 感到无差异。你的效用函数为 $u(x)=\sqrt{x}$。你的贴现因子 δ 是多大？

已知效用函数，表 8.4（a）可以转换为如表 8.4（b）所示的效用矩阵。我们可以通过 $3+\delta 2=1+\delta 5$ 这一式子来计算 δ。或者我们也可以简单地通过 $\sqrt{9}+\delta\sqrt{4}=\sqrt{1}+\delta\sqrt{25}$ 这一式子计算。无论用哪种方式，最终可以得到 $\delta=2/3$。

练习 8.23

假设效用函数是 $u(x)=x^2$。重新列出表 8.4（b），计算 δ 的大小。

表 8.4　时间贴现问题（用美元和效用表示）

（a）表示为美元形式

	$t=0$	$t=1$
a	9 美元	4 美元
b	1 美元	25 美元

（b）表示为效用形式

	$t=0$	$t=1$
a	3	2
b	1	5

贴现率

有时贴现可以表示为贴现率 r 而非贴现因子 δ。二者之间的转换很简单：

$$r=(1-\delta)/\delta$$

你可以确定的是，当 $\delta=1$ 时，$r=0$，并且随着 δ 趋近于 0，r 会不断变大。如果已知 r，也可以通过下面的公式计算 δ：

$$\delta = 1/(1+r)$$

本书中，我更倾向于使用贴现因子而非贴现率，但了解二者之间的关系有益无害。

理性贴现因子 δ 的定义

在之前的内容里，我遵循了常见的做法，将贴现因子 δ（和贴现率 r）视为纯粹的偏好。此时，一个人的贴现因子只是私人问题，就像相比草莓冰激凌你更喜欢蓝莓口味的，或者相比把自己扔出窗外你更愿意享用一个冰激凌。换句话说，理性并不要求你的贴现因子 δ 必须是多大。正如我们在前面所看到的，这一分析意味着：诸如吸毒这样的破坏性行为也完全合乎理性，按照这一分析逻辑，如果你的贴现因子很小，那么，以当前的满足为目标是完全理性的。然而理性要求你的行为必须始终如一维持同一个贴现因子。你不能现在理智地谋划未来，然而在未来冲动行事；如果你表现得好像现在的贴现因子较大、后来的贴现因子较小，那就称不上是理性行为。一个反复无常的吸毒者确实是非理性的。

历史上，许多思想家对这一看法持不同观点，他们认为时间贴现（$\delta<1$，$r>0$）缘于某种程度的智力或道德缺陷。通常被认为是福利经济学之父的经济学家庇古（Pigou）写道："对当前欢愉的偏好……只意味着我们的远见存在缺陷，因此，我们所看到的未来的欢愉仿佛被缩小了。"博学的弗兰克·拉姆齐（Frank Ramsey）于 26 岁辞世之前在哲学、统计学和经济学领域都做出了开创性的贡献，他的储蓄理论至今仍活跃在大学的宏观经济学课堂。他称时间贴现"是一种道德上站不住脚的行为，仅仅是由于想象力的薄弱造成的"。某些人将时间贴现描述为是现在的你对未来的你所犯下的一种罪行，而对现在的你而言，未来的你本应该是最重要的人。如果这些思想家是正确的，修复我们的智力和道德缺陷将让我们的贴现因子 δ 变成 1。

也有一些人主张对未来进行贴现。古代诗人霍勒斯（Horace）和《死亡诗社》（*Dead Poets Society*）中的罗宾·威廉姆斯（Robin Williams）都曾说过"把握当下"，他们鼓励我们要活在当下。我们在第 3 章中探讨永无止境的欲望时提到的塞内加曾写道：

> 还有比自吹有远见卓识的人更白痴的吗？为了改善生活，他们煞费苦心，用生命安排生命。他们把目标设定于遥远的未来。但是，拖延就是对生命最大的浪费：它夺走了到来的每一天，寄望未来，而放弃现在。生活的最大障碍就是期待，期待使人心系明天而失去今日。

这一片段出自《论生命之短暂》（*On the Shortness of Life*）一书，塞内加认为生命很长，但问题是大部分生命却被浪费了。秉承着同样的精神，许多人会建议你把每一刻都当成最后一刻来生活，这样的情况比比皆是。已故的苹果公司创始人史蒂夫·乔布斯就是其中之一："每天早上在照镜子时，我都会扪心自问：'如果今天是我生命中的最后一天，我会想要做今天本来打算做的事吗?'"哈佛大学心理学家丹尼尔·吉尔伯特（Daniel Gilbert）曾调侃道，这样的言语"只会表明，有些人在生命的最后（时刻）只会向别人提供一些愚蠢的建议。"（其中，某些人也可能是在谈论不确定性，因为未来不仅在时间上距今甚远，而且还未实现。）

有证据表明，从长远来看，一个人拥有较高的贴现因子是有好处的。2014年出版的《棉花糖实验》（*The Marshmallow Test*）一书总结了对4岁以下儿童进行的系列研究，实验人员向他们提供了两个选择：一个是现在得到1块棉花糖（或者类似的奖励），另一个是等15分钟得到2块棉花糖（或者2倍的类似奖励）。自20世纪60年代首次进行这一系列实验以来，实验者追踪了最初的参与者在生活各个方面的表现。值得一提的是，能够做到延迟满足的学龄前儿童，在青春期表现出更好的专注力、智力、自立和自信，能够更好地追求并实现长期目标，接受更高水平的教育，而且成年期的体重指数更低。如果这让你感觉很震撼，也许恰恰说明你拥有一个较大的贴现因子。确实如此，如果你的贴现因子很小，你就不会那么在乎时间贴现或者其他任何事情的长期影响了。

讨　论

在本章中，我们探讨了单利和复利以及指数贴现。指数贴现模型的重要特征在于，它是唯一要求时间一致性的贴现模型。一致性是跨期决策的重要问题，我们将在第9章中继续讨论。尽管相对简单，但指数贴现提供了一个十分强大的模型。因此，它在许多领域都存在广泛应用，诸如在成本收益分析中可以用来评估滞后结果的成本和收益；在金融领域可以用来确定不同投资选择的现值。到目前为止，这个模型看起来符合直觉，并且无论从描述性还是规范性角度都不存在争议，然而，下一章中我们将看到，事实并非如此。

在第 8 章中，我们通常将一个人的贴现因子视为纯粹的偏好：只要你对未来的态度固定不变，无论贴现因子是大是小，都是理性的。然而，在某些情形中，我们无法一再回避贴现因子大小这一问题。例如，在计算长期投资的成本和收益时，必须假定 δ 为某一数值，而这一数值的大小将至关重要。许多投资项目（比如铁路）需要巨额的前期投入，而收益却分散在未来很长一段时间内。如果成本和收益是用很小的 δ 进行核算的，成本将会远超过收益，这一项目就可能难以成行；如果二者是用很大的 δ 进行核算的，收益相对十分可观，这一项目就有可能付诸实践。然而，在确定 δ 的数值时，并不存在一个显而易见的、毫无争议的方式。这一问题在探讨气候变化时显得尤为重要。假设为了预防或减缓气候变化的负面影响所要采取的措施在短期内代价不菲，但（至少有可能）在长期内是有益的。采用较大 δ 的成本收益分析会有助于措施的推进，而采用较小 δ 的成本收益分析则会阻碍措施落实。因此，为了预防或减缓气候变化的负面影响而采取的措施是否理性取决于 δ 的值。同样地，对于这一参数如何取值才是恰当的，往往难以达成一致意见。

在下一章中，我们将讨论时间贴现的指数模型在多大程度上反映了人们的决策方式，以及它能否被看作一个规范性标准。

练习 8.24　青少年体育运动

在 2014 年的一次采访中，篮球明星科比·布莱恩特（Kobe Bryant）提到了让年轻人享受体育乐趣的重要性。他说："你很难告诉孩子们之所以应该运动，是因为这会降低 30～40 年后患糖尿病的概率。"用时间贴现的逻辑分析，为什么年轻人不会受到 30～40 年后仍然健康这一前景的激励？

练习 8.25　信用评分

波士顿联邦储备银行的两位经济学家在《心理科学》（*Psychological Science*）杂志上发表的一项研究发现，人们的贴现因子 δ 与他们的信用评分之间存在联系。信用评分是代表一个人信用情况的数字：分数越高越好。基于你对贴现行为的理解：

（a）二者之间会存在什么联系？也就是说，贴现因子越大的人，信用评分会越高还是越低？

（b）解释理由。

练习 8.26　时间贴现和利率

你应该进行消费还是储蓄不仅取决于你的时间偏好，还取决于储蓄时可以得到的利息。假设你可以选择将 w 美元现在花掉或者存到明年。如果选择储蓄，银行会付给你的利率为 i。

（a）假设你的效用函数是 $u(x)=x$，要让你在现在的消费和储蓄之间感到无差异，你的贴现因子 δ 应该是多大？你的贴现率 r 是多大？

（b）假设你的效用函数是 $u(x)=\sqrt{x}$，要让你在现在的消费和储蓄之间感到无差异，你的贴现因子 δ 应该是多大？你的贴现率 r 是多大？

扩展阅读

马斯-克莱尔等人（Mas-Colell et al.，1995，Chapter 20）对跨期效用进行了更深入的讨论。《华尔街日报》（Anand，2008）报道了对于发薪日贷款机构的争论。斯密（Smith，2002 [1759]，pp. 221－222）将我们真实的自我与公正无私的旁观者加以比较。庇古（Pigou，1952 [1920]，p. 25）讨论了人们有缺陷的远见。拉姆齐（Ramsey，1928，p. 543）探讨了人们想象力的弱点。塞内加（Seneca，2007 [*c* 49]，p. 148）和乔布斯（Jobs，2005）主张活在当下，而吉尔伯特（Gilbert，2006，p. xiii）对此进行了讽刺。《棉花糖实验》一书的作者是米歇尔（Mischel，2014）。谢尔伯恩（Shelburne，2014）引用了科比・布莱恩特的话，波士顿联邦储备银行的研究报告的作者是梅尔和斯普林格（Meier and Sprenger，2012）。

您答对了吗？

请扫描二维码获取本章练习答案。

第 9 章　跨期选择

引　言

正如上一章中的许多例子所表明的，指数贴现模型适用于许多行为模式。基于这一原因，加之数学分析上的简便，许多领域都十分依赖这一模型。然而，有时对于人们所做的某些事情，它也鞭长莫及。本章中，我们将关注利用这一标准模型也无法描述的两个现象。一个现象是人们的时间不一致；也就是说，人们的偏好似乎随着时间推移而无缘无故地改变了，比如一个瘾君子早上醒来时决定洗心革面，然而到了下午就丧失信念，吸食了更多毒品。正因为人们有时会预想到自己会做出时间不一致的行为，他们干脆决定不做任何选择，也就是说，他们会采取某些措施以阻止自己的行动。另一个现象是人们似乎对效用流的走势也存在一定的偏好；也就是说，他们在乎效用流的形状，而不仅仅是贴现后的个人效用。我们将探讨行为经济学家是如何解释这些现象的。时间不一致可以由双曲线贴现模型加以解释，这一模型应用广泛。我们也将看到，这一模型可以很好地解释时间不一致，但是，对于解释对效用流走势的偏好却无能为力。

双曲线贴现

正如我们在上一章中所看到的，指数贴现模型可以解释大量行为，包括令人费解的成瘾行为。然而，这一模型对理性成瘾者的刻画并不符合实际中观察到的行为以及成瘾者自己的陈述。正如“垮掉派”诗人威廉·巴罗斯（William Burroughs）在他的自传体小说《瘾君子》（*Junky*）的序言中所写：

> 有个问题经常被问及：为什么有人会有毒瘾？答案是因为他通常并不是自己故意要上瘾的。你不会有一天早晨醒来，然后决定成为一

个有毒瘾的人……一天早上你醒来觉得不舒服，然后你染上毒瘾了。

在本章的后续部分，我们将讨论其他与指数贴现模型相悖的行为。

指数贴现意味着行为人的行为是**时间一致的**（time consistent），这意味着他或她对两种选择的偏好不会仅仅因为时间流逝而改变。如果你是时间一致的，今天觉得 a 比 b 好，那么，昨天你也是这么看待 a 和 b 的，明天也一样。

很容易证明，指数贴现者是时间一致的。首先，我们需要回顾一些表示符号。我们继续用 $U^t(a)$ 表示站在时间 t 的角度看待获得效用流 a 时的效用。用 u_t 表示在时间 t 时获得的效用。$U^t(u_{t'})$ 表示对于在时间 t' 时获得效用 $u_{t'}$，从时间 t 的角度看待时对应的效用。举例来说，假设将你明天在吃到一个冰激凌时获得的效用表示为 $u_{明天}$，那么，$U^{今天}(u_{明天})$ 就表示你从今天的角度看待明天吃到的冰激凌的效用。通常来说，这个数值比较高，但是，仍不如 $U^{明天}(u_{明天})$，也就是你明天在吃冰激凌时获得的效用。

假设你面临两种报酬方式 a 和 b，如图 8.3 所示。假设 a 会在时间 t 时给你带来效用 u_t，b 会在时间 $t+1$ 时给你带来效用 u_{t+1}。假设从时间 t 的角度来看，相比 b 你严格偏好 a，也就是 $U^t(a)>U^t(b)$。此时，如果你是进行指数贴现的人，$U^t(a)>U^t(b)$ 意味着 $u_t>\delta u_{t+1}$。现在我们来分析一下从 t 之前的时间角度来看会如何，比如从 $t-1$ 的角度来看，会出现相比 a 你弱偏好 b 的情况吗？如果真的如此，那就意味着 $U^{t-1}(b)\geqslant U^{t-1}(a)$，也就是 $\delta^2 u_{t+1}\geqslant\delta u_t$。由于 $\delta>0$，那么，两边同除以 δ 就可以得到 $\delta u_{t+1}\geqslant u_t$，这就与之前的结论矛盾。所以在 $t-1$ 时，你一定是相比 b 严格偏好 a。那么，在 $t-2$ 时呢？基于同样的原因，我们会得出相同的结论。那么，在 $t-3$ 时呢？我们可以按照同样的逻辑一直推导下去。

简言之，如果你以指数方式贴现未来，你必须是时间一致的。从图形上看，这意味着你要么总是相比 b 更偏好 a（如图 9.1 中的点虚线所示），要么总是相比 a 更偏好 b（如图 9.1 中的短划线所示），要么你对这两个选项感到无差异（如图 8.3 所示）。这两条线绝不会相交。也就是说，你对 a 和 b 的偏好永远不会因为时间变化而改变。

糟糕的是，在这一模型看来，现实中人们总是会违反时间一致，并且表现出惊人的规律性。早上，我们发誓再也不喝酒了；然而，到了跟朋友的欢聚时光，我们就不介意再来一杯马提尼。新年第一天，我们向伴侣承

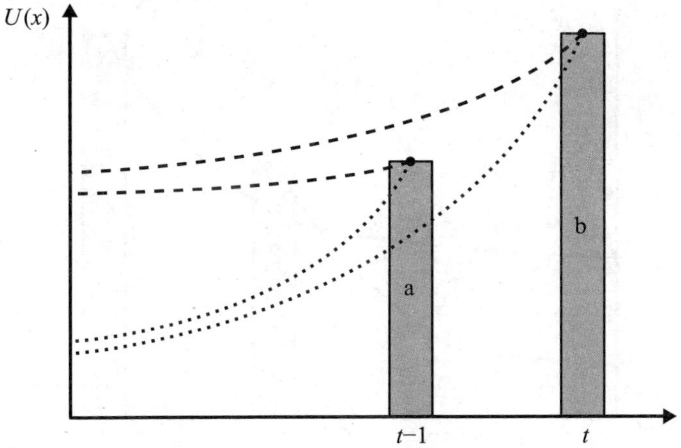

图 9.1　时间一致的偏好

诺戒烟并且开始锻炼；然而只要一有机会，承诺就被抛到了九霄云外。伊里亚・伊里奇・奥勃洛摩夫（Ilya Ilyich Oblomov）这一人物形象很好地体现了时间不一致，他可能是所有文学作品中最典型的拖延者。在书中的第 1 页他是这样登场的：

> 他生着一双深灰色的眼睛，可是脸上缺乏专注的神情。他的思绪像无拘束的小鸟似地在脸上盘旋、在眼睛里翱翔，栖息在半张开的嘴唇上、隐藏在额角的皱纹中，随后就完全消失，满脸发出一片无忧无虑的、平静的亮光。这种无忧无虑从他的脸上移到全身的姿态上，甚至转到睡衣的褶皱里。

如果你身上很少发生前面所提到的这些情形，那就要祝贺你！然而，你肯定也并不否认时间不一致是很常见的。如果用图来表示，我们似乎是按照图 9.2 的方式对未来进行贴现。也就是说，在时间 $t-1$ 之前（比如 $t-2$时），我们觉得 b 这一较大且较遥远的回报更好，但在时间 $t-1$ 时，我们却想要更小但是更即时的回报 a。

事实上，可以通过适当变换定义 8.10 对这种行为建模。

定义 9.1　β-δ 函数

根据 $\boldsymbol{\beta}$-$\boldsymbol{\delta}$ 函数（beta-delta function），从 $t=0$ 的角度来看，效用流 $\mathbf{u}=\langle u_0, u_1, u_2, \cdots\rangle$ 对应的效用 $U^0(\mathbf{u})$ 为：

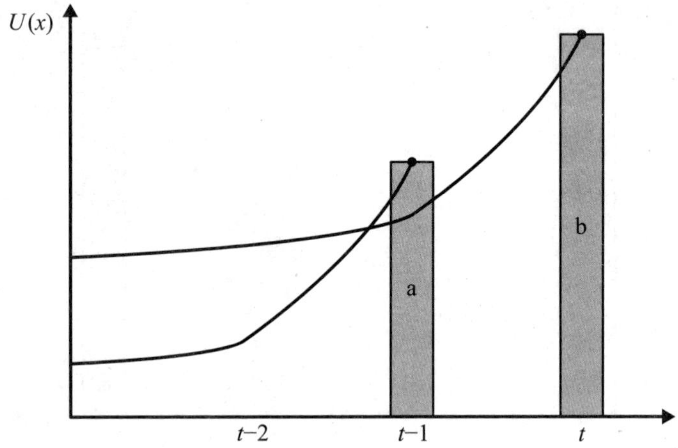

图 9.2　时间不一致偏好

$$U^0(\mathbf{u}) = u_0 + \beta\delta u_1 + \beta\delta^2 u_2 + \beta\delta^3 u_3 + \cdots = u_0 + \sum_{i=1}^{\infty} \beta\delta^i u_i$$

如果你的行动符合这一定义，你在评价效用流时，就是累加了现在获得的效用、$\beta\delta$ 乘以下一时期获得的效用、$\beta\delta^2$ 乘以再下一时期获得的效用，依此类推。与指数贴现函数唯一的区别是，除了u_0以外的效用均乘以 β，并且假设 $0<\beta\leqslant 1$。可以注意到，对于时间越远的回报，乘以的 δ 的幂越高（δ，δ^2，δ^3，…），而 β 并非如此。这种贴现方式被称为**拟双曲线贴现**（quasi-hyperbolic discounting）。在此，我笼统地称之为**双曲线贴现**（hyperbolic discounting）。最终得到的模型被称为 ***β-δ* 模型**（beta-delta model）。

参数 β 的引入带来了一个有趣的变化。当 $\beta=1$ 时，行为人以双曲线贴现形式贴现未来时，与一个以指数形式贴现未来的人别无二致。这是因为当 $\beta=1$ 时，双曲线贴现的行为人会最大化下面的表达式：

$$U^0(\mathbf{u}) = u_0 + \beta\delta u_1 + \beta\delta^2 u_2 + \cdots = u_0 + \delta u_1 + \delta^2 u_2 + \cdots$$

这与 δ 函数（定义 8.10）完全一样。然而，当 $\beta<1$ 时，情况就完全不同了。用双曲线贴现时，除了当前的收益，其他所有的收益都被贴现得更严重，如图 9.3 所示。对比图 8.2，可以发现，双曲线在 t 与 $t-1$ 之间更陡峭，而在 $t-1$ 之前更平坦。

练习 9.2　*β-δ* 函数

假设你面临的效用流如下：在 $t=0$ 时获得 1 个单位效用，在 $t=1$ 时

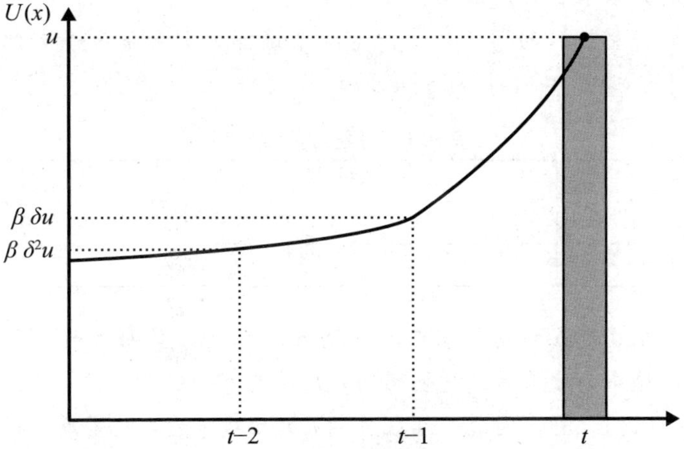

图 9.3　双曲线贴现

获得 3 个单位效用，在 $t=2$ 时获得 9 个单位效用。对于下面的参数值，利用 β-δ 函数确定这一效用流的贴现效用。

(a) $\beta=1/3$，$\delta=1$。

(b) $\beta=1$，$\delta=2/3$。

(c) $\beta=1/3$，$\delta=2/3$。

当一个行为人对未来进行双曲线贴现时，如果面临两个选择，即一个较小但较早的回报和另一个较大但较晚的回报，他的贴现效用最终看起来会如图 9.2 所示。这一结果就是俄国作家在小说中所谓的“奥勃洛摩夫癖”，而在现实生活中，这一结果有时会是一个致命的问题。双曲线贴现可能会导致时间不一致行为，这一事实也可以表示为代数形式。

例子 9.3　双曲线贴现

假设你正在节食，但是在某个星期六的一次聚会上，你必须决定是否要吃一块红丝绒蛋糕。吃蛋糕会给你带来 4 个单位的效用。然而，如果你吃掉蛋糕，你将不得不在周日锻炼几个小时，这将给你带来 0 单位的效用。另一个选择是不吃蛋糕，这会给你带来 1 个单位的效用，而且星期日你可以在电视机前放松地待着，这会给你带来 6 个单位的效用。因此，你将面临如表 9.1 所示的选择。你用双曲线贴现未来，$\beta=1/2$，$\delta=2/3$。问题如下：

(a) 站在星期五的角度来看，吃蛋糕（用 **c** 表示）和不吃蛋糕（用 **d**

表示）分别会带来多大的效用？你更偏好哪个选择？

（b）站在星期六的角度来看，这两个选择分别会带来多大的效用？你更偏好哪个选择？

表 9.1　红丝绒蛋糕问题

	星期六	星期日
c	4	0
d	1	6

（a）站在星期五的角度来看，星期五是 $t=0$，星期六是 $t=1$，星期日是 $t=2$。从这个角度来看，吃蛋糕的效用流为 $\mathbf{c}=\langle 0, 4, 0\rangle$，不吃蛋糕的效用流为 $\mathbf{d}=\langle 0, 1, 6\rangle$。因此，站在星期五的角度来看，吃蛋糕的效用为：

$$U^0(\mathbf{c}) = 0+\frac{1}{2}\times\frac{2}{3}\times 4+\frac{1}{2}\times\left(\frac{2}{3}\right)^2\times 0=\frac{4}{3}$$

同时，站在星期五的角度来看，不吃蛋糕的效用为：

$$U^0(\mathbf{d}) = 0+\frac{1}{2}\times\frac{2}{3}\times 1+\frac{1}{2}\times\left(\frac{2}{3}\right)^2\times 6=\frac{5}{3}$$

因此，站在星期五的角度来看，你会决定不吃蛋糕，坚持节食。

（b）站在星期六的角度来看，星期六是 $t=0$，星期日是 $t=1$。从这个角度来看，吃蛋糕的效用流为 $\mathbf{c}=\langle 4, 0\rangle$，不吃蛋糕的效用流为 $\mathbf{d}=\langle 1, 6\rangle$。因此，站在星期六的角度来看，吃蛋糕的效用为：

$$U^0(\mathbf{c}) = 4+\frac{1}{2}\times\frac{2}{3}\times 0=4$$

同时，站在星期六的角度来看，不吃蛋糕的效用为：

$$U^0(\mathbf{d}) = 1+\frac{1}{2}\times\frac{2}{3}\times 6=3$$

因此，站在星期六的角度来看，你会觉得吃蛋糕更好。

这个例子表明时间不一致性发挥了作用。一开始，你更想要坚持节食，坚决不吃蛋糕。然而，当诱惑来临时，你就更愿意忘掉节食，吃掉蛋糕。这意味着你表现出了**冲动**（impulsivity）。如果你很少冲动，你就属于人群中凤毛麟角的人。正如这个例子所表明的，你可能会同时表现出冲动和缺乏耐心。下面的练习表明了这两者是如何相互联系的。

练习 9.4　冲动和缺乏耐心

假设你可以选择 a（在周四时获得 8 个单位的效用）和 b（在周五时获

得 12 个单位的效用)。

(a) 假设 $\beta=1$，$\delta=5/6$。从星期四的角度来看，你会选择哪一个？从星期三的角度来看，你会选择哪一个？

(b) 假设 $\beta=1$，$\delta=1/6$。从星期四的角度来看，你会选择哪一个？从星期三的角度来看，你会选择哪一个？

(c) 假设 $\beta=1/2$，$\delta=1$。从星期四的角度来看，你会选择哪一个？从星期三的角度来看，你会选择哪一个？

(d) 假设 $\beta=1/2$，$\delta=2/3$。从星期四的角度来看，你会选择哪一个？从星期三的角度来看，你会选择哪一个？

双曲线贴现不仅可以解释为什么人们相比于未来更注重自己当前的福利，还有助于解释为什么人们会在当前与未来的平衡上如此善变。由此，它可以解释人们原本打算要节食、戒烟、写作业以及戒毒等，然而后来却一事无成这一事实。下面是另一个例子。

练习 9.5　癌症筛查

大多数结肠癌是由息肉发展而来的。早期筛查可以观测到癌变之前或者已患结肠癌的息肉，因此，许多医生建议超过一定年龄的患者应进行结肠镜检查。问题是，结肠镜检查会令人尴尬，也十分痛苦。人们的典型做法是：在年轻时下决心去做结肠镜检查，然而随着检查日子临近，他们又会临阵退缩。假设有两个病人：阿贝利塔和本尼，面临两个选择：a 在时间 1 进行结肠镜检查（效用=0)，在时间 2 享受健康（效用=18)；b 在时间 1 逃避结肠镜检查（效用=6)，在时间 2 健康状况欠佳（效用=0)。

阿贝利塔用指数的方式贴现未来。她的 $\delta=2/3$。

(a) 在 $t=0$ 时，a 对她而言效用是多大？b 呢？

(b) 在 $t=1$ 时，a 对她而言效用是多大？b 呢？

本尼用双曲线贴现未来。他的 $\beta=1/6$，$\delta=1$。

(c) 在 $t=0$ 时，a 对他而言效用是多大？b 呢？

(d) 在 $t=1$ 时，a 对他而言效用是多大？b 呢？

(e) 谁的行为更像一个典型的有耐心者？

(f) 谁更有可能最终面临健康问题？

$\beta\delta$ 函数还为我们提供了另外一种思路，如果已知一个人的偏好，就可以利用这一函数计算出他的 β 和 δ 的大小。思考下面的练习。

练习 9.6

假设你用双曲线贴现未来，根据 $\beta\delta$ 函数，从周四的角度来看，你认为选项 a（周四获得 1 个单位的效用）和选项 b（周五获得 3 个单位的效用）无差异。

（a）如果 $\beta=1/2$，δ 是多大？

（b）如果 $\beta=4/9$，δ 是多大？

练习 9.7

假设你用双曲线贴现未来。假设 β 和 δ 都严格大于 0，并且严格小于 1。在 $t=0$ 时，你可以在以下三个选项中进行选择：a（$t=0$ 时获得 1 个单位的效用）、b（$t=1$ 时获得 2 个单位的效用）和 c（$t=2$ 时获得 3 个单位的效用）。事实上，在 $t=0$ 时，你认为 a 与 b、b 与 c 之间是无差异的。

（a）计算 β 和 δ。

（b）此外，假设在 $t=0$ 时，你认为 c 与 d（在 $t=3$ 时获得 x 单位的效用）之间无差异。x 是多大？

练习 9.8

假设你用双曲线贴现未来。假设 β 和 δ 都严格大于 0，并且严格小于 1。在 $t=0$ 时，你可以在以下三个选项中进行选择：a（$t=0$ 时获得 2 个单位的效用）、b（$t=1$ 时获得 5 个单位的效用）和 c（$t=2$ 时获得 10 个单位的效用）。事实上，在 $t=0$ 时，你认为 a 与 b、b 与 c 之间是无差异的。计算 β 和 δ。

练习 9.9　威克斯蒂德的毯子

神学家和经济学家菲利普·威克斯蒂德（Philip Wicksteed）提出了以下看法："当我们躺在床上时，也许半夜醒来（或者在一大早醒来）的时候会感到很冷，而其实不必下床，我们就可以摸到一张毯子盖在身上，然后享受整晚舒服的睡眠。"假设选择一直躺在冰冷的床上，威克斯蒂德当时（$t=0$）会获得的效用为 1，半夜时（$t=1$）获得的效用为 1，凌晨时（$t=2$）获得的效用为 1。如果找到毯子盖在身上，他现在（$t=0$）会获得 0 单位效用，但是，在半夜和凌晨都可以享受到 5 个单位的效用。作为一个有耐心的人，威克斯蒂德的 δ 可能为 1。如果威克斯蒂德并未选择盖毯子，他的 β 会是多大？

接下来的两节包含了更多关于双曲线贴现的练习。

选择不做选择

人类行为的另一个特点是，我们有时会决定不做选择，因为我们可以采取某些措施阻止自己采取行动。根据荷马（Homer）的描述，尤利西斯非常著名的一个举动是，让船员把自己绑在船的桅杆上，这样他就可以在不冒任何愚蠢的风险的情况下聆听海妖甜美而诱人的歌声（如图 9.4 所示）*。某些人愿意付高价购买小包装的零食、自动售货机里的软饮料和小容量的啤酒。尽管我们知道批量购买可以省钱，但是我们担心这样做会导致过度放纵，让我们变得肥胖、酗酒，并且造成经济负担。在一项众所周知的关于拖延和承诺的研究中，研究人员让大学生为必须提交的三篇论文自行设定截止日期。在学期初，73%也就是接近四分之三的学生都将最后期限设定在最后一周之前，尽管他们知道错过最后期限就要被扣分。显然，学生都担心没有最后期限时难以完成任务并遭到惩罚，因此，他们愿意承担这个风险。

图 9.4　尤利西斯和海妖

来自突尼斯，杜加。由丹尼斯·贾维斯拍摄。使用获得授权。

---

* 传说海妖的歌声会让人奋不顾身地跳入海里。——译者注

理论上这种行为令人费解。从指数贴现的角度来看，决定不做选择毫无意义。根据指数贴现模型，如果你现在不会放任自流，那么以后也不会。双曲线贴现模型显然也难以解释决定不做选择这种行为，当你用双曲线贴现未来时，你可能会在当下计划不要放纵自己，然而等未来到来时，却还是难以自律。因此，我们目前所学到的模型中，没有一个能够解释上面这些常见的行为。

行为经济学家通过区分**天真型**（naive）双曲线贴现者和**老练型**（sophisticated）双曲线贴现者来分析这一问题。当人们表现出时间不一致时，也就是说，他们在某一时点之前相比 y 更偏好 x，而当这一时点来临时，他们又相比 x 更偏好 y，就称他们具有**自我控制问题**（self-control problem）。天真型时间不一致的个体，或者简称为天真的人，并未意识到自己的自我控制问题。天真的人基于自己未来的偏好与现在的偏好相同这一不准确的假设做出选择。而老练型时间不一致的个人，或者简称为老练的人，能够意识到自己的自我控制问题。老练的人基于对自己未来行为的准确预测做出选择。下面的例子有助于我们理解。

现在是 10 月，你想为即将到来的节日准备礼物。你知道在 10 月和 11 月存钱可以让你在 12 月为家人准备一份特别好的礼物。然而，连续两个月都要省钱并不令人愉悦，但是，当你的朋友和家人打开你所准备的礼物时会对你万分感谢，此时你的效用流为 3 - 3 - 27。你也可以选择在 10 月存钱，11 月随便花钱，此时你仍然能够送出礼物，效用流为 3 - 9 - 15。当然，你也可以两个月都随意挥霍，此时你的效用流为 6 - 6 - 9，如表 9.2 (a) 所示（在此先忽略最后一行）。

表 9.2　分期付款支付矩阵

(a) 10 月

	10 月	11 月	12 月
存钱—存钱	3	3	27
存钱—花钱	3	9	15
花钱—花钱	6	6	9
分期付款	2	3	27

(b) 11 月

	11 月	12 月
存钱	3	27
花钱	9	15

我们先假设你是一个 $\delta=1$ 的指数贴现者。此时，你会选择**存钱—存钱**（save-save），因为：

$U^{10月}$(存钱 — 存钱) = 3 + 3 + 27 = 33

$U^{10月}$(存钱 — 花钱) = 3 + 9 + 15 = 27

$U^{10月}$(花钱 — 花钱) = 6 + 6 + 9 = 21

再次，假设你是一个双曲线贴现者，$\delta=1$，$\beta=1/3$。此时，你仍然会选择存钱—存钱，因为：

$$U^{10月}(\text{存钱 — 存钱}) = 3 + \frac{1}{3}\times(3+27) = 13$$

$$U^{10月}(\text{存钱 — 花钱}) = 3 + \frac{1}{3}\times(9+15) = 11$$

$$U^{10月}(\text{花钱 — 花钱}) = 6 + \frac{1}{3}\times(6+9) = 11$$

到目前为止没什么问题。

然而问题是，在 10 月存钱后，你很有可能会在 11 月随意花钱，毕竟现在你有一些储蓄了。你可以在 11 月继续**存钱**（save），并且得到预期的 3 - 27 的效用流。或者你可以随意**花钱**（spend），此时你会得到 9 - 15 的效用流。你在 11 月时的选择如表 9.2（b）所示。作为一名时间一致的指数贴现者，你肯定愿意继续存钱：

$U^{11月}$(存钱) = 3 + 27 = 30

$U^{11月}$(花钱) = 9 + 15 = 24

然而，作为一名双曲线贴现者，你会选择花钱：

$$U^{11月}(\text{存钱}) = 3 + \frac{1}{3}\times 27 = 12$$

$$U^{11月}(\text{花钱}) = 9 + \frac{1}{3}\times 15 = 14$$

也就是说，到了 11 月，双曲线贴现者难以继续执行 10 月时制定好的存钱—存钱计划。一个涉世不深或者单纯的双曲线贴现者无法预测他未来的行为。因此，他会在 10 月下定决心选择存钱—存钱，然而在 11 月前功尽弃选择随意花钱，虽然他有完美的打算，然而却事与愿违，最终选择了**存钱—花钱**（save-spend）。一个老练的双曲线贴现者能够预料到自己的行为，知道 10 月打算的存钱—存钱不会发生。因此，他会在 10 月将存钱—存钱这一选项从自己的选择中排除，排除之后，由于老练的人对存钱—花钱和**花钱—花钱**（spend-spend）这两个选项感到无差异，也许最后他会选择花钱—花钱。

这一选择不仅对双曲线贴现者来说是个坏消息，对昂贵商品的销售商来说也是个坏消息：如果顾客无法为昂贵商品存钱，销量就会大打折扣。因此，商场和店铺有充分的理由愿意提供**分期付款**（layaway）计划：在10月收取一笔小额管理费，商场可以在11月扣除一部分顾客的收入作为分期付款，使得顾客没有办法花掉这一部分钱。商场提供的分期付款并不妨碍顾客在10月做出其他选择，只是提供了一个2－3－27的效用流选项，如表9.2（a）中的最后一行所示。

指数贴现者没有人会选择分期付款，因为$U^{10月}$（分期付款）$=2+3+27=32$，小于存钱—存钱。对于双曲线贴现而言，贴现效用为$U^{10月}$（分期付款）$=2+\frac{1}{3}\times(3+27)=12$。作为一个不谙世事的双曲线贴现者，在10月评估可选选项时，他并未考虑到自己在11月能否将这一计划坚持到底，他会认为存钱—存钱看似比分期付款好，并且在10月选择存钱—存钱，但在11月事与愿违地花钱，最终变成存钱—花钱。老练的双曲线贴现者因为知道自己做不到存钱—存钱这一选项，会将其从自己的可选选项中剔除，从而发现分期付款比存钱—花钱和花钱—花钱都要好。她会选择参与到分期付款计划中，通过这一计划阻止自己在11月乱花钱，从而在12月买到心仪的礼物。需注意的是，虽然从效用来看分期付款不如存钱—存钱这一选项，但实际上却能够帮助成熟的双曲线贴现者做得更好。

下面是关于指数贴现者、天真的双曲贴现者和老练的双曲贴现者行为的另一个例子。

例子9.10　约翰尼·德普

当地的影院本周将会上映一部普通电影（$u_0=3$），下周会上映一部还不错的电影（$u_1=5$），两周后会上映一部很好的电影（$u_2=8$），三周后会上映一部特别棒的约翰尼·德普（Johnny Depp）的电影（$u_3=13$）。糟糕的是，这四部电影里面你只能看三部。对于下面的问题，假设$\delta=1$，$\beta=1/2$。那么，你会选择不看哪一部呢？a普通电影，b还不错的电影，c很好的电影，还是d特别棒的电影？

如果你是一个指数贴现者，你会跳过最差的那部电影。在$t=0$时，你知道$U^0(a)=5+8+13=26$，好于$U^0(b)=3+8+13=24$，也好于$U^0(c)$和$U^0(d)$。由于你是一个指数贴现者，所以是时间一致的，因此会坚持最初的计划。

如果你是一个天真的双曲贴现者，最终你会拖到最后一刻，错过特别棒的电影。具体过程如下：当你处于 $t=0$ 时，$U^0(\mathrm{a})=\frac{1}{2}\times(5+8+13)=13$，$U^0(\mathrm{b})=3+\frac{1}{2}\times(8+13)=13.5$，$U^0(\mathrm{c})=3+\frac{1}{2}\times(5+13)=12$，并且 $U^0(\mathrm{d})=3+\frac{1}{2}\times(5+8)=9.5$。因为 $U^0(\mathrm{b})$ 最大，所以你会选择不看 b，也就是看完第一部普通电影 a 之后，跳过还不错的电影 b。而当你处于 $t=1$ 时，一切看起来跟最初不同了。你面临的选择变成了 $U^1(\mathrm{b})=\frac{1}{2}\times(8+13)=10.5$，$U^1(\mathrm{c})=5+\frac{1}{2}\times 13=11.5$，并且 $U^1(\mathrm{d})=5+\frac{1}{2}\times 8=9$。可以看出此时 $U^1(\mathrm{c})$ 最大，所以当你来到 $t=1$ 时，你会看完还不错的电影 b，打算跳过很好的电影 c。然而时过境迁，当你来到 $t=2$ 时，你面临的选择又变成了 $U^2(\mathrm{c})=\frac{1}{2}\times 13=6.5$，$U^2(\mathrm{d})=8$。可以看出此时 $U^2(\mathrm{d})$ 是最大的，也就是说，身处 $t=2$ 时你会选择跳过 d。因此，你会看完很好的电影 c，并且来到 $t=3$，此时你已别无他选，只能跟特别棒的电影擦肩而过。

相比之下，如果你是一个老练的双曲线贴现者，最终你会跳过还不错的电影 b。你的老练让你可以预测到，在 $t=2$ 时，你的自我控制问题会让你错过那部特别棒的电影 d。那么在 $t=1$ 时，你面临的选择就是，要么跳过还不错的电影 b 获得效用 $U^1(\mathrm{b})=10.5$，要么最终只能得到 $U^1(\mathrm{d})=9$。因此，当你身处 $t=0$ 时，你就知道 $t=1$ 时你会选择跳过电影 b。由此在 $t=0$ 时，你就是在 $U^0(\mathrm{a})=13$ 和 $U^0(\mathrm{b})=13.5$ 之间选择。显然，$U^0(\mathrm{b})$ 较大，那么你就会选择观看普通电影 a，跳过还不错的电影 b，观看很好的电影 c 和特别棒的电影 d。

这个例子展现了老练如何帮助人们预料到时间不一致所导致的问题。生活中这种问题可能比比皆是。头一天晚上，许多人决心第二天要早起，但是，他们也会料到第二天早上可能会赖床。因此，为了防止自己赖床，他们会设置闹钟，并且放在房间另一边的仙人掌后面，有的闹钟甚至设计为在响起时会从床头柜上跑到床底下，或者满屋子乱跑，让你不得不起床到处去追它，等你抓到它时也就困意全消了。有的闹钟设置成如果你不立马起床关掉的话就会开始碎钱。如果这些方法对你而言并不陌生，那么你就是一个老练的双曲线贴现者。需注意的是，人们会需求分期付款计划之类的方案和乱跑闹钟之类的设备，这不仅说明人们存在时间不一致，还说明他们在预测和扭转自己的时间不一致行为方面表现得十分老练。

然而奇怪的是，老练有时也会加剧自我控制问题。我们已经遇到过这样的例子，老练的双曲线贴现者在排除掉存钱—存钱这一选择后，会认为花钱—花钱也是一个不错的选择。而单纯的双曲线贴现者本打算选择存钱—存钱，但最终以存钱—花钱收场。相比之下，老练的双曲线贴现者表现得更加缺乏远见。接下来的例子更加生动地说明了这一现象。

练习 9.11　约翰尼·德普

本练习参考例子 9.10。假设你只能看四部电影中的一部。你会看哪一部呢？普通电影 a、还不错的电影 b、很好的电影 c，还是特别棒的电影 d？

（a）证明一个指数贴现者最终会观看特别棒的电影 d。

（b）证明一个天真的双曲线贴现者最终会观看很好的电影 c。

（c）证明一个老练的双曲线贴现者最终会观看普通电影 a。

问题在于，老练的双曲线贴现者倾向于**提前**（preproperate）。也就是说，某些事本来迟些再做更好，但他们会现在就做。从某种意义上看，提前与拖延恰恰相反，而拖延是天真的双曲线贴现者存在的问题。矛盾的是，在某些情形下，天真的人反而比老练的人要好。有时，明知自己存在自我控制问题的人，如果试着对未来看得模糊些反倒更好。

对效用流走势的偏好

双曲线贴现模型，特别是在引入天真和老练两种类型的人之后，能够解释很多与指数贴现模型相悖的现象。然而，仍存在许多指数贴现和双曲线贴现都无法准确反映的行为。下面的练习说明了这一点。

练习 9.12　打扫房间

星期日早上（$t=0$），你决心今天完成两件事：打扫公寓和看电影。你可以在早上打扫（$t=0$），下午去看电影（$t=1$），或者早上去看电影（$t=0$），下午打扫（$t=1$）。你讨厌打扫：它只给你带来 2 个单位的效用；你喜欢看电影：它能给你带来 12 个单位的效用。

对于前两个问题，假设你用 $\delta=1/2$ 的指数贴现未来。从 $t=0$ 的角度来看：

（a）先打扫再去看电影的效用是多大？

（b）先去看电影后打扫的效用是多大？

对于后两个问题，假设你用 $\beta=1/3$ 和 $\delta=1/2$ 的双曲线贴现未来。从 $t=0$ 的角度来看：

（c）先打扫再去看电影的效用是多大？

（d）先去看电影后打扫的效用是多大？

通过这个练习我们可以发现，无论你是用指数还是双曲线的方式贴现未来，你都会先享受愉快的经历再做讨厌的事。

这一结论与人们通常观察到的行为针锋相对。人们的经验是：在选择安排事情的顺序上，往往会先安排不愉悦的事情，然后安排愉悦的事情。正如古希腊哲学家伊壁鸠鲁（Epicurus）所说："只要我们人在途中，就必须努力让旅程的后半程好于前半程。"在这件事情上，人们的经验和先贤智慧都是有证据支持的。在一项研究中，研究人员通过语言加图示的方式向人们展示了依次递增和依次递减的两种工资流，以了解人们对不同工资流的偏好。研究人员的结论是：当其他条件相同时，总的来看，相比于平坦或者依次递减的工资流，绝大多数工人更偏好依次递增的工资流。

这种**对递增效用流走势的偏好**（preference for increasing utility profile）原则上可以通过放松 $\delta<1$ 的假设（我们在第8章中暂时做出的假设）加以解释。如果 $\delta>1$，理性的贴现者会尽量推迟愉悦的事情。当 $\delta>1$ 时，就会使得 $r<0$，这也正是为什么最终的偏好被称为**负时间偏好**（negative time preference）。然而这一结论也会陷入尴尬的境地，因为当愿意上午打扫、下午看电影的人身处其他情形时，又会选择用 $\delta<1$ 和 $r>0$ 贴现未来［也就是**正时间偏好**（positive time preference）］。

此外，有证据表明，人们也表现出**对分散的偏好**（preference for spread）。也就是说，人们有时愿意将各种喜欢的事情分散在不同时间来慢慢享受。有些儿童会在一天内吃光所有的万圣节糖果，也有的儿童更愿意在很多天或者好几周里慢慢吃。无论是正时间偏好还是负时间偏好都难以解释这一偏好。最终，人们往往会表现出**对多样化的偏好**（preference for variation），正如人们会避免一而再、再而三地消费同一种商品。古希腊诗人欧里庇得斯

(Euripides) 写道："所有事物的变化都是甜蜜的。" 最终，人们会随着时间推移而表现出多样化。

所有这些都表明了人们**对效用流走势的偏好**（preference over profile）：他们在关心贴现效用的同时，也关心效用流的形状。人们通常会把最好的留到最后：也许是因为他们想要有一个圆满的结局，赶紧度过不愉快的经历；或者人们想要怀着对美好经历的向往，激励自己忍受不愉快的事情。人们还希望将愉快的事情和不愉快的事情分散到不同的时间里，并且希望多样化。这些对效用流走势的偏好无法用我们目前讨论的任何一个贴现模型加以解释。然而对效用流走势的偏好看起来是一个难以忽视的现象。

例子 9.13　经济学教授

有传言称，即使经济学教授也往往愿意自己的年薪分 12 次发放，而不是分 9 次，即使分 9 次发放时能够让自己的贴现效用最大化。显然，他们可以选择将一部分钱存起来以平滑自己的消费。对平滑的收入流的偏好可以解释这一现象。

效用流的形状在**峰—终定律**（peak-end rule）的文献中被屡屡提及，该定律往往被用于评估人们对效用流或者"某一经历"的需要程度。当人们遵循此规则时，他们有意识或无意识地会根据峰值（也就是在整段经历中的最大效用）和终值（也就是整段经历末的效用）二者的平均值对效用流进行排序，并以此进行选择。正是因为人们是按照峰—终定律采取行动的，除了贴现效用的大小之外，效用流走势的形状也至关重要。

峰—终定律有一些有趣的应用。思考图 9.5。遵循峰—终定律的人会认为经历（a）好于经历（b）。可以注意到两段经历的峰值是相同的，并且经历（a）结束时的效用高于经历（b）。如果你按照峰—终定律行事，那么你将会选择（a）。然而，这种选择也有点奇怪：经历（b）涵盖了经历（a）的全部效用，并且还多出来一些效用。峰—终定律意味着人们存在过程忽略（duration neglect），即一段经历的长度相对而言无足轻重。这与指数贴现模型和双曲线贴现模型都截然不同。

会有人真的遵循峰—终定律吗？在一项著名的对患者进行结肠镜检查的研究中（见练习 9.5），研究人员发现事后评估反映了峰值效用和终值效用，而这段经历的长度相对而言无关紧要。如果给一段已经很痛苦的经历

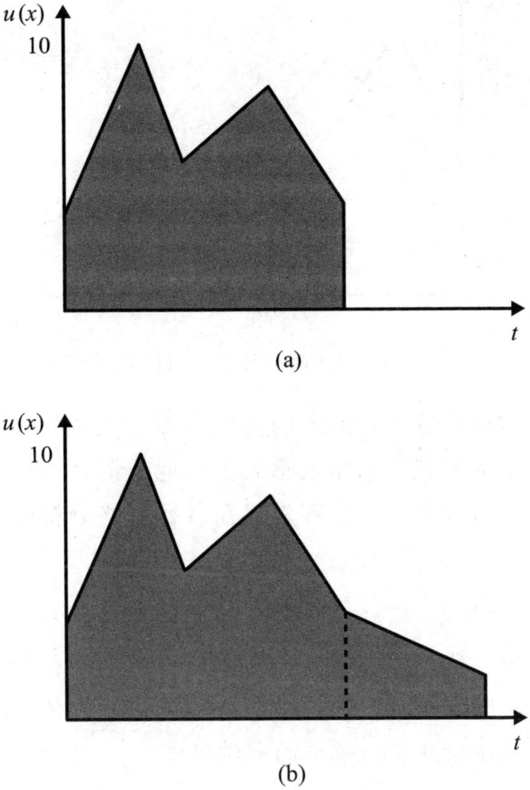

图9.5　峰—终定律

安排一个痛苦的结局，就能让人们觉得这段经历不那么痛苦，因此更愿意接受，这难道不是很奇怪吗？

练习9.14　峰—终定律

假设你为一段已经很愉快的经历安排了一个很愉快的结局。当人们利用峰—终定律将这一经历作为一个整体加以评价时，人们会认为这段经历更让人愉悦还是愉悦感降低了呢？

练习9.15　峰—终定律（续）

参考图9.6，遵循峰—终定律的人会选择实线表示的经历还是虚线表示的经历？

峰—终定律也许能够解释下面这个现象，尽管大量数据表明，为人父母的平均幸福感低于没有当父母的人，并且平均而言相比于做其他事情，

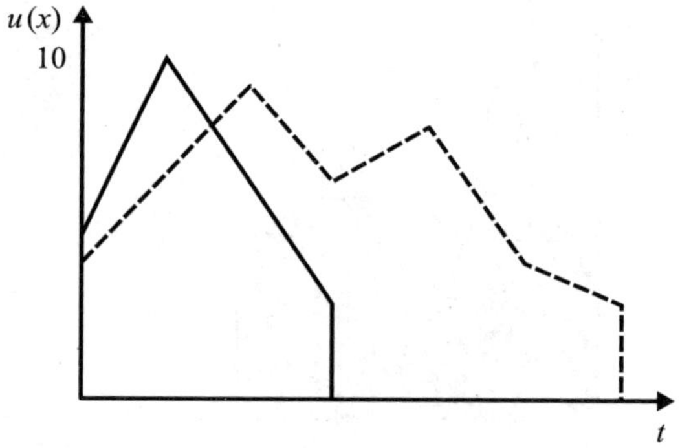

图 9.6　峰—终定律（续）

父母在照顾孩子时更不快乐，但人们仍然选择为人父母。假设最终体验相同，只要孩子带来的最强烈的愉悦感大于其他事情，人们就会认为为人父母好于其他经历。过程忽略意味着人们在进行最终分析时，一个个不眠之夜被视而不见。

练习 9.16　大学

许多人会告诉你他们的大学时光是他们一生中最美好的时光。这是令人费解的，因为实际上平均而言，大学生并不快乐。使用峰—终定律解释为什么人们会如此深情地怀念他们的大学时光。

有些选择表面上看起来似乎是对效用流走势偏好的结果，实际上往往并非如此。一方面，只要期待一件愉悦的事情本身是愉悦的，你就可以理性地推迟这件愉悦的事情。假设现在是星期六，你要选择是今天还是明天吃掉糖果。如果今天吃的话，今天就可以得到 6 个单位的效用，明天得到的效用为 0；如果你推迟到明天再吃，今天可以得到 2 个单位的效用（来自对愉悦经历的期待），明天可以得到 6 个单位的效用（来自愉悦经历本身）。考虑到这种情况，一个理性的贴现者就会推迟到星期日再吃糖果，尽管这么做会或多或少地贴现未来。这样的故事与标准理论是一致的。

错误预测和错误想法

本章和上一章都隐含着这样一个观点：许多决策都取决于对未来偏好

的预测。当我们去杂货店购物时，我们不仅要考虑购物时的偏好，还要考虑在做饭和吃饭时候的偏好。当我们在选课时，不仅要考虑到我们在攻读学位过程中的经历，也要考虑到我们余生在未来工作中的感受。当我们考虑是否要组建家庭并养育孩子时，同样不能对 20 年、40 年或 60 年后的偏好视而不见。如果我们是时间不一致的，并且是成熟的，那么我们必须预测自己的偏好会随着时间的推移发生什么变化，否则我们的选择就无法摆脱第 9 章中的模式。

事实证明，人们无法很好地预测自己未来的偏好。这一事实并不出人意料。我们在这本书中讨论的许多行为模式都让社会科学家和普通人感到惊讶。因此，没有理由认为随机决策者会意识到这些问题。行为经济学家发现了人们以多种方式系统地与偏好预测的目标南辕北辙。

对适应性的过低预测

一些研究表明，人们并未意识到自己能在多大程度上适应新的环境，比如，新的禀赋（参见第 3 章）。因此，人们无法提前预测，当某个物品被纳入自己的禀赋之后自己会如何看待它，也无法预测失去时候的损失厌恶。在一项研究中，没有得到咖啡杯的参与者认为，如果自己有咖啡杯的话愿意以 3～4 美元的价格出售；而已经获得咖啡杯的参与者则认为需要得到 4～6 美元才愿意放弃自己的咖啡杯。

对适应性的过低预测有助于解释诸如第 3 章中的“无理由退货”政策这类营销手段。如果人们过低预测在某种商品被纳入他们的禀赋后，自己的偏好会发生多大程度的变化，他们就低估了要退还已经被买回家的商品有多困难，这也使得无理由退货政策成为商家的囊中法宝。

多样化偏向

与此同时，人们往往会高估未来的自己随时间推移对多样化的感受。在一项著名的研究中，本科生们可以为数周之后的三次课程的课间选择享用哪种零食。当参与者在这三次课间进行选择时，只有 9%的人选择了三种不同的零食。相比之下，当参与者在第一堂课上就进行选择时，64%的人选择了三种不同的零食。这一结果表明，人们夸大了未来的自我对多样化的偏向程度，因而在当前表现出过度的多样化。也许一切事物的多样化确实是甜蜜的——但显然，并不如我们想象的那么甜蜜。

投射偏向

你可能很熟悉投射偏向：笼统地说，就是将自己的特征当作他人特征的无意识过程。投射偏向认为人们会把自己当前的偏好投射到未来的自己身上。结果导致他们在行动时会认为未来的偏好十分类似于当前的偏好，而实际上并非如此。人们不应该在特别饥饿或者特别饱的时候去超市购物，这一老生常谈体现了这样一种观点：当我们特别饥饿的时候，会高估正常情况下我们想吃什么；而当我们特别饱时，则会低估。

另一项著名的研究要求上班族在健康零食和不健康零食之间做出选择，这些零食要么在他们可能会感到饥饿的时候（下午晚些时候）提供，要么在饱腹的时候（午餐刚结束时）提供。某些人在午餐刚一结束时就做出了选择，有些人则在下午晚些时候做出选择。那些将在感到饥饿时得到零食的人更有可能选择不健康零食，这也许反映了当人们饥饿时会更想要吃不健康零食。然而，相比饱腹的时候做出选择的人，在饥饿状态做出选择的人更有可能选择不健康零食。这与投射偏向是一致的，当人们处于饥饿状态做出选择时，相比一周后得到零食的实际状态，他们对自己饥饿状态的预测更夸张，就好像他们把自己当前的饥饿感投射到了未来的自己身上一样。

例子 9. 17　禁食

某些宗教传统鼓励人们禁食，以此来对那些不幸的人类同胞感同身受。其中暗含的道理与投射偏向如出一辙：只有当我们自己饿了，才能开始意识到饥饿到底是什么感觉。

投射偏向可以解释对适应性的过低预测：我们低估了将某些东西纳入我们的禀赋和损失厌恶之中时，我们的偏好会发生多大程度的变化。

情绪温差

“情绪温差”这一术语指的是当我们处于“热”的情绪状态时，无法对处于“冷”的情绪状态的人感同身受，反之亦然。结果就是，当我们处于热状态时——无论是经历着饥饿、口渴、愤怒还是尴尬——往往会低估自己处于冷状态时的偏好差异，反之亦然。情绪温差既有前瞻性的也有回溯性的，并且因人而异。情绪温差是投射偏向的直接结果。

一项探索性的研究发现，冲动极大地提高了大学年龄段男性进行不道德和危险性行为的意愿。针对下面的问题："如果约会对象拒绝，你还会继续尝试吗?""如果你不知道新伴侣的交往历史，你会一直采用安全措施吗?"，研究人员对比了被试者处于正常状态和冲动状态时的回答。研究结果表明，处于冷状态的年轻男性低估了自己处于热状态时进行不道德和危险性行为的意愿。正如作者所说："人们似乎对自己的判断和行为受冲动的影响具有有限的洞察力"，而这从预防的角度来看十分重要。

错误想法

我们的许多偏好都建立在情感预测的基础之上，也就是我们对诸多情况下的感受的预测。比如，人们会预测如果自己拥有了某些东西或者做了某件事情会有多幸福，从而基于这一预测形成对事业、配偶、汽车或其他事物的偏好，这种做法十分普遍。然而糟糕的是，有时候欲望和喜好之间存在错配——我们想要什么是因为我们认为得偿所愿时会喜欢这一事物，而当我们真正得到时到底会喜欢什么，这二者之间并不一定一致。当这种情况发生时，就称之为错误想法。错误想法的一个主要来源是**影响偏向**(impact bias)，即高估未来事件对我们情感生活的持久影响的倾向。虽然我们中的许多人都认为赢得100万美元的彩票会带来长久的快乐，而截肢患者会陷入永久的悲伤，但有研究表明，彩票中奖者和截肢患者都会以惊人的速度回归到接近基准的幸福水平。同样，结婚或离婚、名望和财富对我们的情感生活，包括对幸福感的影响也比人们想象的要小得多。

影响偏向可能部分源于对适应性的预测不足，也就是说，对这个描述的一种解释是，相比自己预期的情况，彩票中奖者、截肢患者和其他所有人都更大程度并且更快地适应了不断变化的环境。错误想法的另一个原因是**聚焦错觉**（focusing illusion)：一旦你开始关注某一事物，它就显得比实际上还要重要。一个人一旦开始关注金钱、一辆新车或者一栋更大的房子，就很可能会高估得到更多钱、一辆新车或者一栋大房子对自己感受的影响。正如卡尼曼所指出的："生活中没有什么能与你在思考它时所认为的同等重要。"

练习9.18　西季威克

19世纪道德哲学家亨利·西季威克（Henry Sidgwick）在下文中描述了什么样的错误预测?

> 当我们为了某些实际意图而估计面临的不同乐趣的价值时，我们通常十分倚赖自己的预期想象力：我们将自己投射到未来，想象在假定的情况下，某种特定的乐趣将会是多大。这种想象似乎主要取决于我们过去对快乐的体验……但也部分取决于我们当时的思维方式或精神状态。

练习 9.19　自助餐

当你在自助餐中挑选晚餐食物时，也许曾有过下面的经历。晚餐最后，人们都会在盘子中剩下自己根本不想吃的食物。令人不解的是：如果人们能够正确预测自己的偏好，所有的食物都应该被吃光才对。利用（a）多样化偏向，（b）投射偏向和（c）情绪温差等概念来解释，为什么人们会挑选那些自己后来并不想吃的食物。

系统性的错误预测和错误想法会导致许多不利后果。本节所讨论的现象会让我们对自己感到陌生，因为它们可能会让我们对自认为最了解的人——也就是我们自己——的奇特品味感到匪夷所思。在某种程度上，正确决策取决于准确的预测，而且，错误预测和错误想法可能会导致错误决策——即使这一决策是我们自己的判断。例如，影响偏向和聚焦错觉会让我们高估财富满足自身偏好的程度，结果导致我们承担着工作太多、与家人和朋友相处时间太少的风险。

亚当·斯密认为，正是这种错误推动了经济的发展。斯密描述道："一个穷人家的儿子，由于被老天爷在动怒时赋予了野心"，想象着巨额的财富会带来无尽的幸福。然而在生命只剩下最后的渣滓时，他终于开始觉悟到，所有的追求都是徒劳，财富和伟大不过是"没什么效用的小玩意儿"。但问题来了：

> 幸好幸运女神是如此这般地哄骗了我们。正是此一哄骗激起了人类的勤勉，并使之永久不懈；正是此一哄骗最初鼓舞了人类耕种土地、构筑房屋、建立城市与国家，并且发明与改进了各门学问与技艺，以荣耀和润饰人类的生命。

斯密总结道，就好像"被看不见的手引导"一样，穷人对财富和伟大的追求虽然被误导，但最终却促进了更大的好处。

如果你想避免错误预测和错误想法，西季威克建议密切关注你和他人的情绪反应。他提倡采用所谓的**经验反思**（empirical-reflective）方法：

> ［我们］必须用一个更加科学的推理过程取代刚才描述的本能的、含蓄的推理：根据对我们自己和他人经验的足够充分仔细的观察，从中归纳、概括、推断出未来我们在任何情况下快乐或痛苦的可能程度。

西季威克的经验反思方法最近得到了主流心理学家的认可，尽管他们并未这么说。例如，桑雅·吕波密斯基（Sonja Lyubomirsky）说，我们应该“搁置”自己的直觉反应，转而根据自己和他人的经验系统地思考问题。吉尔伯特甚至建议，我们在做某件事之前，不要试图去想象做某件事对我们来说会是什么样子。他认为，只要向其他正在做这件事的人询问当前的感受，我们就能做出更准确的预测。他认为，如果你想知道养育孩子是什么样的（参见练习 6.43），你不应该试图想象养育孩子对你来说是什么样的；你应该问问正在养育孩子的人现在对他们来说是什么样的。例如，你可以问问你的父母。尽管这可能是很多人最不愿意听到的建议，但吉尔伯特对此深信不疑。

练习 9.20　最幸福的职业

表 9.3 显示了一项关于不同职业人群幸福感的调查结果：中间一栏列出了最幸福的五个职业，右边一栏列出了最不幸福的五个职业。你可能会认为，如果自己成为一名律师、医生或从事其他什么职业会感到最幸福。尽管吉尔伯特不认识你，但他可以肯定你错了。那么，他认为什么职业能让你最幸福呢？解释为什么吉尔伯特认为他比你更了解你在每一个职业中的快乐程度。

表 9.3　2015 年最幸福和最不幸福的工作

	最幸福	最不幸福
1	校长	保安
2	主厨	跟单员
3	信贷员	销售人员
4	自动化工程师	调度员
5	助理研究员	书记员

讨 论

在这一章中，我们讨论了将时间作为影响因素时，人们做出选择的方式。我们发现了一些与我们在第 8 章中探讨的指数贴现模型背道而驰的现象。对于其中的许多现象而言，这种分歧似乎是显著且系统性的，因此也是可预测的。此外，理解这些现象不仅可以解释和预测他人的行为，还可以对他们的行为施加影响，同时让自己免受其他人的影响。

除了本章探讨的现象之外，还存在诸多现象与我们在第 8 章中学到的指数贴现模型相悖。比如：**迹象效应**（sign effect）是指相比损失，人们对收益的贴现率更高。**绝对量效应**（magnitude effect）是指相比小结果，人们对较大结果的贴现率更低。我们还应该考虑到当人们困了、饿了、渴了、兴奋的时候或者变老的时候，偏好变化的可能性。这样的变化十分重要，不仅因为这意味着人们的行为可能会随着时间的推移以可预测的方式发生变化，还因为人们会对自己的偏好如何变化进行预测，并且根据预测做出反应。比如，许多人知道自己在饥饿时会购买过多的食物，因此，会相应地调整自己的行为。经济学家已经建立了模型将偏好变动内生化，但也许更简洁的做法是，假设偏好会随着时间的推移而变化。

行为经济学家利用这些现象来证明指数贴现模型和稳定偏好假设在描述上是不充分的。其中的某些现象也对这些模型规范上的正确性提出了质疑。确实如此，一些违反指数贴现的行为（包括严重的拖延、极端的冲动或类似行为）会伤害到个人。正如练习 9.11 所示，虽然一定程度的老练有助于减轻双曲线贴现的影响，但有时也会过犹不及。另外，人们在时间贴现是否理性这一问题上确实存在着分歧（见第 8 章）。前一节中对于效用流走势的讨论对这一忧虑起到了推波助澜的作用。可以认为，生活中存在递增的效用、起伏跌宕的效用或者其他任何形状的效用流走势都是完全理性的。果真如此的话，指数贴现模型和双曲线贴现模型都不能作为规范性标准。如果指数贴现并非评估延迟结果的唯一理性的方法，这将让指数贴现在某些学科（诸如成本收益分析和金融分析）中的广泛应用受到质疑。

在接下来的第 5 部分中，我们将考虑策略互动，这会为分析增添新的难度。

练习9.21　退休储蓄

许多人都会在年轻时为退休进行储蓄。然而，当人们在大学毕业后开始赚钱时，往往会受到诱惑而挥霍一空。假设泽米娜和伊芙能够在以下两个选项中进行选择：(a) 在第1期为退休储蓄 ($u_1=0$)，在第2期富足地退休 ($u_2=12$)；(b) 在第1期拥有更多的可支配收入 ($u_1=6$)，在第2期贫穷地退休 ($u_2=0$)。

泽米娜是一个指数贴现者，她的 $\delta=2/3$。

(a) 对她而言，在 $t=0$ 时，a的效用是多大？b的效用是多大？

(b) 对她而言，在 $t=1$ 时，a的效用是多大？b的效用是多大？

伊芙是一个天真的双曲线贴现者。她的 $\beta=1/3$，$\delta=1$。

(c) 对她而言，在 $t=0$ 时，a的效用是多大？b的效用是多大？

(d) 对她而言，在 $t=1$ 时，a的效用是多大？b的效用是多大？

(e) 谁更有可能经历后悔？

(f) 谁更有可能体面地退休？

练习9.22　成瘾

假设生活有三个阶段：青年、中年和老年。在每一个时期，你都需要决定是吸毒还是拒绝毒品。吸毒的效用取决于你是否上瘾。如果你没有上瘾，那么吸毒的效用为10，拒绝毒品的效用为0。如果你上瘾了，那么吸毒的效用为−8，拒绝毒品的效用为−25。年轻的时候，你并未上瘾，而在接下来的生命阶段里你会吸毒成瘾。假设 $\beta=1/2$，$\delta=1$。如果你属于下面的类型，你会选择怎么做？(a) 时间一致，(b) 时间不一致并且天真，(c) 时间不一致并且老练。

练习9.23　重物和枷锁

塞内加提供了以下建议：

> （想一下）囚犯起初觉得脚上的重物和枷锁难以承受，然而后来，他们决心向其妥协而不是一味地恼火，必然性教会了他们要勇敢地承受，习惯轻松地承受它们。无论你选择了什么样的生活，只要你愿意把你的罪恶视为光明，而不是让它们成为仇恨的对象，你就会发现其中蕴含着快乐、放松和愉悦。无论从哪个方面来看，自然都从未向我们提供更多，因为她知道我们生来就处于什么样的苦难之中，所以她赋予了我们一种习惯，作为减轻灾难的手段，让我们迅速地习惯最煎

熬的苦难。

这段话表明塞内加十分了解“错误预测和错误想法”一节中所讨论的哪一种现象？

练习 9.24

下面的每一种情形对应了哪一个现象：双曲线贴现、对效用流走势的偏好还是选择不做选择？如果有疑问，就选择一个最合适的。

(a) 艾丽在晚上睡觉时一心想着要在早上 5 点起床，中午前好好学习。而当闹钟响起的时候，她狠狠地拍了一下闹钟又直接睡着了。

(b) 伯特想多存点钱，但每次到月底就觉得囊中羞涩。为了鼓励自己储蓄，他在每个月的第一天设置了一个自动转账功能，将钱从他的支票账户转到一个取钱很麻烦的储蓄账户。

(c) 查理只能每学期到餐馆吃一顿大餐。他每次都会把这次大餐安排在学期末，这样平时在吃拉面时就能心怀期待。

(d) 达利斯知道如果他能多花些时间打扫房间，他的妻子会感觉更幸福，他的婚姻也会更健康。他也从心底里认为打扫房间很愉悦。然而，每次他要开始打扫时，总会被电视机上的节目牵绊住。

(e) 伊壁鸠鲁，又或者是他的一个追随者写道：“生活毁于拖延，我们每个人都深陷在别处。”

(f) 菲利帕与她认识的人们不同，她不会一次吃完一整桶冰激凌。相反，她每天只允许自己吃一勺。

(g) 你可以通过向某个网站提供自己的信用卡号码和你认为最讨厌的非营利组织的名称来帮助自己实现目标。如果你没有达到你为自己设定的某个目标，这个网站就会从你的信用卡中划走设定的金额，并把钱寄给你讨厌的非营利组织。

(h) 正如亨利·西季威克所写：“事实上，道德说教者所宣扬的东西里最为重要的一点就是，人们对快乐的预测总是错误的。”

问题 9.25

根据自己的经验，编一些类似练习 9.24 中的故事，阐明你在本章中读到的各种观点。

扩展阅读

《瘾君子》中的话来自巴罗斯（Burroughs，1977［1953］，p. 15）。弗雷德里克等人（Frederick et al.，2002）对背离指数贴现模型的行为进行了有益的综述，并且在罗文斯坦等人（Loewenstein et al.，2003）的第1章中再次出现。双曲线贴现模型源自安斯利（Ainslie，1975）；奥勃洛摩夫出自冈察洛夫之笔（Goncharov，1915［1859］，p. 7）；威克斯蒂德（Wicksteed，2003［1933］，pp. 29－30）描述了与毯子相关的困境。奥多诺休和拉宾（O'Donoghue and Rabin，2000）讨论了天真与老练的双曲线贴现，其中，采用了约翰尼·德普相关的例子和练习（pp. 237－238）。对拖延和承诺进行研究的是艾瑞里和沃顿布劳奇（Ariely and Wertenbroch，2002），而分期付款的例子是受到塔巴克（Tabarrok，2013）的启发。关于让旅程的后半部分比前半部分更好的建议出现在伊壁鸠鲁（Epicurus，2012［*c* 300 BCE］，p. 182）。对工人的偏好的研究出自罗文斯坦和西奇曼（Loewenstein and Sicherman，1991）；亚里士多德（Aristotle，1999［*c* 350 BCE］，p. 119）引用了欧里庇得斯的观点。卡尼曼等人讨论了峰—终定律（Kahneman et al.，1997），伦德迈耶和卡尼曼进行了结肠镜检查的研究（Redelmeier and Kahneman，1996）。罗文斯坦和安格内尔（Loewenstein and Angner，2003）从描述性和规范性的角度研究了偏好的变化。关于适应性预测不足的数据来自罗文斯坦和阿德勒（Loewenstein and Adler，1995），关于多样化偏向的数据来自西蒙森（Simonson，1990），关于投射偏向的数据来自里德和凡·莱文（Read and van Leeuwen，1998），关于情绪温差的数据来自艾瑞里和罗文斯坦（Ariely and Loewenstein，2006）（引用的结论见第95页）。吉尔伯特等人（Gilbert et al.，2002）解释了影响偏向，卡尼曼（Kahneman，2011，pp. 402－406）探讨了聚焦错觉。西季威克（Sidgwick，2012［1874］）发现了投射偏向（p. 121），并命名和描述了经验反思方法（pp. 111，122）；吕波密斯基（Lyubomirsky，2013，p. 11）和吉尔伯特（Gilbert，2006，p. 11）赞同类似的观点。斯密（Smith，2002［1759］，pp. 214－215）提出："自然以这种方式强加给我们是很好的。"亚当斯（Adams，2015）公布了最幸福和最不幸福职业的数据。成瘾的例子来自奥多诺休和拉宾（O'Donoghue and Rabin，2000， pp. 240－241）；塞内加（Seneca，2007，p. 49，pp. 127－128）提供了建议；伊壁鸠鲁（Epicurus，2012［*c* 300 BCE］，p. 181）声称生活毁于拖延；西季威克（Sidgwick，2012［1874］，p. 121）讨论了“人们对快乐的预测”。

您答对了吗？

请扫描二维码获取本章练习答案。

5 第5部分

策略互动

第 10 章　解析博弈论

引　言

到目前为止，我们假设你最终所享有或遭受到的结果是由你的选择和现实状态共同决定的，这一结果在你做出决策时可能是未知的。然而，对于许多即时决策来说，事情远比这复杂。实际上，你在现实生活中面临的许多决策问题都具有互动性或策略性。这意味着会发生什么事情不仅取决于你的行动，还取决于其他人的行动。比如下棋，输赢不仅取决于你做了什么，还取决于你的对手做了什么。如果你投资股票，你是否赚钱不仅取决于你对股票的选择，还取决于股票的涨跌，而股票的涨跌背后是股票的供求函数，即其他人是决定买入股票还是抛售股票。

策略互动的存在为分析蒙上了一层复杂性的面纱。如果你是一名辩护律师，你辩护案件的结果不仅取决于你的行动，而且取决于检察官的行动。既然你很清楚这一点，你就要尽最大努力预测她的决策。因此，你的决策将取决于你认为她的决策是什么。而站在检察官的角度来看，她的决策在一定程度上反映了她认为你会做什么。所以综合来看，你的决策将取决于你认为她会认为你会怎么做；但她会做什么在一定程度上取决于她认为你认为她会认为你会怎么做；依此类推。显然，想要对策略互动进行正确分析并不容易。

策略互动分析属于**博弈论**（game theory）的范畴。在这一章中，我将简要概述关于博弈的标准理论，有时也称之为**解析博弈论**（analytical game theory）。

纯策略纳什均衡

下面的故事是网络上流传的一则趣事。

例子 10.1　补考

两个学生在化学课程的平时测验、期中考试和实验环节都做得不错，所以他们决定在考试前的周末出城去参加聚会。他们玩得很开心。然而，就像电影《宿醉》（*The Hangover*）中的一幕重演：他们睡过了头，没能及时赶回校园参加考试。

于是他们打电话给教授，说在去考试的路上车胎爆了，没有备胎，只好等了很长时间。教授想了一会儿，说愿意给他们第二天补考的机会。这两个学生因此彻夜复习。

到了指定的考试时间，教授将他们分别安排在不同的房间，发卷考试。他们看了下考卷，第一个问题是关于摩尔浓度和解决方案的，分值 5 分。“简单！”他们心想。然后，他们翻到下一页看了一下第二题：“爆的是哪个轮胎？”该题分值为 95 分。

这个例子说明了许多决策问题的互动性或策略性。在这个例子里，两个学生的最终成绩不仅取决于自己对问题的回答，还取决于另一个学生的回答。当他们给出的答案相同时，都会得到 A；当他们给出的答案不同时，都会得到 F。

正式地说，当你面临的决策问题的最终结果不仅取决于自身的行动和现实状态，还取决于其他至少一个行为人的行动时，那么，你就是在参与一个**博弈**（game）。根据这一定义，这两个学生实际上就是在与对方进行博弈。无论他们怎么认为，实际上，他们已经身处博弈之中。需注意的是，参与博弈不一定意味着与对方竞争。在这里，博弈的实质是合作和协调。参与到博弈之中的行为人被称为**参与者**（player）。**策略**（strategy）是一个关于行动的完整计划，描述了参与者在所有可能的情况下将如何行动。在补考的故事中，每一个学生都有四种可选策略：可以写“左前轮（FL）”、“右前轮（FR）”、“左后轮（RL）”或者“右后轮（RR）”。

只要给定一定数量的参与者、每个参与者可选的一组策略，以及每种可能策略组合对应的一组支付（奖励或者惩罚），我们就可以利用**支付矩阵**（payoff matrix）的形式表示博弈。一个支付矩阵就是一个表格，其中，列出了每种可能的策略组合对应的支付情况。上面两个学生进行的博弈的支付矩阵如表 10.1 所示。**策略组合**（strategy profile）是关于策略的向量，与每个参与者的一个策略对应。〈FL，RR〉是一个策略组合，〈RL，RL〉也是一个策略组合。因此，支付矩阵表示的就是每一个策略组合带来的支付情况。当然，支付矩阵看起来十分类似于表示非策略决策问题的表格，唯一不同的是，表示非策略问题的表格中每一列对应的是不同的现实状态，而支付矩阵的每一列则是其他参与者的选择。

表 10.1 补考

	FL	FR	RL	RR
FL	A	F	F	F
FR	F	A	F	F
RL	F	F	A	F
RR	F	F	F	A

解析博弈论建立在均衡这一概念的基础之上。最重要的一种均衡当属**纳什均衡**（Nash equilibrium）。

定义 10.2 纳什均衡

纳什均衡是指一种策略组合，组合中的每一个策略都是对该组合中其他策略的最优反应。

在例子 10.1 的补考博弈中，〈FL，FL〉就是一个纳什均衡：假设参与者Ⅰ选择 FL，那么 FL 就是参与者Ⅱ的最优反应；假设参与者Ⅱ选择 FL，那么 FL 就是参与者Ⅰ的最优反应。在纳什均衡中，给定其他参与者的策略，任何参与者都不可能通过单方面改变策略获得更高的支付。相比之下，〈FL，RR〉并非纳什均衡：假设参与者Ⅰ选择 FL，相比选择 RR，参与者Ⅱ存在其他更好的选择；假设参与者Ⅱ选择 RR，相比选择 FL，参与者Ⅰ也存在其他更好的选择。在本节中，我们将把分析局限于**纯策略纳什均衡**（Nash equilibrium in pure strategy），即纳什均衡中每个参与者只有一个可选的个人策略。总的来看，存在四个纯策略纳什均衡，分别对应着每个轮胎。

例子 10.3 咖啡馆

你和学习伙伴约好了中午在咖啡馆见面：露西咖啡馆或者克莱斯特伍德咖啡馆。糟糕的是，你们没说清楚是哪一个，而且，你无法在中午之前联系上对方。如果你们最终能够见面，你们将获得效用 1；否则，将获得效用 0。画出支付矩阵，并且找到纯策略纳什均衡。

支付矩阵见表 10.2。最左边一列是参与者Ⅰ的策略，每一格中的第一个数字代表参与者Ⅰ的支付；最上面一行是参与者Ⅱ的策略，每一格中的第二个数字代表参与者Ⅱ的支付。纯策略纳什均衡为〈露西，露西〉〈克莱斯特伍德，克莱斯特伍德〉。

表 10.2　纯粹协调博弈

	露西	克莱斯特伍德
露西	1，1	0，0
克莱斯特伍德	0，0	1，1

咖啡馆博弈是一个**纯粹协调博弈**（pure coordination game）的例子，也就是参与者的利益完全一致的一种博弈。显然，补考博弈也是一个纯粹协调博弈。然而，在某些协调博弈中，参与者的利益并非完全一致。典型的例子是名字颇具政治色彩的一种博弈：**性别之争**（battle of the sex）。

例子 10.4　性别之争

一对夫妻想要决定晚上去哪里吃饭：牛排馆还是螃蟹小屋。当其他条件相同时，两人都愿意一起吃饭，而不是各吃各的，但丈夫（参与者Ⅰ）更喜欢牛排馆，妻子（参与者Ⅱ）更喜欢螃蟹小屋。如果两人都在牛排馆里吃饭，丈夫能得到 2 个单位的效用，妻子能得到 1 个单位的效用。如果两人都在螃蟹小屋吃饭，丈夫能得到 1 个单位的效用，妻子能得到 2 个单位的效用。如果分开吃饭，两人都只能得到 0 单位的效用。列出支付矩阵，并且找到纯策略纳什均衡。

支付矩阵见表 10.3。存在两个纯策略纳什均衡。〈牛排馆，牛排馆〉就是其中一个。因为这是参与者Ⅰ的最优结果，他不可能通过改变策略提高自己的支付。尽管参与者Ⅱ更希望两个人都能去螃蟹小屋，但是，她也无法通过单方面的改变提高自己的支付。如果她在参与者Ⅰ选择牛排馆的时候选择了螃蟹小屋，她最终的支付将是 0，而不是 1。当然〈螃蟹小屋，螃蟹小屋〉是另一个纯策略纳什均衡。

表 10.3　不纯粹协调博弈

	牛排馆	螃蟹小屋
牛排馆	2，1	0，0
螃蟹小屋	0，0	1，2

因为参与者Ⅰ偏好某一均衡，而参与者Ⅱ偏好另一均衡，所以性别之争（有时被委婉地称为“巴赫或斯特拉文斯基”）就是一个典型的**不纯粹协调博弈**（impure coordination game）。下面是一些练习。

练习 10.5　纯策略纳什均衡

找到如表 10.4 所示的博弈中的所有纳什均衡，其中，参与者Ⅰ可以选择上（U）、中（M）和下（D），参与者Ⅱ可以选择左（L）、中（M）和右（R）。

表 10.4　纳什均衡练习

(a)

	L	R
U	2，2	0，0
D	0，0	1，1

(b)

	L	R
U	5，1	2，0
D	5，1	1，2

(c)

	L	M	R
U	6，2	5，1	4，3
M	3，6	8，4	2，1
D	2，8	9，6	3，0

可以注意到，在练习 10.5（a）中，存在两个纯策略纳什均衡，尽管从两个参与者的角度来看，一个均衡的支付明显低于另一个。在练习 10.5（b）中，尽管〈U，L〉和〈D，L〉对应相同的支付，但都不是纳什均衡。在练习 10.5（c）中，对双方而言都存在其他结果好于纳什均衡的支付。

正如这些博弈所表明的，纳什均衡与参与者的“最优”结果之间没有必然的联系。因此，我们不能试图通过找寻最优结果确定纳什均衡。这类现象的一个最典型的例子就是**囚徒困境**（prisoners’ dilemma）（如图 10.1 所示）。

图 10.1　犯罪嫌疑人

插画由古蒂·泰勒绘制。

例子 10.6　囚徒困境

两名囚犯因涉嫌两桩罪案而被捕。对于较轻的那桩罪案，检察官掌握了足够的证据；而对于较重的罪案，则证据不足。如果这两名囚犯互相合作（C），缄口不言，他们将被判轻罪，服刑两年。在分开关押两名囚犯之后，检察官向两个人提供了一个选择，只要愿意背叛，即指认同伙犯下重罪（D），就可以获得减刑。如果一名囚犯指认对方，但另一名仍选择合作，也就是袒护同伙，那么，背叛者将获得自由，而被指认者将获刑 20 年。如果两人都指认对方，都会以重罪判刑，但是，作为指认对方的奖励，都只需服刑 10 年。假设每一名囚犯都只关心自己服刑的时间。支付矩阵和纳什均衡分别是什么？

以刑期表示的支付矩阵如表 10.5（a）所示；用效用形式表示的支付矩阵如表 10.5（b）所示。我们先考虑参与者Ⅰ。如果参与者Ⅱ选择合作，参与者Ⅰ可以在合作和背叛之间做出选择；通过背叛，他可以获得自由，而非服刑两年。如果参与者Ⅱ选择背叛，参与者Ⅰ仍然可以选择合作或者背叛；如果背叛，他需要服刑 10 年而非 20 年。简言之，无论参与者Ⅱ如何选择，对参与者Ⅰ而言最好的选择都是背叛。同样的情况也适用于参与者Ⅱ。因此，这个博弈只存在一个纳什均衡：两人都选择背叛并且服刑 10 年。

表 10.5　囚徒困境

(a)

	C	D
C	2 年，2 年	20 年，0 年
D	0 年，20 年	10 年，10 年

(b)

	C	D
C	3，3	0，5
D	5，0	1，1

确定囚徒困境中的纳什均衡的唯一方法，就是剔除所有的严格占优策略。如果无论其他参与者如何选择，选择 X 都比选择 Y 要好，那么就称策略 X 严格占优于策略 Y，也就是 Y 严格劣于 X。由于任何理性的行为人都不会选择严格劣策略，那么在寻找纳什均衡时，这些策略就可以不加以考虑而直接剔除。在囚徒困境中，背叛严格占优于合作，因此，就可以剔除合作这一选择。任何理性的参与者都不会选择合作，所以双方都会选择背叛。

需注意的是，即使两名囚犯都认为如果两人能合作会更好，但仍然会得到背叛对方这一结果。如果相比 Y 所有参与者都弱偏好 X，并且至少有一名参与者相比 Y 严格偏好 X，那么，就称结果 X **帕累托占优于**（Pareto dominate）结果 Y。如果没有任何结果能够帕累托占优于某一结果，那么，我们就称这一结果为**帕累托最优的**（Pareto optimal）。在囚徒困境中，合作的结果〈C，C〉帕累托占优于纳什均衡〈D，D〉。实际上，两个参与者都相比后者严格偏好前者。然而，理性的参与者仍会选择一个并非帕累托最优的结果。基于这一原因，有时人们会认为囚徒困境批驳了亚当·斯密所认为的个人基于自利的理性追求会走向社会所希望的结果，电影《美丽心灵》（*A Beautiful Mind*）[主人公原型为博弈论的提出者、诺贝尔奖获得者约翰·纳什（John Nash）] 中就展现了这一情节。

人们能从现实生活的许多互动中看到囚徒困境的影子。军备竞赛是一个典型的例子。思考印度和巴基斯坦的核武器建设。无论印度是否装备核武器，巴基斯坦都想要拥有核武器。具体来看，如果印度拥有核武器，巴基斯坦就需要核武器来保持力量均衡；如果印度没有核武器，巴基斯坦就希望通过核武器占据上风。出于同样的原因，无论巴基斯坦是否拥有核武器，印度也都希望装备核武器。因此，最终这两个国家都会装备核武器，从而没有哪个国家会占据优势地位，而且，两个国家都比没有核武器时的境况更糟。过度捕捞、滥伐森林、污染和许多其他现象都是典型的例子。背后的原因在于，不管其他参与者做什么，每个参与者都有捕鱼、砍伐森林和污染的动机，但是，如果每个人都这么做，那么每个人的境况都会比什么都不做更糟糕。

你可能会想到许多不同的解决方案。如果两名囚犯在作案前进行密谋，承诺一旦被抓获将进行合作，会怎么样？当然，你可能会认为，两人之间通过握手达成口头的君子协定就可以实现合作。然而，这一做法形同虚设，因为囚犯在被抓之前达成的任何口头协议都缺乏约束力。归根结底，每个人都必须孤立地做出选择，由于背叛严格占优于合作，理性的行为人除了背叛别无他选。正如俗话所说："说起来容易"，这就是为什么博弈论学者将缺乏约束力的口头协议称为**廉价谈判**（cheap talk）。

如果博弈可以重复进行，又会如何呢？你或许认为，重复会给囚犯提供机会，利用背叛来惩罚同伙的背叛行为。假设两名囚犯进行了十轮囚徒困境博弈。为了找到重复博弈的均衡，我们从最后一轮博弈开始反推，利用**逆向归纳法**（backward induction）进行分析。在最后一轮博弈中，任何理性的囚犯都不会选择合作，因为他的同伙没有机会对自己的背叛进行报复；所以在第十轮，两名囚犯都会选择背叛。在倒数第二轮，一名理性的囚犯已经预料到同伙会在第十轮中选择背叛，这意味着无论自己是合作还是背叛都无关紧要；因此，在第九轮中，两名囚犯都会背叛对方。同样的事情也会发生在第八轮、第七轮等等。如此一来，在重复囚徒困境中理性合作的结局早已命中注定。重复博弈并不能解决这一问题。

如果博弈能够无限次重复，也就是没有最后一轮，那么，合作就可以持续下去。在无限次重复的囚徒困境中，存在这样一种纳什均衡：两名囚犯会一直通力合作，但都准备好了通过背叛来惩罚背叛。达成合作方案的前提是，参与者不能对未来贴现得太多，否则，再多次的重复也无法挽救他们。并且，理性的参与者是否会选择这一特定的均衡也并不确定。事实上，在无限次重复囚徒困境中，存在着无穷多个均衡，自始至终选择背叛也是其中一个均衡。简而言之，无限次重复提高了囚徒困境中理性合作的期望值，但这远远不能保障合作均衡一定会实现。

对于理性的行为人来说，只有一个可靠的方法能够避免背叛，那就是确保他们根本不会陷入囚徒困境。假设这两名囚犯在实施犯罪前去找当地的职业杀手，让他追杀那个被捕后选择背叛同伙的人。如果死于职业杀手的效用为$-\infty$，那么，两名囚犯的支付矩阵将类似于表 10.6。此时，对两名囚犯而言，合作就严格占优于背叛，从而〈C，C〉就是唯一的纳什均衡。你也许认为无论如何，没有人会主动要求职业杀手追杀自己；但通过这种方法，囚犯可以确保自己获得一个比不雇用杀手时更好的结果。需注意的是，此时合作成为唯一的理性策略，仅仅因为两名囚犯已经避免参与到囚徒困境博弈之中。

表 10.6　更改后的囚徒困境

	C	D
C	3，3	0，$-\infty$
D	$-\infty$，0	$-\infty$，$-\infty$

例子 10.7　利维坦

17 世纪的政治哲学家托马斯·霍布斯（Thomas Hobbes）设想了不存在政治权威时的生活状态，以此为政治权威辩护。作为西方哲学史上的名言之一，霍布斯将这种“自然状态”描述如下：

> 彼时，在人们的生活中并不存在一个令他们敬畏的公共权力，因此，他们处于战争中——每个人与每个人的战争……在这样的条件下，人们始终生活在暴力和死亡的恐惧中，人的一生将孤独、困苦、鄙陋、野蛮而又短暂。

霍布斯认为，解决这些问题的方法是订立一项契约，在契约中，人们放弃残杀他人的权利，以换取不被他人残杀的权利，同时，建立一种压倒性的权威机构——利维坦（Leviathan）——以确保人们遵守该契约的条款（见图 10.2）。

图 10.2　利维坦（1651 年版的卷首插图）

博弈论提供了一种新的方式来一窥这场“所有人对所有人的战争”的本质。如今，许多人认为霍布斯的故事生动地描述了一个场景，在这个场景中，人们被迫与其他人一起陷入囚徒困境的泥沼。因此，人们对自利的理性追求导致身陷于此的所有人只能得到最差的结果。霍布斯故事中的利维坦与上述场景中的职业杀手具有相同的功能：通过让人们信守承诺，以确保理性的自利与社会赞许性相一致。

混合策略纳什均衡

有些博弈不存在纯策略纳什均衡，但是，这并不意味着它们不存在纳什均衡。

例子 10.8　咖啡馆（续）

假设你必须要去例子 10.3 中的两个咖啡馆中的一个，并且你的前任也必须去其中之一。你不想碰到你的前任，但你的前任想碰到你。你与对方进行的是什么博弈？

如果一个参与者在达到目标时得到的效用为 1，否则为 0，那么支付矩阵将如表 10.7 所示。

表 10.7　纯粹协调博弈

	露西咖啡馆	克莱斯特伍德咖啡馆
露西咖啡馆	1，0	0，1
克莱斯特伍德咖啡馆	0，1	1，0

这一博弈不存在纯策略纳什均衡。如果你去露西咖啡馆，你的前任也会想去那里，然而，此时你就更愿意去克莱斯特伍德咖啡馆，此时，你的前任也会想要追随你的选择。顺便一提，这一咖啡馆博弈的支付结构类似于**硬币配对博弈**（matching pennies）。在硬币配对博弈中，两个人各掷一枚硬币，如果两枚掷硬币都是正面朝上，或者都是反面朝上，则参与者Ⅰ获胜；否则，参与者Ⅱ获胜。这也恰好是一个**零和博弈**（zero-sum game）的例子。所谓零和博弈，是指一个参与者获胜时，另一个参与者必然惨败。

这一博弈存在一个**混合策略纳什均衡**（Nash equilibrium in mixed strategy）。均衡就是你会通过掷硬币决定去哪个咖啡馆，并且你的前任也会这么做。分析过程如下：假定你最终去露西咖啡馆和克莱斯特伍德咖啡馆的概率都是 50%，而你的前任对两个咖啡馆感到无差异，因此你的前任最优的选择就是掷硬币决定。既然你的前任是通过掷硬币决定去哪个咖啡馆，各自的概率都是 50%，而你对两个咖啡馆也感到无差异，因此，你最优的选择也是掷硬币决定。所以，你们两个也处于一个纳什均衡之中，尽管所采取的是混合策略而非纯策略。

在此类博弈中，混合策略均衡很容易找到。而要在其他博弈中找到混合策略均衡可能会更加棘手。思考性别之争（例子 10.4）。想要在这一类博弈中找到混合策略均衡存在一个关键之处：为了让参与者理性地采用混合策略，他们必须在这些即将混合的纯策略之间感到无差异。为什么？如果一个参与者相比于某一策略严格偏好另一个策略，那么，唯一理性的做法就是 100%采用偏好的策略。因此，想要在一个博弈中求解混合策略均衡，可以通过列出等式，求解出参与者选择不同策略的概率。

例子 10.9　性别之争（续）

为了找到性别之争中的混合策略均衡（见表 10.8），我们假设参与者Ⅰ选择 U 的概率为 p，选择 D 的概率为 $1-p$，参与者Ⅱ选择 L 的概率为 q，选择 R 的概率为 $1-q$。

表 10.8　非纯粹协调博弈

	L	R
U	2，1	0，0
D	0，0	1，2

首先考虑参与者Ⅰ。为了使用混合策略，他必须对 U 和 D 感到无差异，也就是说，$u(\mathrm{U})=u(\mathrm{D})$。采取策略 U 的效用取决于参与者Ⅱ的选择，也就是 q 的大小。当选择策略 U 时，参与者Ⅰ得到 2 个单位的效用的概率为 q，得到的效用为零的概率为 $1-q$。因此，$u(\mathrm{U})=q\times2+(1-q)\times0=2q$。当采取策略 D 时，参与者Ⅰ存在 q 的概率得到 0 个单位的效用，存在 $1-q$ 的概率得到 1 个单位的效用。因此，$u(\mathrm{D})=q\times0+(1-q)\times1=1-q$。因此，当 $u(\mathrm{U})=u(\mathrm{D})$ 时，意味着 $2q=1-q$，即 $q=1/3$。

接下来考虑参与者Ⅱ。为了使用混合策略，她也必须对 L 和 R 感到无差异，这意味着 $u(\mathrm{L})=u(\mathrm{R})$。而 $u(\mathrm{L})=p\times1+(1-p)\times0=p$，$u(\mathrm{R})=p\times0+(1-p)\times2=2-2p$。因此，当 $u(\mathrm{L})=u(\mathrm{R})$ 时，意味着 $p=2-2p$，即 $p=2/3$。

因此，该博弈中存在一个混合策略纳什均衡，即参与者Ⅰ以 2/3 的概率选择策略 U，参与者Ⅱ以 1/3 的概率选择策略 L。在混合策略均衡中，参与者Ⅰ得到的支付 $u(u)=u(\mathrm{D})=2q=2/3$，参与者Ⅱ得到的支付 $u(\mathrm{L})=u(\mathrm{R})=p=2/3$。

正如这一例子所示，纯策略均衡博弈也可能存在混合策略均衡。

练习 10.10　混合策略均衡

找出表 10.4（a）和（b）中的混合策略纳什均衡。

在表 10.4（a）中的混合策略均衡中，可以注意到参与者Ⅰ相比 U 可能更偏好 D，而参与者Ⅱ相比 L 可能更偏好 R。这可能看起来有些奇怪，因为你可能会认为参与者会根据最想要的均衡〈U，L〉采取策略。但我们可以采取反证法，假设两个参与者处于混合策略均衡中，参与者Ⅰ存在更高的概率会选择 U，参与者Ⅱ存在更高的概率会选择 L。此时，参与者Ⅰ相比 D 严格偏好 U，而参与者Ⅱ相比 R 严格偏好 L。因此，这两个参与者难以达成均衡。这与最初的假设矛盾。如果两个参与者想要采取混合策略，他们就必须在两个纯策略之间感到无差异，而只有当参与者Ⅰ相比 U 更愿意选择 D，参与者Ⅱ相比 L 更愿意选择 R 时，才会出现这一情况。

需注意的是，参与者Ⅰ采取策略 U 的概率 p 不仅是自身支付的函数，也是关于参与者Ⅱ支付的函数。这看似违背直觉，然而源自这样一个事实，即在探讨 p 应该为多大时，必须也要让参与者Ⅱ在他或她的纯策略之间感到无差异。同样地，参与者Ⅱ采取策略 L 的概率 q 也不仅是自身支付的函数，也是关于参与者Ⅰ支付的函数。这是混合策略纳什均衡的一个有趣的特征。

练习 10.11　纯策略均衡和混合策略均衡

在如表 10.9 所示的博弈中找到所有的纯策略和混合策略纳什均衡。

表 10.9　混合策略纳什均衡练习

(a)

	L	R
U	5，2	1，1
D	1，1	2，5

(b)

	L	R
U	4，1	2，0
D	5，1	1，2

(c)

	L	R
U	1，1	0，0
D	0，0	0，0

尽管混合策略纳什均衡乍一看似乎是为了迎合人们的学术兴趣而构造的，但事实上，在各种策略互动中，混合策略不仅重要而且十分常见。如果你是一名十分擅长对角线扣杀的网球运动员，每一次击球都选择进行对角线扣杀也十分不明智，这会让你的对手早早预料到你的击球。因此，隔三岔五地，你必须将球击向直线。在这一类博弈中，为了出乎对手的预料，你必须将这两种打法穿插进行。这一分析表明，时不时地以不擅长的方式击球并非失误，而是必要的打法。

例子 10.12 《小两口经济学》

在《小两口经济学》(*Spousonomics*)一书中，作者写道："经济学是通往婚姻幸福的最可靠的途径"，因为"对于那些看起来棘手、不合逻辑并且高度情绪化的家庭纠纷，经济学提供了冷静并且合乎逻辑的解决方案"。假设你陷入了一种糟糕的均衡：你除了洗碗、铺床还得清理猫砂，而你的配偶只是坐在沙发上休息。《小两口经济学》告诉你，你可以通过采取混合策略——有时洗碗，但偶尔让脏碗堆积；有时铺床，但偶尔任由床铺凌乱；等等——把你的配偶变成一个即使不完美但至少可接受的搭档。

练习 10.13 石头剪刀布

(a) 画出石头剪刀布博弈的支付矩阵。假设你赢了会获得1个单位的效用，平局获得0个单位的效用，输了获得−1个单位的效用。

(b) 在这个博弈中，什么是唯一的纳什均衡?

我们已经知道，并非所有的博弈都具有纯策略纳什均衡。但是，随着混合策略纳什均衡的引入，我们得以证明一个由约翰·纳什最早提出的著名定理。简短的文字表达如下：

定理 10.14 纳什定理

每一个有限博弈(即博弈中所有的参与者都具有有限的纯策略)都存在一个纳什均衡。

证明 略。 □

基于这一定理，寻找纳什均衡就不会无功而返。只要每个参与者可用的纯策略是数量有限的，而且，我们很容易确定是否满足这一条件，我们就能够确定这一博弈中至少存在一个纯策略或者混合策略纳什均衡。

例子 10.15 国际象棋

国际象棋是一种有限博弈。我们知道这一点，是因为每个参与者在博弈的任何一点上都只有有限的走法可供选择，而且每个博弈都会在有限次行棋之后结束。因此，这是一个有限博弈，纳什定理明确了它存在一个均衡。

这意味着国际象棋可能是无趣的，至少在有经验的棋手下棋时如此。

假设参与者Ⅰ采取了均衡策略，那么，参与者Ⅱ最好也采取均衡策略，依此类推。因此，我们会得出结论：经验丰富的参与者每次都会采取均衡策略，因此，对弈的结果将会是为人熟悉并且可预测的。

然而，纳什定理仅仅明确了一个均衡策略的存在，但它并未指出这一均衡策略是什么。到目前为止，还没有一台计算机强大到足以找出均衡策略。而且即使我们知道了均衡策略是什么，对人类来说这一策略也可能太过复杂从而难以实施。因此，国际象棋的趣味性还会保持很长一段时间。

在我们继续后面的内容之前，再做两个练习。

练习 10.16　懦夫

懦夫博弈（the game of chicken）因 1955 年由詹姆斯·迪恩（James Dean）主演的电影《无因的反叛》（*Rebel Without a Cause*）而闻名。在这一博弈中，两个人高速驾车向对方驶去，先变换方向的人就被称为“懦夫”，成为被嘲讽的对象。英国哲学家罗素（Russell）从这一博弈中看到了冷战政策的缩影：

> 自从核武器僵局变得十分明显以来，东西方的政府就一直采取了杜勒斯（Dullers）先生所称的“战争边缘”政策。这个政策是从一种游戏学来的，据别人告诉我，玩那种游戏的都是年轻一代。游戏的名字叫作《懦夫》……正如这些不负责任的男孩所做的那样，大家都认为这个游戏是颓废的和不道德的，虽然拿来冒险的只不过是游戏者自己的生命。但是，当著名的政治家玩这种游戏时，不仅危及自己的生命，而且危及千千万万人的生命，双方却都以为自己一方的政治家表现出了高度的智慧和勇敢，只有对方的政治家应该受指责。这当然是荒谬的。假设每个参与者都可以在转向（S）和不转向（¬S）之间进行选择，并且支付结构如表 10.10 所示。找出这个博弈中全部的纳什均衡。

表 10.10　懦夫博弈

	S	¬S
S	3，3	2，5
¬S	5，2	1，1

在博弈论的一个分支**进化博弈论**（evolutionary game theory）中，这

一博弈被称为**"鹰鸽博弈"**（hawk & dove）。鹰会殊死奋战，而鸽子会轻易放弃。对你来说，最好的结果是自己是一只鹰，你的对手是一只鸽子，第二好的结果是你俩都是鸽子，第三好的结果是你是一只鸽子，你的对手是一只鹰，最坏的结果是你俩都是鹰。如果鸽子"转向"而鹰不转向，鹰鸽的支付结构与懦夫博弈相同。在进化博弈论中，混合策略均衡被解释为鹰和鸽子以特定比例共存，现实世界中也正是如此。

练习 10.17　猎鹿博弈

这个博弈是由 18 世纪法国哲学家让·雅克·卢梭（Jean-Jacques Rousseau）提出的。卢梭描述了两个人去打猎的情景。两个人可以捕猎野兔或鹿，但不能兼得。任何人都可以独自捕猎野兔，但只有两个人合作才能捕到鹿。鹿的价值远高于野兔。**猎鹿博弈**（stag hunt）被认为是关于社会合作的一个重要寓言，通常被表示为表 10.11。这一博弈的（纯策略或混合策略）纳什均衡是什么？

表 10.11　猎鹿博弈

	D	H
D	3，3	0，1
H	1，0	1，1

需注意的是，支付结构上的细微差异使得囚徒困境［表 10.5（b）］、懦夫博弈（表 10.10）和猎鹿博弈（表 10.11）具有截然不同的结果。

精炼均衡

纳什均衡的概念往往会引起许多有争议的结果。在这一节中，我们将考虑另外两个可选的均衡概念，以解决一些所谓的疑难情况。

例子 10.18　颤抖手完美均衡

重新观察表 10.9（c）。如你所知，〈U，L〉是一个纳什均衡。〈D，L〉不是一个均衡，因为参与者Ⅰ可以通过选择策略 U 而非 D 来提高他的支付，同理，〈U，R〉也不是均衡。但是，思考一下〈D，R〉。如果参与者Ⅱ选择策略 R，参与者Ⅰ不可能做出比 D 更好的选择；如果参与者Ⅰ选择策略 D，参与者Ⅱ也不可能做出比 R 更好的选择。因此，〈D，R〉是一个纳什均衡。这一博弈中并不存在混合策略均衡。因为无论参与者Ⅱ如何选择，参与者Ⅰ永远不会对U和D感到无差异；无论参与者Ⅰ如何选择，参与者Ⅱ也永远不会对L和R感到无差异。

这里的分析并没有错，但是，第二个均衡〈D，R〉看起来有点奇怪。如果无论其他参与者如何选择，策略 X 都不比策略 Y 差，并且其他参与者的可选策略中至少存在一个策略使得策略 X 优于策略 Y，那么，我们就称策略 X 弱占优于策略 Y。在例子 10.18 中，U弱占优于D，L弱占优于R。因此，理性的个人似乎没有理由选择第二个均衡〈D，R〉。这一选择的关键并不在于（1，1）帕累托占优于（0，0）。

颤抖手完美均衡（trembling-hand-perfect equilibrium）这一概念就是为了应对这种情况而设计的。

定义 10.19　颤抖手完美均衡

颤抖手完美均衡是一种纳什均衡，即使其他参与者存在极小的概率发生了**颤抖**（trembling），即失误选择了非均衡策略，这一均衡也仍然是每个参与者的最优反应。

在表 10.9（c）中，〈U，L〉是颤抖手完美均衡：也就是说，即使参与者Ⅱ存在极小的概率 $\varepsilon>0$ 失误采取了策略R，她仍然存在（$1-\varepsilon$）的概率选择策略L。此时参与者Ⅰ的最佳反应仍然是选择U。反之，对于另一个参与者也是如此。相对地，〈D，R〉并非颤抖手完美均衡。如果参与者Ⅱ存在极小的概率 $\varepsilon>0$ 失误采取了策略L，无论这个概率多么小，对于参与者Ⅰ而言，U仍然是严格偏好策略。

练习 10.20　性别之争（续）

在“性别之争”（表 10.8）中，两种纯策略纳什均衡是不是颤抖手完美的？

颤抖手完美均衡是纳什均衡的一种精炼。这意味着每一个颤抖手完美均衡都是纳什均衡，但并不是每一个纳什均衡都是颤抖手完美的。

练习 10.21　颤抖手完美均衡

找出（a）表 10.12 中所有的纯策略纳什均衡，（b）确定哪些是颤抖手完美均衡。

表 10.12　颤抖手完美均衡

	L	M	R
U	1，4	0，0	0，0
M	0，0	4，1	0，0
D	0，0	0，0	0，0

用颤抖手完美均衡这一概念取代纳什均衡，可以消除纳什均衡概念中存在的一些问题。然而，颤抖手完美均衡的概念也并非万能。

例子 10.22　可置信与不可置信的威胁

思考一个两阶段博弈。在第一阶段，参与者Ⅰ可以选择 U 或者 D。如果参与者Ⅰ选择 D，两个参与者得到的支付都是 2。如果参与者Ⅰ选择 U，就轮到参与者Ⅱ采取行动。在第二阶段，参与者Ⅱ可以选择 L 或者 R。如果参与者Ⅱ选择 L，参与者Ⅰ会获得 5，参与者Ⅱ会获得 1。如果参与者Ⅱ选择 R，两个人就会都获得 0。这一博弈的纳什均衡是什么？

这一博弈可以表示为表 10.13。存在两个纳什均衡：〈U，L〉和〈D，R〉。

表 10.13　子博弈完美

	L	R
U	5，1	0，0
D	2，2	2，2

然而，这两个均衡中的第二个，即〈D，R〉有点奇怪。唯一阻止参与者Ⅰ选择 U 的是参与者Ⅱ会选择 R 这一威胁。但是，如果参与者Ⅰ坚持选择了 U，参与者Ⅱ可以选择 L（获得的支付为 1）和 R（获得的支付为 0）。可以看出在第二阶段，选择 R 并不符合参与者Ⅱ的利益。因此，虽然参与者Ⅱ完全有可能威胁说，如果参与者Ⅰ选择 U，他就会选择 R，然而，实施落实威胁并不符合他的利益。了解到这一点之后，参与者Ⅰ就应该一意孤行选择 U。博弈论学者认为，问题在于参与者Ⅱ的威胁是**不可置信的**（incredible）。许多人认为纳什均衡的问题并不在于它并非颤抖手完美的，而是在于其中可能包含了不可置信的威胁。

具有多个阶段的博弈被称为**序贯博弈**（sequential game）。为了分析此类博弈，通常采用一种被称为**扩展式**（extensive form）的树状图加以表示。例如，例子 10.22 中的博弈可以表示为图 10.3 的形式。这种表示提供了另一个角度来分析问题。思考博弈中参与者Ⅱ的行动节点之后的部分（参见图中的阴影区域）。我们称之为原博弈的**子博弈**（subgame）。在子博弈中，参与者Ⅱ有两个策略（L 和 R），但只存在一个纳什均衡：选择 L（得到支付 1）而不是 R（得到支付 0）。然而，这一博弈的纳什均衡要求参与者Ⅱ在子博弈中选择 R。那么，换一种说法就是，原博弈的纳什均衡要求参与者Ⅱ在子博弈中采用非纳什均衡的策略。

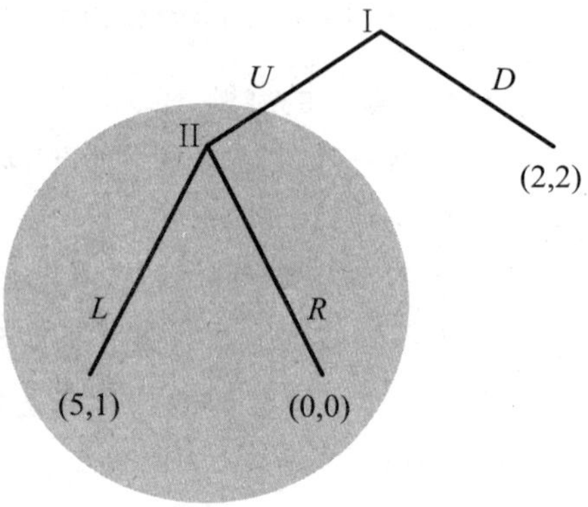

图 10.3　子博弈完美均衡

秉承着这一分析，博弈论学者提出了另一个均衡概念：**子博弈完美均衡**（subgame-perfect equilibrium）。如上一段所述，一个博弈的子博弈是博弈的一部分，其自身也可以构成一个博弈。一个博弈总是它自己的子博弈，上述例子中，从参与者Ⅱ开始行动的节点开始，恰好构成了一个子博弈。

定义 10.23　子博弈完美均衡

子博弈完美均衡是在每一个子博弈中都能构成纳什均衡的策略组合。

子博弈完美均衡与颤抖手完美均衡一样，是纳什均衡的一种精炼：所有子博弈完美均衡都是纳什均衡，但并非所有纳什均衡都是子博弈完美均衡。

找到子博弈完美均衡的一种方法是，从最后开始采用逆向归纳法。逆向归纳会让你从最后一个子博弈开始，也就是说，在参与者Ⅱ行动的节点开始（图形中的阴影区域）。因为 L 将带来的支付为 1，R 将带来的支付为 0，故 L 是唯一的纳什均衡策略。所以，在子博弈完美均衡状态下，参与者Ⅱ将选择L。假设参与者Ⅱ将选择L，那么参与者Ⅰ将在第一个节点上如何选择？参与者Ⅰ可以选择U得到支付3，选择D得到支付2。因此，参与者Ⅰ将选择U。总之，在这个博弈中只存在一个子博弈完美均衡，即〈U，L〉。

例子 10.24　同归于尽

同归于尽是一种军事信条，根据该信条，两个超级大国（如美国和苏联）可以威胁对方：一旦对方进攻自己就毁灭全人类，以此来维持和平。假设美国在如图10.3所示的博弈中率先采取行动。美国可以选择发动攻击（U）或不发动攻击（D）。如果美国发动攻击，苏联可以选择不加以报复（L），也可以选择毁灭全人类（R）。给定图中的博弈的支付结构，可以发现〈D，R〉是一个纳什均衡。然而这一信条存在缺陷，因为其中的威胁不可置信：同归于尽纳什均衡假设苏联军队会在遭受美国攻击时毁灭全人类，这显然不符合他们自身的利益。因此，同归于尽纳什均衡并非子博弈完美均衡。

在1963年斯坦利·库布里克（Stanley Kubrick）执导的电影《奇爱博士》（*Dr. Strangelove*）中，苏联试图通过建立一台**末日机器**（doomsday machine）来解决这一问题：一旦遭受敌人攻击（或被篡改），这台机器就会自动发起足以毁灭全人类的攻击。这种机器能够解决上述策略问题，因为它保证会报复敌人的攻击，从而使威胁可置信。然而，正如影片所表现的，这种机器还存在其他问题：首先，你千万不能忘了告诉敌人你有一台这样的机器。

练习 10.25　子博弈完美均衡

使用逆向归纳法在如图10.4所示的博弈中找到唯一的子博弈完美均衡。记住，策略是一个完整的行动计划，也就是说，参与者Ⅱ的策略的表现形式如下："在第一个节点上选择L，在第二个节点上选择L，即（LL）"；"在第一个节点上选择R，在第二个节点上选择L，即（RL）"。在这一博弈中，参与者Ⅰ只存在两个可选策略，而参与者Ⅱ存在四个可选策略。

最后，再做一个练习：

练习 10.26　蜈蚣博弈

蜈蚣博弈包含4个阶段（如图10.5所示）。在每一个阶段，一个参与

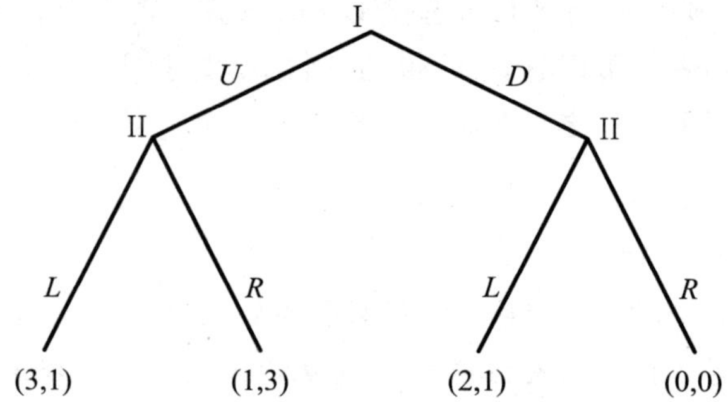

图 10.4　子博弈完美均衡练习

者可以选择“接受”，这样就结束了博弈，也可以选择“继续”，这样会增加总支付，并且让另一个参与者进行选择。

（a）利用逆向归纳法寻找唯一的子博弈完美均衡。

（b）如果博弈包含 1 000 个阶段而不是 4 个阶段，结果会有所不同吗？

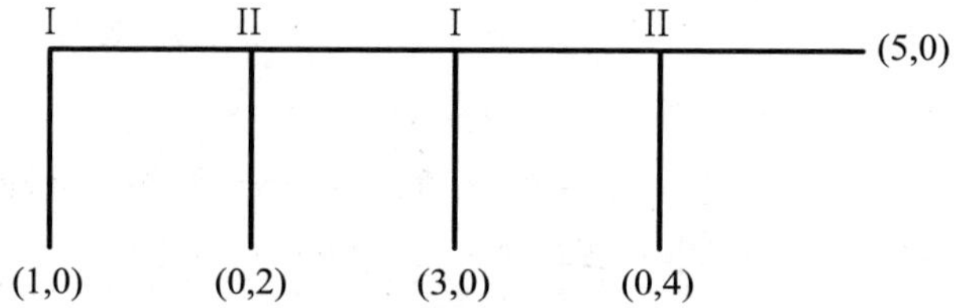

图 10.5　蜈蚣博弈

讨　论

如同我们在前面章节中所学到的理论，解析博弈论能够提供描述性和规范性的分析。通过描述性分析，博弈论试图反映人们在进行策略互动时的行为方式。基于这一视角，博弈论预测人们将不约而同地选择均衡的策略组合。当然，具体的预测不仅取决于人们所进行的博弈类型，还取决于他们所采用的均衡概念。通过规范性分析，博弈论描述了理性的行为人在进行策略互动时应该如何行动。基于这一视角，博弈论认为，参与者应该不约而同地选择一个均衡的策略组合。同样，博弈论进行的具体预测仍取决于进行的博弈类型和采用的均衡概念。

需要注意的一点是，博弈不一定只有唯一的均衡。解析博弈论本身也并未提及要确定人们将会或者应该选择哪个均衡需要哪些补充条件。当该理论预测某一策略互动的结果将会或者应该会是纳什均衡时，这也仅仅是说将会或者应该会得到某一个纳什均衡，但并没有指出是哪一个。从这个层面上看，这一理论是不确定的。因为某些博弈（比如无限次重复的囚徒困境博弈）存在无限多个均衡，此时这一理论就彻底鞭长莫及了。

如果我们想要得到确定的预测结果，就必须增添内容来丰富这一理论。其中，最著名的成果当属 2005 年诺贝尔奖得主托马斯 · C. 谢林（Thomas C. Schelling）提出的**焦点理论**（the theory of focal point）。根据这一理论，有些均衡会在参与者的头脑中脱颖而出。谢林预测人们会经常成功地选择这种均衡。而对于在参与者头脑中脱颖而出的某一均衡需要具备的特征，目前尚不明确。

> 找出关键点……可能更多地依赖于想象而非逻辑；它可能取决于类比、惯例、偶然的安排、对称性、具有美感或者几何图形的构造、随意的推理、对方是谁，以及他们对彼此的了解。

这一理论可以解释为什么人们喜欢表 10.9（c）中的〈U，L〉而非〈D，R〉。当唯一的帕累托最优结果碰巧也是纳什均衡时，假设人们会将帕累托最优作为焦点似乎无可厚非。果真如此的话，我们在解释观察到的行为时，也许就不必借助颤抖手完美均衡这一概念。

在下一章中，我们将探讨行为经济学家对解析博弈论的挑战。

练习 10.27　理性的悖论

实验经济学家邀请不同专业的学生相互进行囚徒困境博弈。在某个实验中，让经济学专业学生和经济学专业学生博弈，让非经济学专业学生和非经济学专业学生博弈，你认为谁会获得更好的结果？

第 11 章包含了更多的博弈论练习。

扩展阅读

许多人都对博弈论进了精彩的介绍，包括宾莫尔（Binmore，2007）、迪克西特等人（Dixit et al.，2009）、奥斯本和鲁宾斯坦（Osborne and Rubinstein，1994）。《小两口经济学》的作者是舒可曼和安德森（Szuchman and Anderson，2011，pp. xi-xv，294－98）。霍布斯（Hobbes，1994［1651］， xiii，8－9，p.76）描述了生活的原始状态。斯吉尔姆斯（Skyrms，1996）讨论了同归于尽原则（pp.22－25）和懦夫博弈、鹰鸽博弈（pp.65－67）；罗素（Russell，1959，p.30）提到了懦夫博弈。焦点理论由谢林提出（Schelling，1960，p.57）。在弗兰克等人（Frank et al.，1993）的研究中可以找到经济学专业学生在囚徒困境博弈中的表现。

您答对了吗？

请扫描二维码获取本章练习答案。

第 11 章　行为博弈论

引　言

解析博弈论在许多方面都取得了巨大的成功：它正日益成为经济学的其他分支学科的基础（包括微观经济学），还被引入哲学、生物学、政治学、政府管理、公共政策等领域。但是，正如我们将在本章中看到的，其描述的充分性和规范的正确性都存在争议。**行为博弈论**（behavioral game theory）旨在研究解析博弈论在多大程度上成功地描述了现实中，人们在参与策略互动时的行为，并且对解析博弈论加以扩展，从而更好地反映人们的行为。然而，对解析博弈论进行的某些扩展实际上并未偏离新古典传统理论。因此，被冠以“行为博弈论”名号的某些模型，并不具有鲜明的行为特点。然而，某些模型则真正构成了对新古典传统理论的挑战。

社会偏好：利他主义、嫉妒、公平和正义

最后通牒博弈（ultimatum game）和**独裁者博弈**（dictator game）这两类博弈驱动了诸多关于社会偏好的研究。两类博弈中都存在两个行为人：一个**提议者**（proposer，参与者Ⅰ）和一个**响应者**（responder，参与者Ⅱ）。在此，我们对这两类博弈的描述与在实验室中的实验参与者看到的一样，实验室中采用金钱的形式表示结果，而非参与者从中获得的效用。为了分析其中的互动行为，我们需要将金钱转换为效用。严格来说，直到你确定了以效用形式表示的支付，才能够明确参与者参与的是什么类型的博弈。正如我们将会看到的，想要辨别博弈类型并不容易。

最后通牒博弈分为两个阶段。一开始，为提议者设定一个固定的金额；为了方便讨论，我们假设这一金额为 10 美元。在第一阶段，参与者Ⅰ提议对这一金额进行分配；也就是说，提议者将 10 美元中的一部分分给另一个参与者。提议者可以提出全部给对方（自己什么也不剩），或者什么

都不给对方（自己全部留下），或者把 10 美元中的一部分分给另一个参与者（剩余的留给自己）。例如，提议者可以提议给对方 4 美元，自己留下 6 美元。在第二阶段，响应者决定接受或拒绝提议者的方案。如果她接受，两个参与者都会得到按照提议约定的相应的金额；如果她拒绝，两个参与者都会一无所获。最后通牒博弈如图 11.1 所示。图中，忽略了非整数的分配方案，而且只详细列出了第二阶段参与者Ⅱ决定之后会产生的一组结果，其余的结果并未详细列出。

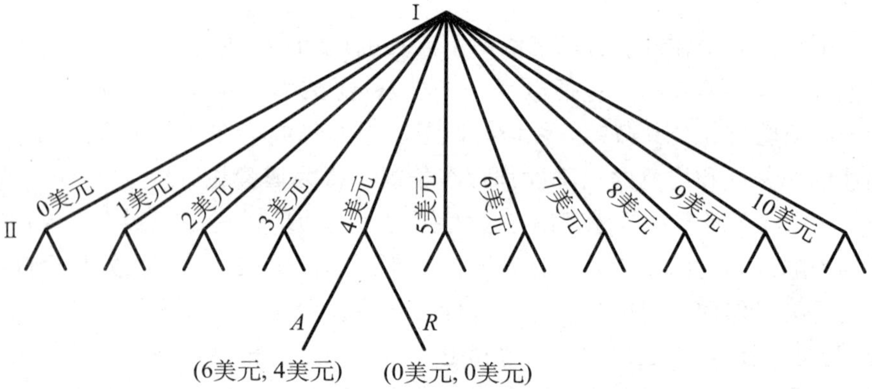

图 11.1　最后通牒博弈

例子 11.1　分蛋糕

当两个孩子在分蛋糕时，也许会按照下面的方法：第一个孩子把蛋糕分成两半，第二个孩子选择自己要哪一半。由于第二个孩子肯定会选择比较大的一半，那么第一个孩子会尽量平均地切开蛋糕，保证两块一样大。我们可以很容易地想象这一过程的一个变形。孩子Ⅰ提议如何切割蛋糕，孩子Ⅱ可以选择接受或者不接受。如果接受的话，两个孩子按照提议方案获得蛋糕；如果不接受的话，父母就把蛋糕给狗吃掉。这就构成了一个最后通牒的例子。

实验经济学家对最后通牒博弈进行了广泛的研究。根据凯莫勒对结果的梳理，可以发现：

> 结果……十分规律。在最后通牒博弈中，提议者让出份额的中位数通常是 40%～50%，平均数是 30%～40%。很少人会极其吝啬地让出 10%以下，也极少人会十分慷慨地让出 51%以上。响应者很少会拒

绝 40%～50%的提议。低于 20%的提议中的一半会遭到拒绝。

根据这些结论，我们可以认为响应者在参与图 11.1 中的一次性匿名博弈时，会拒绝低于 2 美元的提议。但如此低的提议本身就十分罕见。总的来说，我们认为报价会在 3 和 5 美元之间。但是，许多人会认为这一结果与解析博弈论并不一致。

然而，即使参与者只关心自己获得的美元支付，所观察到的结果也与纳什均衡预测十分一致。假设每个人只试图最大化他或她的美元支付，并且 $u(x)=x$。参与者Ⅰ必须选择一个金额分给另一个参与者；假设他让出 4 美元。参与者Ⅱ的策略较为复杂。因为一个策略必须指明一个参与者在所有可能情况下的行动（见第 10 章），所以参与者Ⅱ的策略必须指明她身处每个可能的节点上时会做什么。假设对于参与者Ⅰ的提议，参与者Ⅱ会拒绝所有低于 4 美元的提议，并且接受其他的提议。如果是这样的话，两个参与者都会处于平衡状态。如果参与者Ⅰ给出了较低的提议，那么这个提议将会遭到拒绝，双方都将一无所获；如果他给出了较高的提议，那么这个提议将会被接受，但他得到的金额就偏少。当参与者Ⅰ让出 4 美元时，参与者Ⅱ最好的选择就是接受。简而言之，观察到的关于最后通牒博弈结果的数据并未对我们在第 10 章中学到的理论提出挑战，因为这一结果与纳什均衡的预测是一致的。（毕竟，考虑到这一博弈存在多个均衡，这么说也并不为过。）

然而，许多人仍认为纳什均衡的预测存在问题，因为它要求参与者拒绝一个金额为正的提议。具体来说，这一博弈的纳什均衡使得参与者在开始于参与者Ⅱ行动节点的子博弈中，拒绝了一个实际上的占优策略（即接受）。换个说法就是，纳什均衡并非子博弈完美的，参与者Ⅱ拒绝低报价的威胁是不可置信的（见第 10 章）。因此，当我们将分析局限于子博弈完美均衡时，可以发现在这个博弈中只有一个子博弈完美均衡，即参与者Ⅰ提议让出的金额近乎为 0，而参与者Ⅱ会接受所有的提议。这可能与我们的直觉不符。但是，这确实是一个纳什均衡，因为（a）给定参与者Ⅰ的提议，如果参与者Ⅱ拒绝，自身的境况也不会更好；（b）由于参与者Ⅱ会接受所有的提议，参与者Ⅰ最好的做法就是留下所有的钱。这是一个子博弈完美均衡，因为参与者Ⅱ的策略也是所有子博弈中的纳什均衡策略：无论她得到了多少提议金额，她都无法通过拒绝提议来提高她的支付。基于子博弈完美均衡的思想，在我们给定的关于两个参与者效用函数的假设下，预测结果与实验结果并不一致。

独裁者博弈与最后通牒博弈类似，只是没有第二阶段。以美元形式表示独裁者博弈，假设提议者分配 10 美元，这一博弈如图 11.2 所示；同样，忽略了非整数的分配方案。假设参与者的效用函数为 $u(x)=x$，最终只有一个纳什均衡，因此，也只存在一个子博弈完美均衡：在这种情况下，参与者 I 会什么都不分给响应者，而是将所有的钱据为己有。

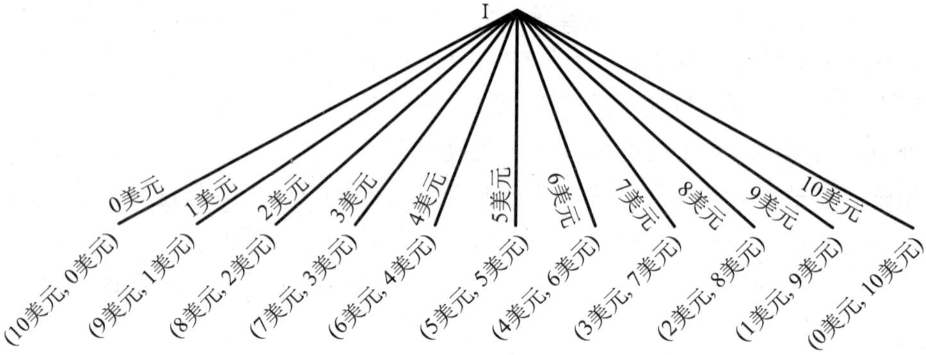

图 11.2　独裁者博弈

例子 11.2　慈善捐款

在现实生活中，一个人决定是否捐钱给慈善机构就是独裁者博弈。比如，当你走过一个乞丐身边时，实际上你就是在进行独裁者博弈，在这个博弈中，你需要决定将口袋中的钱分多少给乞丐。如果你径直走开了，你选择的分配方式实际上就是最大化自身利益这一纳什均衡。

实验证据表明，一次性匿名的独裁者博弈中的提议者愿意分出的金额通常要少于一次性匿名的最后通牒博弈中的提议者。尽管如此，许多提议者还是愿意分享少量金额，约为初始分配的 10%～30%。在图 11.2 中的博弈版本中，这意味着提议者将愿意分给响应者 1～3 美元，即使后者无法对一毛不拔的提议者进行惩罚。

关于**社会偏好**（social preference）的研究文献关注了这些现象。这些文献是基于这样一种假设：人们有时不仅关心自己的所得，而且也关心别人的所得。为了对此建立模型，我们可以假设某个人 P 的效用函数 $u_P(\cdot)$ 中包含两个或更多的影响因子。因此 P 的效用函数可以表示为 $u_P(x, y)$，其中，x 是 P 的所得，y 是另一个人 Q 的所得。

P 很有可能会从 Q 的所得中获得正效用，所以 $u_P(x, y)=\frac{3}{5}\sqrt{x}+\frac{2}{5}\sqrt{y}$。此时，就称 P 是**利他的**（altruistic），并且具有**利他主义偏好**（altruistic preference）。某些父母、亲戚、朋友和仰慕者都愿意做出实际的牺牲来改善另一个人的境况。如果我们假设他们的效用部分是关于其他人所得的函数，这就不难解释了。从这个意义上看，利他主义可能正是亚当·斯密在下面这段话中暗含的潜台词："在他的人性中显然还有一些原则，促使他关心他人的命运，将别人的幸福当作自己的利益所在。"（我们曾在第 1 章中引用过这段话。）

P 并不一定从 Q 的所得中获得正效用。实际上，$u_P(x, y)$ 也许是关于 y 的减函数。举例来说，P 的效用函数可能是 $u_P(x, y)=\sqrt{x}-\sqrt{y}$。这意味着 P 的效用随着 Q 的所得减少而增加，反之亦然。如果是这样的话，我们就称 P 是**嫉妒的**（envious）。某些普锐斯混合动力车的车主会从不断上涨的油价中获得深深的满足感。这无法用油价对普锐斯车主的财务影响加以解释：虽然普锐斯省油，但它仍然是一款汽油动力车，因此，油价上涨也会损害普锐斯车主。但是，如果我们假设普锐斯车主得知 SUV 车主的油费增加得比自己更多，从中获得的效用超过了自己因为油价上涨导致的效用降低，这一现象就不足为奇了。

其实，我们不必将自己的分析局限于上述函数形式。根据对约翰·罗尔斯（John Rawls）的正义论的一种常见解读，社会秩序的建立应该考虑社会中最不幸的人的命运。因此，一个具有**罗尔斯主义偏好**（Rawlsian preference）的人也许会尽力最大化分配中的最小效用。如果每个人从自身的消费 x 中获得的效用为 $\sqrt{x}$，罗尔斯主义者 P 可能会最大化 $u_P(x, y)=\min(\sqrt{x}, \sqrt{y})$。罗尔斯用"公平即正义"这一术语来概括自己的理论，罗尔斯主义者的偏好也可以被表述为对**公平**（fairness）的偏好。

另一类行为人可能会关心行为人之间的不平等程度，在对分配方案进行排序时，依据的是最好和最差之间的绝对差异。我们称这样的行为人是**不平等厌恶的**（inequality averse），具有不平等厌恶偏好。如果每个行为人从自身的消费 x 中获得的效用为 $\sqrt{x}$，不平等厌恶者 P 也许希望最小化每个人效用之间的绝对差异，也就是最大化 $u_P(x, y)=-\left|\sqrt{x}-\sqrt{y}\right|$。这

些行为人从自身角度关注平等问题，与前面定义的罗尔斯主义者不同，后者认为平等只关乎最底层人们的境况。由于不平等厌恶行为人与罗尔斯主义者在最后通牒博弈和独裁者博弈中的表现十分类似，在此不对二者进行深入探讨。

我们曾在第 1 章节中提到过，以边沁为代表的功利主义者认为我们应该为最广大的人民谋取最大幸福。因此，功利主义者可能会追求个人消费带来的效用总量的最大化。如果每个人从自身消费 x 中获得的效用都为 $\sqrt{x}$，功利主义者 P 可能想要最大化 $u_P(x, y)=\sqrt{x}+\sqrt{y}$。因此，**功利主义偏好**（utilitarian preference）构成了利他偏好的一个特例。显然，在此列举的利他主义情形还远未穷尽：任何行为人只要能够从其他行为人的私人消费中获得效用，就可以称其具有社会偏好。

从表 11.1 中我们能够看到，提议者效用函数的形状如何影响他从最后通牒博弈和独裁者博弈中获得的支付。

表 11.1　独裁者博弈的效用支付（加黑的为最大值）

支付 (x, y)	参与者 P 的效用函数 $u_P(x, y)$				
	$\sqrt{x}$	$\sqrt{x}+\sqrt{y}$	$\sqrt{x}-\sqrt{y}$	$\min(\sqrt{x}, \sqrt{y})$	$\frac{3}{5}\sqrt{x}+\frac{2}{5}\sqrt{y}$
(10 美元，0 美元)	**3.16**	3.16	**3.16**	0.00	1.90
(9 美元，1 美元)	3.00	4.00	2.00	1.00	2.20
(8 美元，2 美元)	2.83	4.24	1.41	1.41	2.26
(7 美元，3 美元)	2.65	4.38	0.91	1.73	**2.28**
(6 美元，4 美元)	2.45	4.45	0.45	2.00	2.27
(5 美元，5 美元)	2.24	**4.47**	0.00	**2.24**	2.24
(4 美元，6 美元)	2.00	4.45	−0.45	2.00	2.18
(3 美元，7 美元)	1.73	4.38	−0.91	1.73	2.10
(2 美元，8 美元)	1.41	4.24	−1.41	1.41	1.98
(1 美元，9 美元)	1.00	4.00	−2.00	1.00	1.80
(0 美元，10 美元)	0.00	3.16	−3.16	0.00	1.26

当支付为（0 美元，0 美元）时，所有类型的行为人都将获得零效用。利己主义者和嫉妒者更偏好他们得到所有钱这一结果。功利主义者和罗尔斯主义者更喜欢平均分配这一结果。最终，一个利他主义者相比功利主义者更稍微看重自己的私人效用，可能更想要（7 美元，3 美元）这一分配

方案。

毋庸多言，某些类型的社会偏好对于解释最后通牒博弈和独裁者博弈中提议者的行为大有裨益。利他主义者、罗尔斯主义者和功利主义者实际上偏好更平等的结果。毫无疑问，这些类型的行为人都愿意分给响应者大于零的金额。

练习 11.3　利他主义和最后通牒博弈

假设图 11.1 中的最后通牒博弈是在两个功利主义者之间进行的，他们的效用函数为 $u(x, y)=\sqrt{x}+\sqrt{y}$。找到这个博弈中唯一的子博弈完美均衡。

社会偏好相关文献的一个重要观点是：人们的效用函数决定了他们所身处的博弈类型。当行为人的效用函数不同时，最终会参与到不同的博弈之中，尽管从表面上看他们之间的互动十分类似。下面的练习将表明这一点。

练习 11.4　社会偏好和囚徒困境

当表 11.2 中的博弈分别发生在下面的行为人之间时，找到纯策略纳什均衡：

(a) 两个利己主义者，$u(x,y)=\sqrt{x}$。

(b) 两个功利主义者，对他们来说 $u(x,y)=\sqrt{x}+\sqrt{y}$。

(c) 两个嫉妒者，对他们来说 $u(x,y)=\sqrt{x}-\sqrt{y}$。

(d) 两个罗尔斯主义者，对他们来说 $u(x,y)=\min(\sqrt{x},\sqrt{y})$。

可以注意到，这个博弈（用美元表示）的支付结构与囚徒困境一致（见表 10.5）。

表 11.2　囚徒困境

	C	D
C	16 美元，16 美元	0 美元，25 美元
D	25 美元，0 美元	9 美元，9 美元

社会偏好既引人入胜又十分重要。经济学家无论是想要解释或者预测人们的行为，还是意欲设计最优激励措施，一旦忽略了社会偏好的可能性，就有可能陷入犯下严重错误的风险之中。如果我们错误解读了参与者

的效用函数，我们甚至无从得知他们参与的是什么类型的博弈。因此，我们对于人们的互动行为分析就会出现偏差。思考表 11.2 中的博弈。从表面上看，这十分类似于一个囚徒困境。但是正如练习 11.4 所表明的，参与者实际上进行的可能是一个截然不同的博弈。

然而需注意的是，这一节中的全部分析都是在新古典理论的框架内进行的。正如我们从第 1 章和第 2 章中所了解到的，标准理论并未对人们的偏好性质做出任何假设。因此，它也并未限制哪些因素可以作为参数纳入人们的效用函数之中。有时，人们会认为独裁者博弈和最后通牒博弈的结果驳斥了新古典经济学的“自私公理”。但这一观点是错误的：首先，计算中并不存在这样的公理；其次，新古典经济学理论中也并未涉及自私假设。因此，社会偏好模型并不存在什么特别的行为性；如果存在的话，这一分析也只是表明了新古典框架的强大和力量。

意图、互惠与信任

无论如何，上面的讨论仍存在不太令人满意之处。为了解释独裁者博弈中提议者的行为，我们假设提议者在很大程度上是利他的。但是，在解释最后通牒博弈中响应者的行为时，这一假设貌似欠妥。正如你从表 11.1 中的第三列所看到的，一个效用函数为 $u(x,y)=\sqrt{x}+\sqrt{y}$ 的利他主义者会认为任意结果都好于（0 美元，0 美元）。因此，在子博弈完美均衡中，一个利他主义的响应者会接受所有的分配提议（参见练习 11.3）。但是，这与现实中的观察相悖，现实中较低的分配提议往往会遭到拒绝。在表中列出的所有类型的行为人之中，只有嫉妒者认为（0 美元，0 美元）好于他们特别不喜欢的（8 美元，2 美元）。但是，为了解释人们在独裁者博弈中的行为，假设他们是利他的，而为了解释人们在最后通牒博弈中的行为，又同时假设他们是嫉妒的，这似乎有点自相矛盾。

此外，还存在其他棘手的结果。在最后通牒博弈的一个变形中，如果提议者只能在（8 美元，2 美元）和平均分配（5 美元，5 美元）两个方案之间进行选择，那么，响应者会拒绝未平均分配的（8 美元，2 美元），但是，如果提议者只能在（8 美元，2 美元）和最不平均的分配方式（10 美元，0 美元）之间进行选择，那么，响应者就会接受（8 美元，2 美元）这一方案。从响应者的角度来看，这似乎不合逻辑，因为他对最终结果的评估并不符合前一节中的任何一种社会偏好函数。而前面提到的多种社会偏好函数要么认为（8 美元，2 美元）比（0 美元，0 美元）好，要么反之；并不会受到提议者面临哪些选择的影响。

某些研究人员认为，这些结果表明，响应者并不仅仅根据博弈的最终结果做出决定，也会（至少部分会）对他们认为的提议者的**意图**（intension）做出反应。从这个角度来看，人们愿意奖励那些被认为有良好意图的人，惩罚那些被认为有不良意图的人。即使分配不均，一个愿意分出 2 美元而非 0 美元的提议者也会被认为有良好意图，而一个只愿分出 2 美元而非 5 美元的提议者也会被认为有不良意图。有时，这些结果也可以从**互惠**（reciprocity）或**互惠利他主义**（reciprocal altruism）的角度进行讨论。当响应者奖励具有良好意图的参与者时，就称其表现出了**积极互惠**（positive reciprocity），而当他们惩罚具有不良意图的参与者时，就称其表现出了**消极互惠**（negative reciprocity）。因此，在最后通牒博弈中，拒绝提议者给出的较小金额的分配方案就是一种消极互惠。

在对**信任博弈**（trust game）的讨论中，经常使用互惠这一概念。这个博弈有两个参与者：**发送者**（sender，参与者Ⅰ）和**接收者**（receiver，参与者Ⅱ）。一开始，双方都获得了一些初始金额，假设为 10 美元。在第一阶段，发送者将他 10 美元中的 x 美元发送给接收者。这个数额有时被称为“投资”。接收者在收到投资时，会将这一金额乘以某个系数，比如说 3。因此，接收者会收到 $3x$ 美元。在第二阶段，接收者将其总财富 $10+3x$ 美元中的 y 美元返还给发送者。最终结果可表示为（10 美元$-x$ 美元$+y$ 美元，10 美元$+3x$ 美元$-y$ 美元）。这个博弈之所以被称为信任博弈，原因一目了然，发送者可能会相信接收者一定会将她的部分收益返还给自己。当两个行为人都想要最大化 $u(x)=x$ 时，该博弈只存在一个子博弈完美均衡。因为接收者会把所有的钱都据为己有，所以，y 等于零。可以注意到，接收者实际上是在将发送者作为受益人进行独裁者博弈。由于自己发送出的金额 x 会血本无归，因此，发送者会选择一毛不拔，也就是说 x 将等于零。最后，最终的分配将为（10 美元，10 美元）。可以注意到，这一分配方案帕累托劣于许多其他可能的分配方案。举例来说，如果 $x=10$，$y=20$，那么最终结果将是（20 美元，20 美元）。

例子 11.5　投资决策

假设你发现了一个有潜力企业的投资机会，但如果你的生意伙伴不可靠，你就有可能血本无归。但想要抓住这次投资机会，你只能单纯地信任生意伙伴会坚守诚信。此时，你和你的生意伙伴就是在与对方进行一个信任博弈。如果你采取了子博弈完美均衡策略，你永远不会进行投资。但是，如果不投资，你永远无法获得任何盈利。

实验经济学家发现，在一次性的匿名信任博弈中，平均来看，发送者发送了他们初始资金的一半，而接收者的回报略低于投资。也就是给定 10 美元的初始资金，可以预期发送者会发送大约 5 美元，接收者会返回大约 4～5 美元。因此，参与者Ⅱ成功地获得了部分剩余，但并非全部。（然而，不同研究的结果之间存在很大差异。）

如果发送者无法惩罚一个未返还任何金额的接收者，为什么响应者还会返还给发送者部分投资呢？一种常见的看法是，接收者认为自己必须回报发送者的投资。因此，如果接收者返还给发送者部分投资，就称其表现出了积极互惠。接收者的行为也符合利他主义和不平等厌恶。同时，可以认为发送者的行为反映了自己的期望，即对方具有一定程度的利他主义，自己的投资也必将得到回报。

在囚徒困境和**公共产品博弈**（public-goods game）中也存在类似的分析。我们已经在第 10 章中讨论了囚徒困境。在一个典型的公共产品博弈中，存在 n 个参与者。在此，我们假设存在 3 个参与者。每个人得到 10 美元的初始分配。这一博弈只存在一个阶段，所有参与者同时行动。每一个参与者都可以选择将自己初始分配中的部分金额转入公共账户。公共账户上的钱将会乘以 1～3 之间的某个系数，假设为 2，然后，平均分配给三个参与者。

考虑到博弈的性质，当所有参与者将全部资金转移到公共账户时，就会产生帕累托最优结果。在这种情况下，支付为（20 美元，20 美元，20 美元）。但帕累托最优结果并非纳什均衡，因为每个参与者都可以通过减少资金转移来提高自己的支付。事实上，这个博弈只存在一个纳什均衡，即没有人会将资金转移到公共账户，结果为（10 美元，10 美元，10 美元）。因此，公共产品博弈与囚徒困境博弈具有一定的结构相似性。

我们对这种互动关系并不陌生。也许对所有的室友而言，相比于没人洗碗这一状态，人人都更喜欢所有人一起洗碗这一状态。然而，无论其他人怎么做，每个人都更偏好不洗碗。因此，最终没有人洗碗，所有人都会遭受帕累托劣势结果。再如，相比于没人打扫社区公共区域这一状态，同一个社区中所有住户都更偏好每年每个人都应该打扫一次社区公共区域。但是无论其他人怎么做，每个人都更偏好自己不打扫。因此，没有人会主动打扫社区，所有人都会遭受帕累托劣势结果。

然而，在实验研究中，合作仍然是一个非常普遍的现象。在囚徒困境中，选择合作策略的参与者所占的比例并非 100%，但也不是 0，即使人们进行的是一次性的匿名博弈。针对一次性的、匿名的公共产品博弈，罗宾 · M. 道斯（Robyn M. Dawes）和理查德 · H. 塞勒（Richard H. Thaler）写道：

> 虽然并非每个人都有所贡献，但总是存在一定比例的贡献者，他们能够提供的公共产品通常是最优数量的 40%～60%。也就是说，平均来看，这些被试者会为公共产品贡献自有资金的 40%～60%。在研究中，这一结果在许多情况下都是成立的：无论进行博弈的被试者是初次参与还是具有实践经验的；无论被试者认为自己参与的博弈存在 4 个还是 80 个参与者；以及被试者在博弈中分配的资金金额不同时。

为什么人们会在一次性囚徒困境和公共产品博弈中合作？实验结果表明，当人们对其他参与者具有高度信任，从其他参与者那里得到慷慨馈赠时，也表现出了互惠的意愿。与我们在探讨廉价谈判时做出的预测第 10 章相反，博弈前的交流确实能够增加囚徒困境中的合作，以及公共产品博弈中的捐赠。从这个角度来看，交谈（即便是空话）也许仍可以促进互惠。其他的解释与实验数据一致。例如，参与者可能是利他主义者。需要注意的是，当博弈反复进行时，贡献水平往往会下降。因此，重复似乎让参与者更符合子博弈完美均衡的预测。

基于自私效用函数和博弈论均衡的预测表明，即使协调符合自身利益，参与者往往也无法协调彼此的行动。然而，这一对人性的悲观看法并无必要。经济学家埃莉诺 · 奥斯特罗姆（Elinor Ostrom）探讨了人们在信任博弈和公共产品博弈中获取有益结果的复杂机制，并因此于 2009 年获得了诺贝尔经济学奖。来自现实和实验室的大量证据表明，人们确实能够在多种条件下成功地协调自己的行为。某些室友为了保证有人刷碗，确实成功地制定了双方都能接受的安排；一些社区协会确实成功地让社区居民参与了社区清理活动。糟糕的社会和政治哲学，以及不良的社会和政治制度，可能仅仅源于认为合作不会自发产生这一错误的假设。

和社会偏好一样，关于意图、互惠和信任的故事也很可能会被纳入传统的新古典主义模型。要做到这一点似乎并不存在什么原则性的障碍，某些博弈论学者已经进行了尝试。其中的细节比前一节复杂得多，在此就不做讨论了。总而言之，传统的新古典框架也许能够纳入对意图、互惠和信任的分析，但也许不能。

有限策略思维

20 世纪最具影响力的经济学家之一约翰·梅纳德·凯恩斯（John Maynard Keynes）将专业的投资比作报纸上的选美竞赛。凯恩斯在《就业、利息和货币通论》（*The General Theory of Employment, Interest and Money*）中写道：

> 从事职业投资好比参加选美竞赛：报纸上公布了一百张照片，要求参加竞赛者选出其中最美的六个，谁的选择结果与全体参加竞赛者的平均爱好最接近，谁就得奖。在这种情形下，每一参加竞赛者都不会选他自己认为最美的六个，而是选他认为别人认为最美的六个。每个参加者都从同一观点出发，于是都不选他自己所认为的最美者，也不选一般人所认为的最美者，而是运用才智，推测一般人认为一般人认为的最美者。

选美竞赛博弈（beauty-contest game）反映了这一策略互动的基本结构。在这一博弈中，n 个参与者同时选择 0～100 中的某一个数字，所选数字最接近均值的 0.7 倍的人将会赢得大奖。（这一比例不一定是 0.7，但必须反映了参与者们的共识。）

在这个博弈中只存在一个纳什均衡。在这一均衡中，每个参与者都选择 0，所有人并列第一。假设每个人都选择了 100，也就是可选的最高数字。如果是这样的话，中奖号码将是 70。因此，理性人不会选择大于 70 的数字。但是，如果没有人选择大于 70 的数字，那么，获胜数字肯定不会大于 49。理性人也不会选择大于 49 的数字，这会导致获胜的数字不可能大于 34。依此类推，人们所选的数字会一直降到零为止。

然而，现实中的人们不会在一次性选美竞赛博弈中采用纳什均衡策略。当进行第一次博弈时，答案可能会落在20～40之间。在重复博弈中，将上一轮的平均数字反馈给参与者时，有趣的事情就发生了。在随后的回合中，平均数将不断减少并最终趋近于零。这表明，随着时间的推移，真实的人会收敛于纳什均衡的预测结果。

对于一次性博弈的这一结果，人们最喜欢的解释是，人们具有不同的复杂程度。复杂度为“0级”的参与者只会随机选择一个介于0和100之间的数字。“1级”参与者认为其他参与者都是0级参与者。因此，1级参与者预测平均数将为50，因此选择0.7×50＝35。2级参与者认为其他参与者都是1级参与者，平均数为35，因此选择0.7×35≈25，依此类推。利用统计学方法，行为博弈论者可以估算出每个样本中0级、1级等参与者所占的比例。结果表明，大多数人都是1级或2级参与者。

这一博弈的迷人之处在于，即使你知道唯一的纳什均衡策略是什么，你也并不想采用这一策略。只要你认为其他参与者会采用偏离均衡的策略，选择一个正数，你也会想要这么做。而且只要其他参与者得知这一点，即你认为他们会选择一个正数，其他参与者也会想要坚持原来的选择。依此类推。因此，每个人都会选择一个正数，最终的策略也会偏离均衡。但是，尽管你想要选择一个大于零的数，这个数也不能太大：目标是比其他参与者领先一步即可。

与凯恩斯的类比一致，有人认为，这一博弈反映了现实中的市场动态，可以解释股市和房地产市场的泡沫。即使所有的投资者都知道市场最终会崩盘，而且唯一的纳什均衡策略就是退出市场，他们仍可能会假设其他人会在一段时间内持续买入。只要个人投资者认为自己可以在竞争中略胜一筹，能够领先其他人一步全身而退，他们就会想要继续买入。当然，这个买入的过程也会持续推高价格。

例子11.6　石头剪刀布（续）

石头剪刀布博弈存在唯一的纳什均衡，即两个参与者随机出拳，选择每个选项的概率为1/3、1/3和1/3，此时两个参与者获胜的概率相等（参见练习10.13）。当你听到存在一个石头剪刀布的世界性组织和一个世界级赛事时，肯定会惊掉下巴。据该组织的网站称，石头剪刀布是一场技能的比赛，而非运气：“尽管人类尽力尝试随机出拳，但是，他们显然不擅长

此道，并且他们尝试接近随机的行为是可预测的。”

有这样一条建议。专业人士会告诉你“出石头的都是新手”，因为没有经验的男性一开局就会出石头。因此，如果你的对手是一个新手，你就应该出布。如果你的对手稍稍有点经验，并且认为你会一开始就出石头，他就会一开局时出布，那你就应该出剪刀。如果你的对手经验老到，会基于上述理由在开局时出剪刀，你就应该一开局就出石头。

还有另外一条建议。没有经验的参与者认为你并不会提前喊出自己想出什么。因此，如果你提前声明自己下一步要出石头，一个没有经验的参与者会假设你不会这么做，那他也不会出布。此时，你出石头胜算就会大些。如果你的对手是一个稍微有点经验的参与者，他们就会认为当你声明自己要出石头时，实际上也会出石头；他们十有八九会出布，那么，你所要做的就是出剪刀。

这就像在选美竞赛博弈中一样，目标是比你的对手领先一步。类似的分析也适用于人们在蜈蚣博弈中的表现（参见练习 10.26）。典型的发现是，人们会一直选择“继续”，直至结束前的最后几个阶段，他们才会选择“接受”。如果参与者认为对方不会选择唯一的子博弈完美均衡，并且两个参与者都试图领先对方一步选择“接受”，那么出现这个结果就不足为奇了。

不同于社会偏好模型，此时利用传统的新古典模型很难反映在一次性博弈中观察到的行为。而对于重复博弈而言，情况就大不相同了，因为当同一组被试者一次又一次地进行博弈时，会十分接近均衡预测的结果。

讨　论

伟大的奥地利经济学家弗里德里希·A. 哈耶克（Friedrich A. Hayek）认为，自发协调的存在构成了经济科学的核心问题。哈耶克写道：

> 从休谟和亚当·斯密的时代起，每一次试图理解经济现象的结果（也就是说，每一次理论分析）都表明，在很大程度上，社会中个人努力的协调并非深思熟虑的计划的产物，而是通过没人想要或者理解的方式得以实现，甚至在许多情况下，只有通过这种方式才能得以实现。

根据这一观点，经济学家从未严肃地质疑过协调的存在；而问题在于协调是如何产生并且维持的。许多关于社会偏好、信任和互惠的行为博弈论文献在很大程度上回答了这一问题。显然，本章中并未逐一列出那些超出解析博弈论分析范畴的策略互动，对于行为博弈论学者提出的反映人们之间的真实互动的诸多模型也未广泛涉及。

被冠以“行为博弈论”名号的成果与传统的新古典框架在多大程度上相互兼容呢？正如我们所看到的那样，行为博弈论的大部分内容实际上与解析博弈论如出一辙。社会偏好模型显然与新古典框架是一致的，因为它们都承认一个人 P 的效用函数受到另一个人 Q 所得的影响。尽管博弈论学者曾试图进行探讨，但意图、互惠和信任这些观点在多大程度上可以被纳入新古典主义理论中仍不明朗。相比之下，那些试图反映人们有限策略思维能力的模型，与任何依赖纳什或子博弈完美均衡概念的模型，二者的差异却愈发明显了。

为了捍卫解析博弈论，有人提出新古典理论只适用于严格假定的条件。因此，著名的博弈论学者肯·宾莫尔（Ken Binmore）写道：

> 只有在满足以下三个标准的情况下，才能在实验室中用新古典经济理论进行预测：
>
> - 被试者面对的问题不仅本身应该“合理地”简洁，也应该构架为对被试者而言看起来简单；
> - 提供了“充足的”激励；
> - 提供“足够的”时间用于试错调整。

宾莫尔认识到，他本身也是在否认新古典经济学在这一领域的预测能力，因此补充道：“言过其实难道不是已经让我们陷入了足够多的麻烦吗?”选美竞赛博弈很好地体现了宾莫尔的观点。此时，在第一轮博弈中，人们真实的行为与纳什均衡的预测差异巨大，但是，随着博弈的重复进行和参与者对前几轮结果的学习，结果逐渐向纳什均衡收敛。同样的情况也发生在公共产品博弈和其他类型的博弈中。宾莫尔对解析博弈论的捍卫并不构成对行为博弈论的反驳。然而，行为博弈论恰恰想要适用于上述三个条件不成立时的情形。

练习 11.7　甘地

作为印度独立运动的领袖和非暴力社会变革的倡导者，圣雄甘地

(Mahatma Gandhi）说过："任何社会的真正衡量标准都可以从它如何对待最脆弱的成员中找到。"如果我们把这句话解读为社会偏好的表达，会是什么样的偏好呢？

问题 11.8　均衡概念

我们从第 10 章了解到，一些博弈论学者认为纳什均衡概念存在某些问题，子博弈完美均衡概念能够更好地反映理性行为人的行为。但是，正如最后通牒博弈中唯一的子博弈完美均衡所暗示的那样，子博弈完美均衡也存在一些鞭长莫及的地方。首先，子博弈完美均衡意味着响应者最终会接受 0 美元的提议。而在大多数纳什均衡中，响应者的结果都比这更好。在你看来，哪个均衡概念提供了对理性行为人行为的最佳预测：纳什均衡还是子博弈完美均衡？

扩展阅读

凯莫勒（Camerer，2003）对行为博弈论进行了最著名也是最全面的梳理，其中，包括对最后通牒博弈结果的总结（p. 49）。卡格尔和罗斯（Kagel and Roth，1995）对实验方法和结果进行了全面的介绍；杜劳夫和布勒姆（Durlauf and Blume，2010）提供了更准确和更新的总结。道斯和塞勒（Dawes and Thaler，1988）对实验室实验中的合作进行了很好的综述，其中，总结了公共产品博弈实验的结果（p. 189）。世界石头剪刀布协会（The World RPS Society，2011）会告诉你如何在石头剪刀布游戏中打败其他人。本章的两段历史性引文来自凯恩斯（Keynes，1936，p. 156）和哈耶克（Hayek，1933，p. 129）；关于哈耶克对信息和合作的看法，参见安格内尔（Angner，2007）。对宾莫尔的引述来自宾莫尔（Binmore，1999，p. 17）。

您答对了吗？

请扫描二维码获取本章练习答案。

6 第 6 部分

总结与评述

第 12 章　行为福利经济学、自由家长主义政策和助推

引　言

尽管在 21 世纪的第一个十年间，行为经济学已经牢固地树立起经济学分支学科的地位，而且，这一分析范式似乎从此间的经济危机中迎来了新的契机。正如大卫·布鲁克斯（David Brooks）在《纽约时报》上所说："我认为这场金融危机将成为行为经济学家和其他将复杂心理学引入公共政策领域的人们的一次盛宴。"布鲁克斯通常被认为是保守派人士，但是，其他政治派别的评论员将危机部分归咎于不完善的经济模式。美联储前主席格林斯潘被认为是艾恩·兰德（Ayn Rand）客观主义的追随者，后者十分看重理性自利的价值。然而，在 2008 年的国会听证会上，格林斯潘说道："我犯了一个错误，认为经济组织特别是银行和其他机构的自利能够促使它们尽最大努力保护自己的股东和他们在公司中的权益。"无独有偶，诺贝尔经济学奖得主、自由经济评论员保罗·克鲁格曼（Paul Krugman）认为：

> 基于每个人都是理性的并且市场会完美运转的假设所得出的解决方案简洁但是错漏百出，（经济学家）需要舍弃这些解决方案。当业内人士重新审视经济学的基础时，所展现的愿景可能并不清晰；肯定也并不简洁；但是，我们可以期望它至少是部分正确的。

布鲁克斯、格林斯潘和克鲁格曼似乎都认为，经济理论会实质性地影响政策，进而影响人们的生活质量。他们似乎也都同意，这种影响可能会让人们更好，也可能更糟，这取决于运用某一经济理论分析特定问题是否恰当。

抱着影响政策并且改善生活的愿望，行为经济学家基于一系列经济理论，发展出了一套被称为自由的、温和的或非对称的家长主义政策（libertarian，light/soft，or asymmetric paternalism）学说，以及一系列被称为**助推**（nudge）的政策建议。在助推的倡导者看来，它让我们能够以最低的成本，在不干扰人们的自由或自主性的情况下，让人们按自己的方式改进选择，从而提高他们的福利。而在批评者看来，这种助推代表了官员们对个人决策领域的一种无效和危险的干预，而在决策方面，这些官员可能并不比那些他们试图干预的人们更高明。在本章中，我们将对自由家长主义政策和助推进行总览，探讨它们的基础与新古典经济学的不同或相同之处，以及它们的承诺和限制可能是什么。

行为福利经济学

理所当然地，行为经济学家不仅仅希望理解他们所生活的世界，而是想要做出改变。新古典主义者和其他经济学家也是如此。正如哈耶克在1933年所说：

> 也许经济分析从来都不是对社会现象的原因的超然的理智好奇的产物，而是对重建一个引起深刻不满的世界的强烈渴望的产物。经济学的发展史和每个经济学家的个体发育史都是如此。

由于行为经济学家（如同新古典经济学家一样）认为福利以及福利的分配是规范性分析的核心，这些研究通常在**行为福利经济学**（behavioral welfare economics）的范畴内加以讨论。行为福利经济学包括**行为法经济学**（behavioral law and economics），它将行为经济学理论纳入法和经济学；以及**行为公共经济学**（behavioral public economics），它依靠行为经济学来分析和评价公共政策的效果。

提高福利的政策的形式多种多样。一些国家消除了互惠互动的障碍，比如自由贸易协定允许某一国家的咖啡种植者将咖啡豆卖给另一国家的喝咖啡的人。一些政策禁止有害的行为，这就是为什么偷窃他人财产以及将你的孩子卖给出价最高的人是非法的；一些政策规定有益的行为，这就是为什么一些国家或地区要求你为孩子接种预防疾病的疫苗。其他政策则鼓励人们采取收益更多或危害更少的行动。因此，对环保建筑的税收减免有助于鼓励人们以更环保的方式进行建设，而香烟税（除了能够为政府带来冰冷而实在的现金收入之外）有助于抑制吸烟。将禁令和行政命令看作是激励的另一种形式，这十分合理，因为其中的负面激励表现为罚款或者服刑时间，尽管如此，对禁令（行政命令）和激励（负面激励）加以区分仍然是有必要的。

行为经济学家基于研究，提出了另一种提高福利的政策干预形式。如果人们的实际选择与完全理性、完全信息情况下的选择存在巨大的系统性偏离，那么，至少在理论上存在改进人们选择的可能，也就是说，至少可以推动人们的实际选择更贴近理性选择。如果人们是完全理性的，无论他们如何选择都会让自己变得更好，基于这一假设，上述干预方式就意味着会让人们变得更好。而什么是对自己更好的情况倚赖人们自身的感受，也就是说，由他们自己的理性和完全信息下的偏好决定。简而言之，用这种方式让人们变得更好，是自由家长主义政策和助推的目标。

如图 12.1 所示，图 12.1（a）中的人是理性的、完全信息的。基于偏好，她知道自己想从 A 到 B，她也是这么做的。图 12.1（b）中的行为人如果也是理性的、完全信息的，也想要从 A 到 B。但糟糕的是，他做不到这一点。他根据所处的环境尽力而为，却从 A 到了 B'。家长主义政策者注意到右边的行为人并没有达到与自己的理性、完全信息偏好同样好的境况，而他也想要改变自己做决策时面临的条件，从而让自己的行动能够沿着阴影线走向 B，而不是 B'。

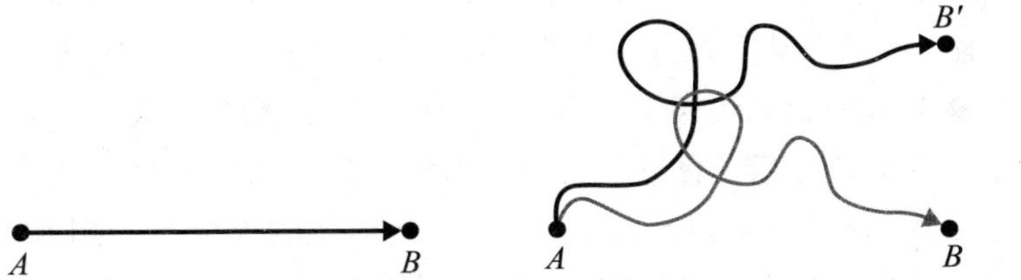

（a）理性的、完全信息的行为　　（b）非理性的、不完全信息的行为

图 12.1　两种行为类型

自由家长主义政策和助推

我们有时会做出次优决策，这一事实也许意味着，如果由某个第三方替人们做决策也许更好：这个第三方也许是一位无私的官员，也许是一个开明的专制统治者或者利维坦。然而，没有任何行为经济学家主张将独裁

作为解决方案。理由很显然：官僚主义者和专制主义者对人们的偏好和生活环境一无所知，难以心怀仁慈，平均来看，理性程度也不及他们试图干预的人们。此外，人们自行决策的行为可能会提高自己的福利；尽管可能犯错，但只要后果不严重，犯错会对人们产生教化的作用。

自由家长主义政策（libertarian paternalism）认为，如果能够在不妨碍人们的自由或自主性的情况下帮助他们自己做出更好的决定就是合理的。这种方法之所以被称为“家长主义政策”，是因为它旨在让人们过上更好的生活，而冠以“自由”则是因为它试图以尊重人们自由和自主性的方式让他们过上更好的生活。另一些人称之为温和的家长式政策，以此与更严厉的家长主义政策区别开来。**非对称家长主义政策**（asymmetric paternalism）这一术语有时被用来强调，温和的家长主义政策的干预措施对完全理性且完全信息的个人施加的成本很小甚至为零，而对那些非理性且不完全信息的人而言，具有潜在的可观收益。旨在产生这一效果的干预措施被称为助推。一个典型的助推具有以下几个特征：（ⅰ）它旨在帮助人们自己做出更好的决策，而不是替他们做决策。（ⅱ）它对被助推的人几乎不会施加任何成本。（ⅲ）对那些完全理性且完全信息的人的选择几乎没有影响。（ⅳ）会影响那些非理性且不完全信息的人的选择，为其带来潜在的收益。

图 12.2 表明了助推与其他形式政策的不同之处。这三个交通标志的共同特点是，它们都试图减少直行的人数，但它们的做法截然不同。图 12.2（a）中的“禁止驶入”标志代表了禁令。这表明，向前行驶是违法的，执意这样做将遭到罚款或监禁。图 12.2（b）中的“拥堵收费”标志代表了负面激励。这表明向前行驶是合法的，但任何这样做的人都将承担额外费用。相反，图 12.2（c）中的“前方右转”标志代表助推。路标上并没有说向前行驶是违法的，也没有说这样做要交费。

“前方右转”标志的方式不同于其他两个：（ⅰ）这个标志旨在帮助人们自己做出更好的驾驶决策，而不是替他们做决策。（ⅱ）作为驾驶环境的一部分，对熟练的司机而言，看一眼这个标志所耗费的时间微不足道，并且无论他们决定是否继续向前行驶都是如此，因此，这一标志对司机施加的成本可以忽略。（ⅲ）该标志对理性的且完全信息的司机不会产生任何影响，也就是说，无论是否存在这个标志，一名理性的且完全信息的司机只要打算沿着道路行驶，就会在前方的弯道上右转；而一名理性的且完

(a) 禁止驶入　　(b) 拥堵收费　　(c) 前方右转

图 12.2　三种交通标志

全信息的司机只要打算向前行驶并且避开悬崖，也会这么做。(ⅳ) 然而，对那些非理性或者不知道前方道路弯曲的司机而言，这一标志具有非对称的、潜在的巨大收益。在某种程度上，这一标志改变了司机的行为，因为它“助推”了他们调整的速度，并且适时地转向。

练习 12.1　交通信号

下面这些交通信号分别属于哪一类政策？(a) 禁行标志；(b) 道路终点标志；(c) 红灯；(d) 黄灯；(e) 标有“25 美分/小时”的停车计时器；(f) 禁止停车标志。

基于行为经济学相关理论的发展，行为福利经济学家提出了一些旨在提高福利的干预措施。下面列出了其中一小部分：

- **默认选项** (default option) 是决策者在不进行积极选择时默认选择的选项。只要人们具有维持现状偏向，他们就会坚持默认选项，即使做出积极的选择几乎没有成本。行为经济学家认为，通过让一名选择构架师根据人们自身的利益，细心地将某一选项确定为默认选项，就能够让更多的人最终选择对自己而言最优的选项。
- **为明天储蓄更多计划** (Save More Tomorrow Program，简称 SMarT 计划) 鼓励员工为了退休进行更多储蓄。为了做到这一点，该计划向员工提供了一个选择，即让他们提前承诺将未来加薪的一部分用于储蓄。因为承诺未来增加额让人觉得是一种预先定下的收益，而承诺当前口袋里的钱让人觉得是一种损失，前景理论认为，比起当前口袋里的钱，人们会发现未来的加薪更容易节省下来。SMarT 计划旨在通过利用这一效应提高储蓄率。

- **冷静期**（cooling-off period）是指决策者在做出决定后可以选择反悔的一段时间。冷静期是基于这样一种观点，即暂时处于“热”情绪状态的人有时会做出次优的决定。行为经济学家认为，冷静期为人们提供了从“冷”情绪状态的角度重新评估决策的机会，这可能会导致更好的决策。

一如既往地，细节决定成败。如果通过冷静期等方式给理性且完全信息的决策者带来的负担并非微不足道，那么，干预将不再构成一种助推——无论它是否成功地提高了总福利。

练习 12.2　苹果还是薯条?

美国汉堡连锁店已经开始在套餐中提供苹果片，而不是薯条。薯条仍然可以买到，但顾客必须主动要求用薯条代替苹果。初步的报告显示，这样一来，顾客最终会吃更多的苹果和更少的薯条。这是什么类型的干预?

由于助推的定义存在些许模糊性，我们认为会存在一个灰色地带，理性的人可能会持不同意见。然而，很容易想到一些并未构成助推的例子。例如，天气不是一种助推，因为它本身并非一种干预。潜意识广告不是一种助推，因为如果它是有效的，它可能会干扰理性和非理性的选择。正如我们在上面所看到的，禁行标志和禁止停车标志也并非助推。

练习 12.3　布隆伯格禁令

2013 年，时任纽约市市长迈克尔·布隆伯格（Michael Bloomberg）提出了公共卫生倡议，其中的布隆伯格禁令禁止在餐馆、电影院等场所出售大于 16 盎司（约 0.5 升）的苏打水。（这项禁令后来被州最高法院推翻。）解释为什么“布隆伯格禁令”不构成一种助推。

对于某种干预能否提高福利，所涉及的争论都预设了一个福利标准：这一标准至少在原则上让我们能够决定哪些人处境良好，哪些人不是。新古典经济学家在这一问题上采取了基于偏好的标准，根据这个标准，人们是否处境良好取决于他们的偏好是否得到了满足。基于新古典主义对“效用”的理解，也就是说，当人们的效用较高时，他们就是处境良好的。有人认为，行为经济学所采取的这一标准并不充分，我们必须用一种基于幸福的标准取而代之。根据这一标准，如果人们是幸福的，我们就称他们是处境良好的。可以注意到，这些标准本质上截然不同，因为人们可能实现了满意的偏好，但并不幸福，反之亦然。另一些人则认为，通过假设有价值的偏好并非人们实际选择中显示的偏好，而是人们在完全理性且完全信息等情况下的偏好，就有可能维持基于偏好这一标准。

批　评

自由家长主义政策和助推的魅力显而易见：如果能在不干扰人们的自由和自主性的前提下帮助人们自己做出更好的决定，即使只是他们自己眼里更好的，这岂不是好事一桩？支持者热情高涨。他们认为，助推的管理成本很低、效果立竿见影，并且收益十分可观。图 12.2（c）中的前方右转标志就是一个很好的例子：这些标志很常见，可能是因为安装和维护这些标志的成本很低，它们能够立马发挥作用，减少车祸的预期收益也很高。哈佛大学法学教授卡斯・R. 桑斯坦（Cass R. Sunstein）是助推的有力拥护者之一，他写道：

> 事实表明，在退休计划方面，自动登记在促进和增加储蓄方面极为有效。在消费者行为方面，强制披露要求和违约规则保护了消费者免受严重的经济损害，节省了数百万美元。简化财政援助形式可以产生同样的效益……因为平均每名学生涉及数千美元的额外援助……在某些情况下，相比更昂贵和更具强制性的政策工具，助推能够产生更大的影响。

值得一提的是，助推并不局限于政府。公司、慈善机构、宗教组织、管理者、教师和家长都可以利用助推帮助他人根据自己的意愿做出更好的决定。他们中的许多人也已经在践行这一做法。

例子 12.4　谷歌

谷歌希望鼓励自己的员工追求健康饮食。《快速公司》（*Fast Company*）报告称："为了追求健康、幸福和创新，这家软件巨头已经转向了助推：简单、微妙的细节就可以促使人们做出更好的决定。"借鉴行为经济学的想法，当前谷歌采取了以下做法：(1) 把糖果放在不透明的盒子里，而不是透明的容器里；(2) 把沙拉放在自助餐厅的入口显眼位置，将甜点放在角落；(3) 通过指出用大盘子的人往往会吃得更多，鼓励人们使用较小的盘子；(4) 根据食物的健康程度对食物进行颜色标识；等等。正如我们所理解的那样，所有这些干预措施都可以被描述为助推。

问题 12.5

指出你的车、电脑或者其他设备中能够构成助推的三个特征。

既然如此，自由家长主义政策和助推难道不是完美无瑕吗？当然，每一种工具都有可能使用不当。当你要钉钉子时，锤子是一件很好的工具，但是，如果在玻璃上或者人身边挥舞锤子，就可能会造成巨大的伤害。同样，助推也可能是粗俗的、不恰当的、误导性的、卑劣的甚至完全有害的。然而，如果人们被锤子砸到头部而受伤，就因此批评锤子的使用，这显然无济于事，同样，基于助推的不当使用而对其加以批评也十分荒谬。要对助推进行一般性批评，需要基于这样的理由：即使正确使用助推，也会对人们的福利（或自主性，或者其他方面）有害。

正如桑斯坦所说，批评人士指出，选择架构师这类以助推为职业的人本身就缺乏理性和完全信息，就更别提仁慈之心了。然而，这一批评并未直击要害。行为经济学家清楚地意识到，政策制定者与我们其他人一样面临着同样的限制。这不仅是行为经济学家拒绝独裁解决方案的原因，也是他们提倡助推的部分原因。选择架构师也不必无所不能。再次思考前方右转交通标志。张贴这样一个标志并不意味着你假装知道什么对人们是好的，也不意味着你将自己对美好生活的憧憬强加于他人，甚至也不意味着你在告诉人们什么对他们更好；尽管你意识到某些人可能仍然会直行，但你也可以张贴标志。这样做并不意味着你陷入了一个误区，认为自己比别人更理性、掌握了更多信息，或者更仁慈。这只是意味着你认为这个标志可以帮助那些不想掉下悬崖的人。

某些批评者认为，所有形式的家长主义政策都是令人反感的（具有冒犯性的、非法的），因此，自由家长主义政策也是如此。但这种批评对“家长主义政策”一词的含义而言是模棱两可的。如果我们认为“家长主义政策”指的是让他人生活得更好的安排或愿望，就没有什么可以反对它；在这一意义上，家长主义政策就是所谓的“仁慈”，被广泛地认为是一种美德。这一意义上的“家长主义政策”是指通过消除贸易壁垒来增加总福利，这是一种家长式的干预，而几乎每一位福利经济学家都是家长主义者。家长主义政策令人反感的原因是，它意味着侵犯人们的自由或自主性，而自由家长主义政策的定义并非如此。事实上，桑斯坦注意到，助推可能比强制性政策形式更为有效。他提出了一种可能性，即当用前者代替后者时，可以获得同样或更好的结果。果真如此的话，助推实际上会增加人们的选择自由。自由主义经济学家布莱恩·卡普兰（Byran Caplan）也十分推崇助推，认为它可以用更温和的方式取代更强硬的家长主义政策。他写道：

> “助推”是一个好主意。我们应该从结束现有的强硬家长主义政策开始，支持温和的（甚至是潜意识的）劝导。我们不应该禁止毒品，对于那些想要得到非法毒品的人，我们应该允许他们通过政府网站申请一张授权的麻醉品使用者卡……应该为政府医疗保健计划、工人保护法、消费者保护法等制定类似的退出规则。

无论如何，就令人反感的家长主义政策来说，更积极的做法应该是反对那些确实干涉了人们的自由和自主性的政策，比如如图 12.2（a）所示的禁令和许可以及如图 12.2（b）所示的（负面）激励，现实中此类政策比比皆是。

另一些批评人士则认为，助推是危险的，因为从完全无害的助推到更具强制性的政策，二者之间存在一个光滑的斜坡。如果我们允许政策制定者对我们进行助推，哪怕是以不侵犯我们自由和自主性的方式，那么，政策制定者很快就会采取更具强制性的政策形式。确实，所有政策干预（即便是那些旨在消除互利互动障碍，或者加强选择自由的干预）都可能会产生意想不到的不利后果。一只采取强硬家长主义政策的狼可能会披着一张温和家长主义政策的皮，这也可能是事实。但是，对于滑坡的质疑存在漏洞。可以注意到，它并未提到自由家长主义政策或助推本身存在什么问题，而是在说接下来可能出现的更强硬的家长主义政策干预形式存在什么问题。但是，我们为什么要认为它们会出现问题呢？考虑第三种形式的交通标志。批评者声称，允许使用第三种标志，必然或者可能会导致前两种标志的广泛使用。然而，似乎并非如此。事实上，如果第三类标志能够很好地起作用，就可以消除对前两类标志的需要。这恰恰符合卡普兰和桑斯坦所希冀的温和家长主义政策将推动个人自由扩张这一基本思想。再次，鉴于前两种交通标志已经得到广泛使用，既然我们担心自由和自主性会受到限制，我们最好将时间花在与这两类标志的抗争上。基于这些理由，哲学家们都应该拒绝所有的滑坡论点。正如道德哲学家西蒙·布莱克本（Simon Blackburn）所说：“不仅在此处，我们应该抵制所有的‘滑坡’推理。”

另一种截然不同的批评来自行为经济学自己。一些行为经济学家警告说，助推具有明显的局限性，解决许多政策挑战可能需要其他形式的政策。因此，乔治·罗文斯坦（George Loewenstein）和彼得·乌贝尔（Peter Ubel）认为，包括肥胖症流行、医疗利益冲突和能源保护的挑战在内的种种问题，最好采用更传统的政策形式加以解决。他们说道：

> 随着政策制定者们用助推来制订计划，人们越来越清楚地看到，行为经济学正被要求解决它本不打算解决的问题。事实上，在某些情况下，行为经济学似乎正被用作一种政治的权宜之计，让决策者借此躲避那些根植于传统经济学的、痛苦的但更有效的解决方案。

以前面提到的交通标志为例，在某些条件下，必须采用图 12.2 中的前两种标志，而第三种标志（尽管在有限的条件范围内可能有效）不可能完全取代它们。根据罗文斯坦和乌贝尔的观点，更严厉的政策往往并非为了让决策者获益，而是为了防止决策者伤害他人。相比于助推，明令禁止在解决盗窃、袭击和谋杀等事件上更得心应手。无论如何，不同于卡普兰和桑斯坦，罗文斯坦和乌贝尔认为，助推应该被视为对传统政策形式的补充，而非替代。

讨　论

经济理论能够对现实事件产生实际影响，这一观点得到了凯恩斯的大力推崇。他写道：

> 经济学家和政治哲学家的思想无论对错，力量如此之大，往往出乎常人意料。事实上统治世界的就只是这些思想而已。许多实干家自以为不受任何思想的影响，却往往当了某个已故经济学家的奴隶。狂人执政，自以为得到了天启，而实际上他的狂想是得自若干年前的某位学者。我很确信，既得利益的势力被人过分夸大，远不如思想的逐渐侵蚀力强大。……危险的并非既得权益，而是思想。

行为经济学家的看法也如出一辙。行为经济学究竟会对“实际中”的人们产生怎样的影响还有待观察。然而，现在想得出一些过渡性结论并不是为时尚早。

首先，行为经济学家在讨论他们的政策建议时，对术语的选择可能会更加谨慎。“家长主义政策”一词的使用格外地招致了众多非议。塞勒和桑斯坦的初衷是想引起自由主义者和家长主义者两个群体合集的共鸣，但是，最终却只吸引了这两个群体的交集，实际上是特别小众的一群人。如果他们采用一个不那么吸引眼球的术语，比如**人类工程学**（ergonomics）或**人因工程**（human-factors engineering），也许就不会引起如此大的争议。如果这样做，他们本可以毫发无伤，因为人类工程学的定义是：“这一科学学科关注人类之间以及人类与系统其他要素之间的互动行为，并且应用理论、原理、数据和方法进行设计，以最大化人类福利和系统整体性能。”经济学家拉吉·切蒂（Raj Chetty）建议，我们应该从模型不确定性的角度来认识助推：当我们不知道什么模型能够最准确地反映人们的行为时，就会产生某些问题，而助推就是针对此类问题的解决方案。假设新古典（即追求最优化的）行为人对助推不敏感，而行为经济学的行为人不会因为助推而受损，那么，他们中至少有一类人的境况会变得更好，此时，助推就是一种弱占优策略。我本人愿意将助推看作是一种尝试，目的在于让社会机构、退休计划、医疗保健系统等在理性的可预测变化中变得强健。因此，换句话说，助推可以被视为一种使社会和其他机构维持颤抖手完美的努力（见第 10 章）。

一旦概念上的混淆得以澄清，那些此起彼伏的争论就成了无本之木。当正确而谨慎地采取助推时，几乎完全不必担忧助推（如前方右转交通标志）会是危险的、卑鄙的或者带有侵入性，而选择架构师只是普通人这一事实也并不致命。我们也不必担心助推会滑坡，变成更强硬的家长主义政策；事实上，助推甚至可能扩展人们自由的边界。（我们确实需要警惕意料之外的不利后果，警惕披着羊皮的狼，但所有的政策都应如此。）也就是说，最狂热的助推支持者的热情也许有些盲目。即便同为助推拥趸的行为经济学家也会要求支持者们保持冷静，因此，我们应该对助推持有谨慎乐观的态度。

最重要的是，对自由家长主义政策和助推进行争论，实际上无济于事。问题并不在于汽车、电话、退休计划以及医疗系统的设计者是否应该进行助推。你的车上到处都是助推的影子（比如安全带提示），如果这些助推是有用的，那么，要求汽车制造商或者司机放弃这些助推毫无意义。相比之下，真正的问题在于，为了实现合法的政策目标，助推是否应该作为其他形式的政策的补充或替代？而这一问题的答案既取决于什么是合法的政策目标（只能通过哲学分析加以确定），也取决于关于助推效果的实证事实（只能通过系统的实证研究加以确定）。而这两个问题始终悬而未决。

扩展阅读

引言部分的引文来自布鲁克斯（Brooks，2008），他引用了格林斯潘和克鲁格曼的话（Brooks，2009，p. 43）。哈耶克（Hayek，1933，p. 122）讨论了经济学的发展史和经济学家的个体发生史。塞勒和桑斯坦（Thaler and Sunstein，2008）是助推的主要提出者；桑斯坦（Sunstein，2014）列出了十种助推（pp. 585 - 587），“批评”这一节开头的大段引文也来自桑斯坦（Sunstein，2014，p. 84）。安格内尔（Angner，2015）讨论了经济学中的福利标准。卡普兰（Caplan，2013）从自由主义的角度为助推辩护；布莱克本（Blackburn，2001，p. 64）驳斥了滑坡理论；罗文斯坦和乌贝尔（Loewenstein and Ubel，2010）警告不要过度依赖助推。凯恩斯的话引自《就业、利息和货币通论》（Keynes，1936，pp. 383 - 384）。罗宾·霍格斯（Robin Hogarth，个人来往信件）提出了与人因工程的联系；“人类工程学”术语的定义来自国际人类工程学协会（the International Ergonomics Association，2015）。切蒂（Chetty，2015）建议我们从模型不确定性的角度认识助推。

您答对了吗？

请扫描二维码获取本章练习答案。

第 13 章　综合评论

如果前一章的结论是正确的，那么，新古典主义和行为经济学的规范性基础可能差别不大；二者在政策建议上的差别实际上反映了它们作为描述性理论的差异。这将我们引向了一个问题，即如何评价新古典经济学和行为经济学的相对优势？在此，我们并未试图解决这一争论，一个恰当的评估需要对实验方法、统计方法和其他方法以及对系列实验结果的解读进行彻底的讨论。而这些超出了本书的范围，如前言所述，本书主要是对系列理论的阐述。然而，在前面的章节中，已经提到了行为经济学家和新古典经济学家之间争论的关键所在，以及应该如何进行恰当的评定。

一个重要的观点是，新古典经济学并不像一些批评者所称的那样脱离现实，而且对这一范式的许多异议常常误入歧途。例如，我们在第 11 章中看到，在最后通牒博弈中观察到的行为与纳什均衡预测完全一致。而第 2 章和第 11 章也表明，新古典经济学并未声称人们是自私的、物质主义的、贪婪的或具有任何类似的特征。因此，一些批评者称新古典经济学存在“自私公理”，从而对这一公理持有非议，这本身就是一种错误，因为计算中并不存在这样的公理，而且新古典经济学中也并未暗含自私这一假设。与此相关，标准理论也并未提及人们无情地追求自身的幸福或愉悦，这意味着任何以此为基础的批评都是无本之木。此外，正如第 4 章和第 6 章所指出的，标准理论并未提及人们会（有意识或无意识地）在头脑中进行任何类型的计算。因此，认为大多数人无法在头脑中应用贝叶斯定理，以此为前提的批评也都是无稽之谈。

为了实际应用，经济学家别无选择，只能将附加假设［通常被称为**辅助假设**（auxiliary assumptions）］与他们的理论结合起来使用。例如，为了做出实质性的预测，理论家可能需要进行更具体的假设，这些假设针对人们究竟对什么具有偏好，以及这些偏好到底是如何对可选选项进行排序的，等等。基于具体情况，辅助假设可能会认为人们只关心自己获得的美元形式的支付。辅助假设需要基于独立的背景证明合理性，这一证明过程可能令人信服，也可能备受争议。然而，这些辅助假设并非新古典范式的重要组成部分，很容易被其他假设取而代之。

然而，同样重要的观点是，轶事、实验以及实地研究中的证据纷纷表明，人们观察到的行为以可预测的方式偏离了新古典理论。毫无疑问，人们（有时）会做出某些行为，比如看重沉没成本、依赖具有适应性但不完善的直觉推断方法、违反“确定事件”原则、冲动行事、表现出有限策略思维，等等。如果偏离是随机的和非系统性的，它们就不存在理论上的讨论价值。然而事实上，这些偏离往往是巨大的和系统性的，这意味着这些偏离是可预测的，可以用描述性的科学理论加以反映。从根本上说，行为经济学就是基于这一见解的结果。人们的行为是非理性的，但并不意味着它是不可预测的，也不意味着它不能用科学的方法加以描述。

行为经济学家发展的模型可能面临多方面的挑战。一方面，未来的研究可能会揭示这些模型所基于的数据并不充分。近期，心理学陷入了一场所谓的“可重复危机”，即某些显然十分牢固的结果被证明难以重复。对这些结果而言，这显然是个坏消息，对发现这些结果的研究人员来说无疑也是晴天霹雳，但对于心理学来说这并不一定是个难题：科学不同于其他人类活动的关键就在于，它应该是开放的，可以基于新的数据进行修正。总体上行为经济学信心十足地认为他们的实证结果会成立，但也存在部分人持不同观点。同样，这也符合科学的运行规律。也有挑战者指出，有时对这些结果进行斟酌之后，可能会发现：在重新描述行为人可选的选择或者在效用函数中纳入其他参数之后，这些结果也可以被纳入标准经济学框架之中。如果用标准理论能够更好地描述人们的行为，那么就不必称人们是非理性的，这一点十分重要。然而，新古典经济学家经常会以一种人为并且临时的方式，竭尽全力地迎合经验结果。比如说，为了捍卫标准理论，正统经济学家有时会编造一些扭曲的、被认为是“奇特的”效用函数，以此让观察到的行为符合新古典效用最大化的论述，然而，并没有其他任何独立证据支持这一效用函数。通常，一种更简单且更合理的做法是认为人们有时会违反标准理论。

正如我们所了解到的，一些新古典经济学家很坦然地承认这是事实。正如我们从第 11 章中看到的，为了捍卫解析博弈论，有人认为，新古典理论只适用于严格限定的条件。当然，这种对新古典经济学的辩护并不构成对行为经济学的驳斥。相反，这一做法可能提供了一种调和新古典经济学和行为经济学的方法。许多行为经济学家也承认，在某些条件下，观察到的行为有时接近或符合新古典主义的预测。新古典主义经济学家应该也会同意，一旦这些条件不成立，就必须由非新古典经济学的理论对这些行为加以解释和预测，而这恰恰是行为经济学的研究领域。

需注意的是，行为经济学家也会基于多种目的而不遗余力地运用新古典模型。行为经济学家乐于承认，新古典模型有时能够很好地反映所观察到的选择。事实上，这也是为什么新古典模型通常会被看作更一般的行为模型的特例。因此，指数贴现函数（见第 8 章）是双曲线贴现函数（见第 9 章）的特例：只需将 β 设定为 1，后者就可以简化为前者。二者并不存在任何不一致。然而，新古典经济学和行为经济学之间存在着一种有趣的非对称性。战后的新古典理论坚持认为经济学必须摆脱与心理学（包括享乐主义及其他）的一切联系（见第 1 章）。如果一个经济学家坚持这一观念，就无法在自己的理论中引入那些“头脑中”的东西，即使这么做十分便捷。从这个角度来看，行为经济学相比新古典经济学具有明显的优势。

科学总是在曲折中发展。与其说科学是从黑暗到光明的稳步推进，倒不如说科学提供了一系列愈发复杂的模型，旨在反映更广泛或者更狭小范围内的经验现象，无论这些现象基于何种原因吸引了科学家的兴趣。而“终极”理论也许遥不可及。经济学也是如此。在《向着更糟去呀》（*Worstward Ho*）一书中，萨缪尔・贝克特（Samuel Beckett）写道：“努力过，失败过。没关系，重新努力，重新失败，失败得更好。”用贝克特的话来说，科学进步尤其是经济学的进步可以被看作是一个更好的失败。顺便说一句，贝克特的描述还适用于科学研究，因为科学研究从未停止；也适用于教科书的写作，因为教科书总是存在改进空间。行为经济学家在多大程度上比新古典经济学家失败得更好？我不知道答案。但是，我确实希望能尽力呈现新古典经济学和行为经济学的本质，并凸显经济学在分析社会现象时的力量和前景。

扩展阅读

《向着更糟去呀》首次出版于 1983 年，收录在短篇小说三部曲《无法继续》（*Nohow On*，Beckett，1989）中；引文出现在第 101 页。行为经济学家对新古典理论的应用由安格内尔进行了详细的讨论。关于行为经济学的本质、优势和劣势的深入讨论，请参见戴维斯（Davis，2011）和罗丝（Ross，2005）。更高级的教科书可参考威尔金森和克莱茨（Wilkinson and Klaes，2012）。

参考文献

Adams, Susan (2015), "The happiest and unhappiest jobs in 2015," *Forbes*, February 26, http://www.forbes.com/sites/susanadams/2015/02/26/the-happiest-and-unhappiest-jobs-in-2015/. Accessed April 7, 2015.

Ainslie, George (1975), "Specious reward: A behavioral theory of impulsiveness and impulse control," *Psychological Bulletin*, 82 (4), 463 - 96.

Allais, Maurice (1953), "Le comportement de l'homme rationnel devant le risque: Critique des postulats et axiomes de l'école américaine," *Econometrica*, *21* (4), 503 - 506.

Allingham, Michael (2002), *Choice Theory: A Very Short Introduction*, Oxford: Oxford University Press.

Anand, Easha (2008), "Payday lenders back measures to unwind state restrictions," *Wall Street Journal*, October 28, p. A6.

Angner, Erik (2006), "Economists as experts: Overconfidence in theory and practice," *Journal of Economic Methodology*, *13* (1), 1 - 24.

________ (2007), *Hayek and Natural Law*, London: Routledge.

________ (2015), "Well-being and economics," in Guy Fletcher, ed., The *Routledge Handbook of the Philosophy of Well-Being*, London: Routledge, pp. 492 - 503.

________ (no date), " 'To navigate safely in the vast sea of empirical facts': Ontology and methodology in behavioral economics," *Synthese.*

________ and George Loewenstein (2012), "Behavioral economics," in Uskali Mäki, ed., *Handbook of the Philosophy of Science: Philosophy of Economics*, Amsterdam: Elsevier, 641 - 90.

Ariely, Dan (2008), *Predictably Irrational: The Hidden Forces that Shape our Decisions*, New York, NY: Harper.

________ and George Loewenstein (2006), "The heat of the moment: The effect of sexual arousal on sexual decision making," *Journal of Behavioral Decision Making*, *19* (2), 87 - 98.

________, George Loewenstein, and Drazen Prelec (2003), " 'Coherent arbitrariness': Stable demand curves without stable preferences," *The Quarterly Journal of Econom-*

ics, *118* (1), 73 - 105.

________ and Klaus Wertenbroch (2002), "Procrastination, deadlines, and performance: Self-control by precommitment," *Psychological Science*, *13* (3), 219 - 24.

Aristotle (1999 [*c* 350 BCE]), *Nicomachean Ethics*, Terence Irwin, trans., Indianapolis, IN: Hackett Publishing Co.

Arkes, Hal R. and Catherine Blumer (1985), "The psychology of sunk cost," *Organizational Behavior and Human Decision Processes*, *35* (1), 124 - 40.

Associated Press (2007), "Ireland: Another metric system fault," *New York Times*, November 1.

Bar-Hillel, Maya (1980), "The base-rate fallacy in probability judgments," *Acta Psychologica*, *44* (3), 211 - 33.

Baron, Jonathan and John C. Hershey (1988), "Outcome bias in decision evaluation," *Journal of Personality and Social Psychology*, *54* (4), 569 - 79.

Becker, Gary S. (1976), *The Economic Approach to Human Behavior*, Chicago, IL: University of Chicago Press.

Beckett, Samuel (1989), *Nohow On*, London: Calder.

Bentham, Jeremy (1996 [1789]), *An Introduction to the Principles of Morals and Legislation*, Oxford: Clarendon Press.

Binmore, Ken (1999), "Why experiment in economics?," *The Economic Journal*, *109* (453), F16 - 24.

________ (2007), *Game Theory: A Very Short Introduction*, New York, NY: Oxford University Press.

Blackburn, Simon (2001), *Being Good: A Short Introduction to Ethics*, Oxford: Oxford University Press.

Boethius, (1999 [*c* 524]), *The Consolations of Philosophy*, Rev. ed., Victor Watts, trans., London: Penguin Books.

Brooks, David (2008), "The behavioral revolution," *New York Times*, October 28, p. A31.

Buehler, Roger, Dale Griffin, and Michael Ross (1994), "Exploring the 'planning fallacy': Why people underestimate their task completion times," *Journal of Personality and Social Psychology*, *67* (3), 366 - 81.

Burroughs, William S. (1977 [1953]), *Junky*, Harmondsworth, Middlesex: Penguin Books.

Camerer, Colin F. (2003), *Behavioral Game Theory: Experiments in Strategic Interaction*, New York, NY: Russell Sage Foundation.

________, George Loewenstein, and Drazen Prelec (2005), "Neuroeconomics: How neuroscience can inform economics," *Journal of Economic Literature*, *43* (1), 9-64.

________, Linda Babcock, George Loewenstein, and Richard H. Thaler (1997), "Labor supply of New York City cabdrivers: One day at a time," *The Quarterly Journal of Economics*, 112 (2), 407-41.

Caplan, Bryan (2013), "Nudge, policy, and the endowment effect," http://econlog.econlib.org/archives/2013/07/nudge_policy_an.html. Accessed February 9, 2015.

Chetty, Raj (2015), "Behavioral economics and public policy: A pragmatic perspective," *American Economic Review*, *105* (5), 1-33.

Consumer Federation of America (2006), "Press Release: How Americans view personal wealth vs. how financial planners view this wealth," January 9.

Davis, John B. (2011), *Individuals and Identity in Economics*, Cambridge: Cambridge University Press.

Dawes, Robyn M. and Richard H. Thaler (1988), "Anomalies: Cooperation," *The Journal of Economic Perspectives*, *2* (3), 187-97.

Dixit, Avinash K., Susan Skeath, and David Reiley (2009), *Games of Strategy*, 3rd ed., New York, NY: W. W. Norton & Co.

Durlauf, Steven N. and Lawrence Blume (2010), *Behavioural and Experimental Economics*, New York, NY: Palgrave Macmillan.

Earman, John and Wesley C. Salmon (1992), "The confirmation of scientific hypotheses," in Merrilee H. Salmon, John Earman, Clark Glymour, James G. Lennox, Peter Machamer, J. E. McGuire, John D. Norton, Wesley C. Salmon, and Kenneth F. Schaffner, eds., *Introduction to the Philosophy of Science*, Englewood Cliffs, NJ: Prentice Hall, 7-41.

Ellsberg, Daniel (1961), "Risk, ambiguity, and the Savage axioms," *The Quarterly Journal of Economics*, *75* (4), 643-69.

Englich, Birthe, Thomas Mussweiler, and Fritz Strack (2006), "Playing dice with criminal sentences: The influence of irrelevant anchors on experts' judicial decision making," *Personality and Social Psychology Bulletin*, *32* (2), 188-200.

Epicurus (2012 [*c* 300 BCE]), *The Art of Happiness*, George K. Strodach, trans., London: Penguin Books.

Farhi, Paul (2010), "Juan Williams at odds with NPR over dismissal," *The Washington Post*, October 22, p. C1.

Finucane, Melissa L., Ali Alhakami, Paul Slovic, and Stephen M. Johnson (2000), "The affect heuristic in judgments of risks and benefits," *Journal of Behavioral Decision Making*, 13 (1), 1 - 17.

Fischhoff, Baruch (1975), "Hindsight is not equal to foresight: The effect of outcome knowledge on judgment under uncertainty," *Journal of Experimental Psychology: Human Perception and Performance*, *1* (3), 288 - 99.

________, Paul Slovic, and Sarah Lichtenstein (1977), "Knowing with certainty: The appropriateness of extreme confidence," *Journal of Experimental Psychology: Human Perception and Performance*, *3* (4), 552 - 64.

FOX6 WBRC (2009), "Tension builds around courthouses' reopening," October 8.

Francis, David (2014), "DOD is stuck with a flawed $1.5 trillion fighter jet," *Fiscal Times*, February 18, http://www.thefiscaltimes.com/Articles/2014/02/18/DOD-StuckFlawed-15-Trillion-Fighter-Jet. Accessed February 20, 2015.

Frank, Robert H. (2005), "The opportunity cost of economics education," *New York Times*, September 1, p. C2.

________, Thomas Gilovich, and Dennis T. Regan (1993), "Does studying economics inhibit cooperation?," *The Journal of Economic Perspectives*, *7* (2), 159 - 71.

Frank, Thomas (2007), "Security arsenal adds behavior detection," *USA Today*, September 25, p. B1.

Frederick, Shane, George Loewenstein, and Ted O'Donoghue (2002), "Time discounting and time preference: A critical review," *Journal of Economic Literature*, *40* (2), 351 - 401.

Friedman, Milton and Rose D. Friedman (1984), *Tyranny of the Status Quo*, San Diego, CA: Harcourt Brace Jovanovich.

Gardner, Sarah (2012), "Nevada's boom and bust economy," January 31, http://www.marketplace.org/topics/elections/real-economy/nevada%E2%80%99s-boom-and-bust-economy. Accessed March 23, 2015.

Gigerenzer, Gerd and Daniel G. Goldstein (1996), "Reasoning the fast and frugal way: Models of bounded rationality," *Psychological Review*, 103 (4), 650 - 69.

Gilbert, Daniel (2006), *Stumbling on Happiness*, New York, NY: Alfred A. Knopf.

Goncharov, Ivan Aleksandrovich (1915 [1859]), *Oblomov*, C. J. Hogarth, trans., New York, NY: The Macmillan Company.

Goodreads.com (2013), "What makes you put down a book?," July 9, http://www.goodreads.com/blog/show/424-what-makes-you-put-down-a-book. Accessed February 20, 2015.

Hafner, Katie (2006), "In Web world, rich now envy the superrich," *New York Times*, November 21, p. A5.

Haisley, Emily, Romel Mostafa, and George Loewenstein (2008), "Subjective relative income and lottery ticket purchases," *Journal of Behavioral Decision Making*, *21* (3), 283 - 295.

Hampton, Isaac (2012), *The Black Officer Corps: A History of Black Military Advancement from Integration through Vietnam*, New York, NY: Routledge.

Harsanyi, John C. (1975), "Can the maximin principle serve as a basis for morality? A critique of John Rawls's theory," *The American Political Science Review*, *69* (2), 594 - 606.

Hastie, Reid and Robyn M. Dawes (2010), *Rational Choice in an Uncertain World: The Psychology of Judgment and Decision Making*, 2nd ed., Los Angeles, CA: Sage Publications.

Hayek, Friedrich A. (1933), "The trend of economic thinking," *Economica*, (40), 121 - 37.

Heath, Chip and Amos Tversky (1991), "Preference and belief: Ambiguity and competence in choice under uncertainty," *Journal of Risk and Uncertainty*, *4*, 5 - 28.

Heuer, Richards J. (1999), *Psychology of Intelligence Analysis*, Washington, DC: Central Intelligence Agency Center for the Study of Intelligence.

Heukelom, Floris (2014), *Behavioral Economics: A History*, New York, NY: Cambridge University Press.

Hobbes, Thomas (1994 [1651]), *Leviathan: With Selected Variants from the Latin Edition of 1668*, Indianapolis, IN: Hackett Pub. Co.

Huber, Joel, John W. Payne, and Christopher Puto (1982), "Adding asymmetrically dominated alternatives: Violations of regularity and the similarity hypothesis," *The Journal of Consumer Research*, *9* (1), 90 - 8.

Hume, David (2000 [1739 - 40]), *A Treatise of Human Nature*. Oxford: Oxford University Press.

International Ergonomics Association (2015), "What is ergonomics," http://www.iea.cc/whats/index.html. Accessed February 9, 2015.

Jevons, W. Stanley (1965 [1871]), *The Theory of Political Economy*, 5th ed., New York, NY: A. M. Kelley.

Jobs, Steve (2005), "Commencement address," Stanford University, June 14, http://news.stanford.edu/news/2005/june15/jobs-061505.html. Accessed March 30, 2015.

Kagel, John H. and Alvin E. Roth, eds. (1995), *The Handbook of Experimental Economics*, Princeton, NJ: Princeton University Press.

Kahneman, Daniel (2011), *Thinking, Fast and Slow*, New York, NY: Farrar, Straus and Giroux.

________ and Amos Tversky (1979), "Prospect theory: An analysis of decision under risk," *Econometrica*, *47* (2), 263 - 91.

________, Jack L. Knetsch, and Richard H. Thaler (1991), "Anomalies: The endowment effect, loss aversion, and status quo bias," *The Journal of Economic Perspectives*, *5* (1), 193 - 206.

________, Peter P. Wakker, and Rakesh Sarin (1997), "Back to Bentham? Explorations of experienced utility," *The Quarterly Journal of Economics*, *112* (2), 375 - 405.

Keynes, John Maynard (1936), *The General Theory of Employment, Interest and Money*, New York, NY: Harcourt, Brace.

Kierkegaard, Søren (2000 [1843]), "Either/or, a fragment of life," in Howard V. Hong and Edna H. Hong, eds., *The Essential Kierkegaard*, Princeton, NJ: Princeton University Press, 37 - 83.

Knoch, Daria, Alvaro Pascual-Leone, Kaspar Meyer, Valerie Treyer, and Ernst Fehr (2006), "Diminishing reciprocal fairness by disrupting the right prefrontal cortex," *Science*, 314 (5800), 829 - 32.

Kruger, Justin and David Dunning (1999), "Unskilled and unaware of it: How difficulties in recognizing one's own incompetence lead to inflated self-assessments," *Journal of Personality and Social Psychology*, *77* (6), 1121 - 34.

Krugman, Paul (2009), "How did economists get it so wrong?," *New York Times Magazine*, September 6, 36 - 43.

Kuang, Cliff (2012), "The Google diet," *Fast Company*, *164* (April), 48.

Lambert, Craig (2006), "The marketplace of perceptions," *Harvard Magazine*, March-April, 50 - 57, 93 - 95.

Levitt, Steven D. and Stephen J. Dubner (2005), *Freakonomics: A Rogue Economist Explores the Hidden Side of Everything*, New York, NY: William Morrow.

Lichtenstein, Sarah and Paul Slovic (1973), "Response-induced reversals of preference in gambling: An extended replication in Las Vegas," *Journal of Experimental Psychology*, *101* (1), 16 - 20.

Loewenstein, George, and Daniel Adler (1995), "A Bias in the Prediction of Tastes," *The Economic Journal*, *105* (431), 929 - 37. doi:10.2307/2235159.

Loewenstein, George and Erik Angner (2003), "Predicting and indulging changing preferences," in George Loewenstein, Daniel Read, and Roy F. Baumeister, eds., *Time and Decision: Economic and Psychological Perspectives on Intertemporal Choice*, New York, NY: Russell Sage Foundation, 351 - 91.

________ and Nachum Sicherman (1991), "Do workers prefer increasing wage profiles?," *Journal of Labor Economics*, *9* (1), 67 - 84.

________ and Peter Ubel (2010), "Economists behaving badly," *New York Times*, July 15, p. A31.

________, Daniel Read, and Roy F. Baumeister, eds. (2003), *Time and Decision: Economic and Psychological Perspectives on Intertemporal Choice*, New York, NY: Russell Sage Foundation.

Lord, Charles G., Lee Ross, and Mark R. Lepper (1979), "Biased assimilation and attitude polarization: The effects of prior theories on subsequently considered evidence," *Journal of Personality and Social Psychology*, *37* (11), 2098 - 2109.

Luce, R. Duncan and Howard Raiffa (1957), *Games and Decisions: Introduction and Critical Survey*, New York, NY: Wiley.

Lyubomirsky, Sonja (2013), *The Myths of Happiness*, New York, NY: Penguin Books.

McKinley, Jesse (2009), "Schwarzenegger statement contains not-so-secret message," *New York Times*, October 29, p. A16.

Mas-Colell, Andreu, Michael D. Whinston, and Jerry R. Green (1995), *Microeconomic Theory*, New York, NY: Oxford University Press.

Meier, Stephan and Charles D. Sprenger (2012), "Time discounting predicts creditworthiness," *Psychological Science*, *23* (1), 56 - 58.

Mischel, Walter (2014), *The Marshmallow Test: Mastering Self-Control*, New York, NY: Little, Brown, and Company.

Myers, David G. (1992), *The Pursuit of Happiness: Who Is Happy—and Why*, New York, NY: W. Morrow.

Nagourney, Adam (2011), "California bullet train project advances amid cries of boondoggle," *New York Times*, November 27, p. A18.

Nickerson, Raymond S. (1998), "Confirmation bias: A ubiquitous phenomenon in many guises," *Review of General Psychology*, *2* (2), 175 - 220.

O' Brien, Miles (2004), "Apollo 11 crew recalls giant leap 35 years later," *CNN*, July 21, http://www.cnn.com/2004/TECH/space/07/21/apollo.crew/. Accessed March 17, 2015.

O'Donoghue, Ted and Matthew Rabin (2000), "The economics of immediate gratification," *Journal of Behavioral Decision Making*, *13* (2), 233-50.

Osborne, Martin J. and Ariel Rubinstein (1994), *A Course in Game Theory*, Cambridge, MA: MIT Press.

Oskamp, Stuart (1982), "Overconfidence in case-study judgments," in Daniel Kahneman, Paul Slovic, and A. Tversky, eds., *Judgment under Uncertainty: Heuristics and Biases*, Cambridge: Cambridge University Press, 287-93.

Paul, L. A. and Kieran Healy (2013), "What you can't expect when you're expecting," February 27, http://crookedtimber.org/2013/02/27/what-you-cant-expect-when-youre-expecting. Accessed March 17, 2015.

Peterson, Martin (2009), *An Introduction to Decision Theory*, New York, NY: Cambridge University Press.

Pigou, Arthur C. (1952 [1920]), *The Economics of Welfare*, 4th ed., London: Macmillan.

Popper, Karl (2002 [1963]), *Conjectures and Refutations: The Growth of Scientific Knowledge*, London: Routledge.

Proust, Marcel (2002 [1925]), *The Fugitive*, Vol. 5 of *In Search of Lost Time*, New York, NY: Allen Lane.

Ramsey, Frank P. (1928), "A mathematical theory of saving," *The Economic Journal*, *38* (152), 543-59.

Rawls, John (1971), *A Theory of Justice*, Cambridge, MA: Belknap Press.

Read, Daniel and Barbara van Leeuwen (1998), "Predicting hunger: The effects of appetite and delay on choice," *Organizational Behavior and Human Decision Processes*, *76* (2), 189-205.

Redelmeier, Donald A. and Daniel Kahneman (1996), "Patients' memories of painful medical treatments: Real time and retrospective evaluations of two minimally invasive procedures," *Pain*, *66* (1), 3-8.

Ross, Don (2005), *Economic Theory and Cognitive Science: Microexplanation*, Cambridge, MA: MIT Press.

Russell, Bertrand (1959), *Common Sense and Nuclear Warfare*, New York, NY: Simon and Schuster.

de Sade, Donatien Alphonse François, Marquis (1889 [1791]), *Opus Sadicum: A Philosophical Romance* (Paris: Isidore Liseux). Originally published as *Justine*.

Schelling, Thomas C. (1960), *The Strategy of Conflict*, Cambridge, MA: Harvard University Press.

Schwartz，Barry（2004），*The Paradox of Choice*：*Why More Is Less*，New York，NY：Ecco.

Seneca（2007 [c 49]），*Seneca*：*Dialogues and Essays*，John Davie，trans.，Oxford：Oxford University Press.

Shafir，Eldar，Itamar Simonson，and Amos Tversky（1993），"Reason-based choice，" *Cognition*，*49*（1-2），11-36.

Shang，Jen and Rachel Croson（2009），"A field experiment in charitable contribution：The impact of social information on the voluntary provision of public goods，" *The Economic Journal*，119（540），1422-39.

Shelburne，Ramona（2014），"Kobe，Bill Clinton talk youth sports，" *ESPN*，January 14，http://espn.go.com/los-angeles/nba/story/_/id/10291171/kobe-bryant-says-healthy-competition-keyyouth-sports. Accessed March 30，2015.

Sidgwick，Henry（2012 [1874]），*The Methods of Ethics*，Cambridge：Cambridge University Press.

Simonson，Itamar（1990），"The effect of purchase quantity and timing on variety-seeking behavior，" *Journal of Marketing Research*，*27*（2），150-62.

Skyrms，Brian（1996），*Evolution of the Social Contract*，Cambridge：Cambridge University Press.

Smith，Adam（1976 [1776]），*An Inquiry into the Nature and Causes of the Wealth of Nations*，5th ed.，Chicago，IL：University of Chicago Press.

________（2002 [1759]），*The Theory of Moral Sentiments*，6th ed.，Cambridge：Cambridge University Press.

Smith，James P.，John J. McArdle，and Robert Willis（2010），"Financial decision making and cognition in a family context，" *The Economic Journal*，*120*（548），F 363-80.

Staw，Barry M. and Jerry Ross（1989），"Understanding behavior in escalation situations，" *Science*，*246*（4927），216-20.

St. Petersburg Times（2001），"Dream car is a 'Toy Yoda，'" July 28，http://www.sptimes.com/News/072801/State/Dream_car_is_a__toy_Y.shtml. Accessed March 23，2015.

Sunstein，Cass R.（2014），"Nudging：A very short guide，" *Journal of Consumer Policy*，*37*（4），583-588.

Szuchman，Paula and Jenny Anderson（2011），*Spousonomics*：*Using Economics to Master Love*，*Marriage and Dirty Dishes*，New York，NY：Random House.

Tabarrok，Alex（2013），"Stayaway from layaway，" October 24，http://marginal-revolution. com/marginalrevolution/2013/10/stayaway-from-layaway. html. Accessed A-pril 1, 2015.

Thaler, Richard H. (1980), "Toward a positive theory of consumer choice," *Journal of Economic Behavior & Organization*, *1* (1), 39 - 60.

________ (1985), "Mental accounting and consumer choice," *Marketing Science*, *4* (3), 199 - 214.

________ (2015), *Misbehaving: The Making of Behavioral Economics*, New York, NY: W. W. Norton & Co.

________ and Eric J. Johnson (1990), "Gambling with the house money and trying to break even: The effects of prior outcomes on risky choice," *Management Science*, *36* (6), 643 - 60.

________ and Cass R. Sunstein (2008), *Nudge: Improving Decisions About Health, Wealth, and Happiness*, New Haven, CT: Yale University Press.

Thompson, Derek (2013), "Money buys happiness and you can never have too much, new research says," *The Atlantic*, April 29, http://www. theatlantic. com/business/archive/2013/04/money-buys-happiness-and-you-can-never-havetoo-much-newresearch-says/275380. Accessed March 17, 2015.

Todd, Peter M. and Gerd Gigerenzer (2000), "Précis of Simple Heuristics that Make us Smart," *Behavioral and Brain Sciences*, *23* (5), 727 - 41.

Tomberlin, Michael (2009), "3rd lawsuit claims rigged jackpot," *The Birmingham News*, October 8, p. B1.

Tversky, Amos and Daniel Kahneman (1971), "Belief in the law of small numbers," *Psychological Bulletin*, *76* (2), 105 - 110.

________ and ________ (1974), "Judgment under uncertainty: Heuristics and biases," *Science*, *185* (4157), 1124 - 31.

________ and ________ (1981), "The framing of decisions and the psychology of choice," *Science*, *211* (4481), 453 - 58.

________ and ________ (1983), "Extensional versus intuitive reasoning: The conjunction fallacy in probability judgment," *Psychological Review*, *90* (4), 293 - 315.

________ and ________ (1986), "Rational choice and the framing of decisions," *The Journal of Business*, *59* (4), S251 - 78.

________ and Eldar Shafir (1992), "The disjunction effect in choice under uncertainty," *Psychological Science*, *3* (5), 305 - 9.

US Department of Defense (2002), "DoD news briefing: Secretary Rumsfeld and Gen. Myers," February 21, http://www. defense. gov/transcripts/transcript. aspx?

transcriptid=2636. Accessed March 23，2015.

Ware，Bronnie（2012），*The Top Five Regrets of the Dying：A Life Transformed by the Dearly Departing*，Carlsbad，CA：Hay House.

Wicksteed，Philip H.（2003 [1933]），*The Common Sense of Political Economy*，London：Routledge.

Wilde，Oscar（1998 [1890]），*The Picture of Dorian Gray*，Oxford：Oxford University Press.

Wilkinson，Nick and Matthias Klaes（2012），*An Introduction to Behavioral Economics*，2nd ed.，New York，NY：Palgrave Macmillan.

World RPS Society（2011），"How to beat anyone at Rock Paper Scissors," http://www.worldrps.com/how-to-beat-anyone-at-rock-paper-scissors/. Accessed April 13，2015.

A Course in Behavioral Economics, 2nd Edition

图书在版编目（CIP）数据

行为经济学通识：第二版/（美）埃里克·安格内尔著；贺京同，徐璐译. --北京：中国人民大学出版社，2021.6

书名原文：A course in behavioral economics（second edition）

ISBN 978-7-300-29194-9

Ⅰ.①行… Ⅱ.①埃…②贺…③徐… Ⅲ.①行为经济学-教材 Ⅳ.①F069.9

中国版本图书馆 CIP 数据核字（2021）第 055214 号

行为经济学通识（第二版）

埃里克·安格内尔 著

贺京同 徐璐 译

Xingwei Jingjixue Tongshi

出版发行	中国人民大学出版社		
社　　址	北京中关村大街 31 号	**邮政编码**	100080
电　　话	010－62511242（总编室）		010－62511770（质管部）
	010－82501766（邮购部）		010－62514148（门市部）
	010－62515195（发行公司）		010－62515275（盗版举报）
网　　址	http://www.crup.com.cn		
经　　销	新华书店		
印　　刷	涿州市星河印刷有限公司		
规　　格	160mm×230mm　16 开本	**版　　次**	2021 年 6 月第 1 版
印　　张	21.25 插页 1	**印　　次**	2021 年 6 月第 1 次印刷
字　　数	327 000	**定　　价**	76.00 元